COLEX READER | COLEX AUDIO

AF881071

ACCESO GRATUITO DURANTE UN AÑO AL eBOOK Y/O AUDIOLIBRO **ADQUIRIDOS A TRAVÉS DE AMAZON**

Si ha adquirido este libro a través de **Amazon**, puede solicitar acceso gratuito a su versión digital durante **un año de forma gratuita**. Siga estos pasos:

¿Cómo solicitarlo?

1. Envíe un **correo electrónico a info@colex.es** con el asunto: **«Solicitud de eBook - [Título del libro]».**
2. **Adjunte la factura de compra** de Amazon como comprobante.
3. Indique en el cuerpo del correo:
   - Su **nombre completo.**
   - Su **dirección de correo electrónico.**
     (para activar su cuenta en **www.colex.es**, si aún no está registrada).
4. **Una vez verificada la compra, recibirá un código de activación** para canjear en www.colex.es

✓ Una vez se valide el código, aparecerá una ventana de confirmación y su eBook y/o audiolibro estará disponible **durante 1 año desde su activación** en la pestaña «Mis libros» en el menú de usuario.

— Para más información y acceso a su código, visite: www.colex.es —

* Los audiolibros están disponibles en las ediciones más recientes de nuestras obras. Se excluyen expresamente las colecciones «Códigos comentados», «Biblioteca digital» y los productos de www.vademecumlegal.es.

No se admitirá la devolución si el código promocional ha sido manipulado y/o utilizado.

DERECHO SANCIONADOR SOBRE LOS ESTUDIANTES: PRINCIPIOS Y PROCEDIMIENTO ADMINISTRATIVO EN LAS UNIVERSIDADES PÚBLICAS

DERECHO SANCIONADOR SOBRE LOS ESTUDIANTES: PRINCIPIOS Y PROCEDIMIENTO ADMINISTRATIVO EN LAS UNIVERSIDADES PÚBLICAS

Eugenio Alejandro Gómez Rodríguez

Prólogo de

María Dolores Rego Blanco

COLEX 2025

Calle Costa Rica, número 5, 3.° B (local comercial)
A Coruña, 15004, A Coruña (Galicia)
info@colex.es
www.colex.es

I.S.B.N.: 978-84-1194-859-3
Depósito legal: C 790-2025

A Goga.

ABREVIATURAS Y SIGLAS

A.H.	Antecedente de hecho
Art.	Artículo
ATC	Auto del Tribunal Constitucional
ATS	Auto del Tribunal Supremo
F.J.	Fundamento jurídico
Núm.	Número
Ob. cit.	Obra citada
Pág.	Página
Pon.	Ponente
Rec. núm.	Recurso número
SAN	Sentencia de la Audiencia Nacional
SAP	Sentencia de la Audiencia Provincial
Secc.	Sección
SJCA	Sentencia del Juzgado de lo Contencioso-Administrativo
Ss.	Siguientes
STC	Sentencia del Tribunal Constitucional
STMC	Sentencia del Tribunal Militar Central
STMT	Sentencia del Tribunal Militar Territorial
STS	Sentencia del Tribunal Supremo
STSJ	Sentencia del Tribunal Superior de Justicia
Tit.	Titular

SUMARIO

Capítulo III

El principio de irretroactividad de las disposiciones sancionadoras o restrictivas de derechos

Capítulo IV

El principio de tipicidad

Capítulo V

El principio de culpabilidad

Capítulo VI

El principio de proporcionalidad

Capítulo VII

El principio *non bis in idem*

PARTE II

EL PROCEDIMIENTO COMO GARANTÍA EN EL EJERCICIO DE LA POTESTAD DISCIPLINARIA SOBRE LOS ESTUDIANTES

Capítulo VIII

El derecho al procedimiento administrativo disciplinario y los derechos del estudiante durante su tramitación

Capítulo IX

Cuestiones generales del procedimiento: especial referencia a su naturaleza electrónica

Capítulo X

Dos cuestiones anteriores a la iniciación del procedimiento disciplinario sobre los estudiantes

Capítulo XI

La importancia del transcurso del tiempo en el ejercicio de la potestad disciplinaria sobre los estudiantes: la prescripción y la caducidad

Capítulo XII

La incoación del procedimiento disciplinario sobre los estudiantes

Capítulo XIII

La instrucción del procedimiento

Capítulo XIV

La terminación del procedimiento

Bibliografía

PRÓLOGO

Cada ámbito de especialización del hacer humano tiene sus propias satisfacciones. Para el investigador, que dedica horas, días, meses e incluso años, a desentrañar propuestas para mejor tratar los problemas de una realidad dada, es una gran satisfacción dar a conocer los resultados de ese esfuerzo, más aún si de esa manera contribuye a rellenar un hueco en la estantería de «la» biblioteca del saber.

Ocurre así con este libro, primero de Eugenio Alejandro GÓMEZ RODRÍGUEZ, titulado «Derecho sancionador sobre los estudiantes: principios y procedimiento administrativo en las Universidades Públicas», y para mí, resulta un honor poder prologarlo. Se trata de una primera publicación que deriva de la tesis doctoral de su autor, recientemente defendida con mención internacional, bajo mi dirección, en la Universidad Pablo de Olavide, de Sevilla, y calificada con sobresaliente cum laude por unanimidad por una Comisión integrada por los doctores Horgué Baena, Bueno Armijo, Alarcón Sotomayor, Toscano Gil y Lara Chagoyán.

La idea de trabajar sobre esta especialidad del Derecho universitario, la destinada a sancionar a los estudiantes de los centros públicos de educación superior por la comisión de infracciones administrativas, en el caso de GÓMEZ RODRÍGUEZ, no proviene de la aprobación de la Ley 3/2022, de 24 de febrero, de Convivencia Universitaria, sino que responde a una inquietud personal anterior, surgida en los años en que cursaba el Grado en Derecho en la Universidad de Sevilla, cuando a raíz de unos hechos controvertidos, a unos compañeros se les abrió un expediente, que finalmente no condujo a sanción alguna. Fue de esta manera, según su propio relato, como un joven aprendiz de jurista detectó la situación manifiestamente mejorable del Derecho sancionador universitario.

En efecto, así era. Bien entrado el siglo XXI, y muy consolidado el orden constitucional de 1978, el Derecho sancionador en las universidades públicas tenía como norma de cabecera el Estatuto Básico del Empleado Público, si el presunto infractor resultaba ser un miembro del personal de administración y servicios (el actual personal técnico, de gestión y de administración y servicios, PTGAS) o del personal docente e investigador; mientras que cuando el expedientado era un estudiante, la norma de cabecera había que buscarla en una norma preconstitucional, de poco más de tres carillas del Boletín Oficial del Estado de la época: el Decreto de 8 de septiembre de 1954 por el que se aprueba el Reglamento de disciplina académica de los Centros oficiales de Enseñanza Superior y de Enseñanza Técnica, dependientes del Ministerio de Educación Nacional. Curiosamente, en todos los órdenes se había superado el régimen del General Franco, pero éste, dispuesto desde el Pazo de Meirás, sobrevivía pese a su rango infralegal porque, según la jurisprudencia, la exigencia de reserva de Ley contenida en nuestra Carta Magna, no cabe aplicarse con carácter retroactivo.

Cuando Eugenio Alejandro me planteó hacer una tesis doctoral sobre este tema ya tenía yo acumulada suficiente experiencia en la docencia e investigación universitarias como para corroborarle que estaba ante un «nicho» de oportunidad, o como antes decía, un hueco en la estantería de «la» biblioteca del Derecho español, pues no existían trabajos monográficos al respecto, y además el ordenamiento jurídico en este punto se había quedado estancado en la conjunción de dos normas que, con exquisito cuidado, habían esquivado la cuestión de la disciplina universitaria: la Ley Orgánica 6/2001, de 21 de diciembre, de Universidades (LOU) recogía los derechos y deberes de los estudiantes (art. 46) pero remitía su desarrollo y mecanismos de garantía a la determinación que hicieran los Estatutos de las Universidades y a sus normas; y, por otro lado, el Real Decreto 1791/2010, de 30 de diciembre, aprobó el Estatuto del Estudiante Universitario y desarrolló el régimen jurídico del estudiante universitario, pero, sabedor de su insuficiencia de rango, autocomprometía al Gobierno a presentar en el Parlamento nacional un proyecto de ley sobre la potestad disciplinaria en la Universidad, en el plazo de un año.

La situación, por tanto, bien merecía la atención de un doctorando para reunir los escasos trabajos especializados sobre el tema, la bibliografía, esta sí abundante, relativa al Derecho sancionador en nuestro país de la mejor doctrina, así como la jurisprudencia existente, y con estos materiales poder construir una propuesta para mejorar la regulación vigente.

Además de las vicisitudes propias de toda gran empresa investigadora, GÓMEZ RODRÍGUEZ ha sorteado por el camino alguna situación de lo más pintoresca, por no decir kafkiana, que no me resisto a comentar. Me refiero al proyecto de Real Decreto del Ministro de Universidades, D. Manuel Castells, que en el verano de 2020 inició su tramitación con el fin de derogar el Reglamento de 1954 y la insólita propuesta, tan convencido de su inutilidad debía estar, de no sustituirlo por ninguna otra norma. Y así, también proponía, sin más, la derogación de la vergonzantemente incumplida Disposición Adicional segunda del ya mencionado Estatuto del Estudiante, que conminaba al Gobierno a que antes del 1 de enero de 2011 se hubiera presentado ante las Cortes Generales un proyecto de ley reguladora de la potestad disciplinaria, que tipificara infracciones, sanciones y medidas complementarias del régimen sancionador para los estudiantes universitarios de acuerdo con el principio de proporcionalidad, y que además adaptara los principios del procedimiento administrativo sancionador a las especificidades del ámbito universitario. Todo el que haya pasado por la experiencia de elaborar una tesis doctoral sabe que una de las peores pesadillas del doctorando es la eventual modificación de las normas que estudia, pero la derogación sin sucesión normativa alguna ¡resulta inimaginable! ... y quizás por eso casi supera la ficción. Digo «casi» porque el despropósito jurídico no prosperó, pero puso el dedo en la llaga, con la consecuencia natural de reabrirla; hora era ya de afrontar la renovación del régimen jurídico de la disciplina universitaria, por muy incómoda que políticamente resultara la expresión o la idea de que pudiera provocar acciones de protesta en el estudiantado.

La posterior tramitación de la vigente Ley 3/ 2022, de 24 de febrero, de Convivencia Universitaria vino proporcionar al autor la posibilidad de seguir muy de cerca su *iter* legislativo, pudiendo incluso realizar observaciones y propuestas durante la fase de audiencia pública de su anteproyecto, que en no pocas ocasiones fueron seguidas. Con todo, viendo el resultado final aprobado en las Cortes, cabría preguntarse por las razones por las que el legislador aborda el régimen de la disciplina para los estudiantes universitarios lo hace apocadamente, casi con cierta vergüenza, hasta el punto de que la referencia al régimen disciplinario se omite en la denominación de la norma (Ley de Convivencia Universitaria), desafiando a la elemental recomendación de técnica legislativa que aconseja, en pro de la seguridad jurídica, que el contenido de la norma se refleje en su denominación. Llama la atención, cabe añadir, que, en lo que toca a la estructura sistemática de la Ley, el contenido mayoritario de la misma se relegue, nótese, al último título de la Ley, pese a que dieciséis de los veintidós artículos que tiene en total, están dedicados al régimen disciplinario, y de los seis restantes, cuatro conforman el título preliminar y solo dos bastan para dar cuerpo al título I ... no creo que haya muchos otros títulos en las leyes de nuestro ordenamiento que puedan competir en brevedad.

Estos pormenores considero que sirven de aliciente para dedicar atención al libro que tiene entre manos porque en él se tratan dos cuestiones fundamentales para la aplicación de esta nueva Ley de Convivencia universitaria. La primera de ellas nos adentra en los requisitos de carácter sustantivo que pesan sobre las eventuales sanciones que se impongan. GÓMEZ RODRÍGUEZ los explora a través de los principios inspiradores de la potestad sancionadora, poniendo cuidado en enfocarlos desde la óptica de la disciplina sobre los universitarios de los centros públicos, viendo principio tras principio, cómo condicionan la validez de las decisiones que las Universidades públicas tomen en este ámbito. Este examen se desarrolla a lo largo de los capítulos I a VII de la obra.

La otra gran cuestión referente a la disciplina universitaria versa sobre un requisito tradicionalmente calificado como formal, y que alude, como sabemos, al procedimiento administrativo sancionador. Todo jurista avezado ha experimentado que esa forma no tiene realmente nada de ritual, sino que su utilidad es ser el vehículo con el que sustanciar verdaderas garantías materiales para el expedientado, que, de tan relevantes, gozan de la máxima protección jurídica. Por ello, los capítulos VIII a XIV del libro se dedican al estudio de los diferentes trámites que pueden llegar a componer un expediente disciplinario, con vistas a su correcta cumplimentación.

A lo largo de la obra, el lector podrá verificar que el autor deja traslucir la que, al día de hoy, es su ocupación principal, el ejercicio de la abogacía. Esa conjunción de estudio doctrinal y la experiencia de quien se emplea en los estrados en la asistencia letrada se refleja en el texto, por lo que, entiendo, puede ser de especial interés para todos los que profesionalmente, ya sea desde la universidad pública, ya desde los órganos jurisdiccionales, hayan de acercarse a la realidad menos honorable, pero no por ello inexistente, de la vida universitaria y tengan que afanarse en la mejor aplicación de la Ley 3/2022.

Bienvenido sea, pues, este libro de Eugenio Alejandro GÓMEZ RODRÍGUEZ, que, con suerte, vendrá seguido de otros, al menos, tan sustanciosos. Bienvenido también, cómo no, el apoyo de la Fundación Tercer Milenio en la promoción de investigaciones con las que fortalecer la sociedad civil, en este caso, sobre la educación superior de los ciudadanos.

INTRODUCCIÓN

Esta monografía se sitúa en el ámbito del Derecho administrativo sancionador o disciplinario (del *ius puniendi statalis*), y más concretamente, se va a tratar el *ius puniendi universitatis del que están investidas las universidades. El trabajo nace como fruto a varios años de investigación sobre el particular que se publica en dos obras: la que el lector tiene entre sus manos y otra hermana, y ambas no son sino un reflejo de mi tesis doctoral: «Ius puniendi universitatis: el régimen disciplinario sobre los estudiantes universitarios de las universidades públicas españolas».*

En esta primera obra abordo, por un lado, los principios y garantías que deben guiar la aplicación de la potestad disciplinaria sobre los estudiantes universitarios; y, por otro lado, el procedimiento que debe servir de cauce para el ejercicio de dicha potestad.

*La justificación de este trabajo proviene, entre otras muchas, de*l escaso tratamiento legislativo y doctrinal que ha tenido este particular régimen disciplinario, así como su reducida presencia en las recopilaciones de jurisprudencia. Pese a ello, el régimen disciplinario sobre los estudiantes no es un tema menor ni de una importancia residual. Según el Ministerio de Universidades[1], en el curso 2022-2023 más de 1.700.000 personas han sido estudiantes del sistema universitario público español, que se reparte entre las cincuenta universidades públicas que existen en España. Esto convierte a la materia de estudio en objeto de interés para una parte nada desdeñable de la población de nuestro país; pero no sólo la amplitud de la población potencialmente sujeta a esta potestad administrativa da relevancia a la materia, también la recibe de las implicaciones que tiene hacia el exterior: la calidad del servicio público que presta la universidad pública española se ve condicionada, desde luego, por un adecuado mantenimiento de la disciplina en sus centros y sobre sus estudiantes, llamados a convertirse, por su cualificada formación, en la élite intelectual de la población activa de nuestro país en cada generación.

---

1. Fuente: Estadística de Estudiantes Universitarios (EEU) Curso 2022-2023 (Avance). El número de estudiantes matriculados en el Sistema Universitario Español (SUE) en el curso 2022-2023 fue de 1.722.247.

Por otro lado, me gusta señalar que esta materia se ha comportado como agua fósil del Derecho administrativo español, que se resistía a acompasarse al vigente régimen constitucional de 1978, y es que hasta febrero de 2022 su regulación se contenía casi en exclusiva en el Decreto de 8 de septiembre de 1954 por el que se aprueba el Reglamento de disciplina académica de los Centros oficiales de Enseñanza Superior y de Enseñanza Técnica, dependientes del Ministerio de Educación Nacional, recientemente derogado (en adelante, Reglamento de Disciplina Académica), que únicamente no pudo eludir una derogación parcial con la entrada en vigor de la Constitución. Este reglamento, de marcado carácter represivo y con defectos que dificultaban su aplicación, se ha mantenido prácticamente inalterado durante cerca de setenta años. Si bien a principios de los ochenta y recién entrada la primera década de este siglo hubo unos tímidos intentos de reforma, no llegaron a buen puerto. Por ello, puede afirmarse que durante más de cuarenta años desde la aprobación de la Constitución Española a ningún gobierno de la democracia actual le ha interesado abordar este asunto y se ha preferido guardar en un cajón la necesaria revisión del sistema punitivo sobre los estudiantes universitarios.

Por si eso fuera poco, en el año 2021 se aprobó un borrador de anteproyecto de ley sobre este particular, al que tuve la oportunidad de realizar alegaciones. El nuevo texto normativo finalmente vio la luz en 2022, lo que es un nuevo aliciente justificativo de lo oportuno de estas publicaciones.

Así, la aprobación el 26 de febrero de 2022 de la Ley 3/2022, de Convivencia Universitaria es otra de las razones que justifican estas monografías. A lo largo de las páginas que siguen, esta norma será analizada en lo relativo al régimen disciplinario sobre los estudiantes, de tal forma que se verá cómo en la misma se imprimen (o no) las garantías propias de la potestad disciplinaria; y qué regulación se da a al procedimiento propio para su ejercicio.

Este conjunto de obras se presentan para el interés no sólo de la comunidad estudiantil, sin duda afectada por esta potestad, sino también para el de los profesores, los operadores universitarios que deben aplicar la norma y para la universidad misma, como institución. En cuanto a los profesores, creo que les afecta como potenciales víctimas del comportamiento de los estudiantes, e, incluso, más allá —y puede que no sin importancia— de forma refleja en lo ateniente a la motivación en el desarrollo de su labor educativa. En cuanto a los segundos, los operadores universitarios que aplican la norma deben asegurarse del adecuado despliegue del poder disciplinario de la universidad. De lo contrario, si no se respetan las garantías del investigado o sancionado, en el momento de ejecución, y si los aplicadores de la norma se alejan de las reglas de ejercicio de esta potestad disciplinaria, difícilmente se estaría respetando el mandato constitucional de configurar nuestras universidades en un Estado de Derecho.

PARTE I

LOS PRINCIPIOS INFORMADORES DEL EJERCICIO DE LA POTESTAD DISCIPLINARIA SOBRE LOS ESTUDIANTES UNIVERSITARIOS

CAPÍTULO I

LA APLICACIÓN DE LOS PRINCIPIOS INFORMADORES DEL EJERCICIO DE LA POTESTAD SANCIONADORA A LA POTESTAD DISCIPLINARIA ACADÉMICA

El ejercicio de cualquier potestad administrativa lleva consigo su sometimiento a determinadas garantías en favor del administrado. Esta afirmación aún adquiere mayor importancia cuando se trata del *ius puniendi*. Se trata de una de las mayores conquistas del Estado de Derecho[2] y en este sentido, al igual que con el ejercicio de cualquier otra potestad sancionadora, el ejercicio de la disciplinaria sobre los estudiantes universitarios estará sometido plenamente a una serie de garantías y derechos.

Tanto el Tribunal Constitucional como el Tribunal Supremo desde temprano establecieron que los principios inspiradores del Derecho penal han de aplicarse al Derecho administrativo sancionador sin prácticamente matiz alguno. Esto es algo que a día de hoy no admite dudas. Al respecto pueden citarse la STC 18/1981 de 8 de junio[3] y la STS de 29 de abril de 1981[4], en la que sin ambages se afirma que: «en el ámbito de la potestad disciplinaria de la Administración son aplicables los principios generales que inspiran el Derecho penal, adecuadamente matizados» (considerando 2.º)[5]. También

2. Así lo expresan GARBERÍ LLOBREGAT, J. y BUITRÓN RAMÍREZ, G.: *Procedimiento administrativo sancionador*. Tirant lo Blanch, 2016, pág. 52.

3. STC, Sala Primera, 18/1981, de 8 de junio (pon. Gómez-Ferrer Morant, F.J. 2.º).

4. STS, Sala de lo Contencioso, secc. 1.ª, 311/1981, de 29 de abril (pon. de López Díaz y López).

5. Puede citarse también la reciente STC, Pleno, 172/2020, de 19 de noviembre (pon. González Rivas): «Conforme a una reiterada doctrina de este tribunal —desde las ya tempranas SSTC 18/1981, de 8 de junio, FJ 2; 77/1983, de 3 de octubre, FJ 3, y 42/1987, de 7 de abril, FJ 2—, la Administración pública en el ejercicio de su potestad sancionadora está sujeta tanto a los principios sustantivos derivados del art. 25.1 CE —«considerando que los principios inspiradores del orden penal son de aplicación, con ciertos matices, al Dere-

incluso en el ámbito de las relaciones de sujeción especial: STC 61/1990 de 29 de marzo[6]. La doctrina científica, por su parte, avala también esta idea[7].

Estos principios y derechos son los recogidos constitucionalmente en los arts. 9.3, 24 y 25 de la Constitución Española: unos de manera expresa, como el principio de legalidad; y otros tácita, como el *non bis in idem*.

La traslación de los principios del Derecho penal al administrativo sancionador no es una garantía nacida en nuestro Derecho a partir de 1978. A pesar del carácter represivo y escasamente garantista que desprendía el derogado Reglamento de Disciplina Académica de 1954, ya esta norma contenía en su Disposición Final y Transitoria Cuarta lo siguiente: «En su caso, serán aplicadas con carácter subsidiario de este Reglamento las disposiciones de carácter disciplinario del Reglamento General de Funcionarios Públicos, de 7 de septiembre de 1918, y los principios generales del Derecho Penal y Procesal Penal». De la misma forma, la Ley 3/2022, de 24 de febrero, de convivencia universitaria (en adelante, Ley de Convivencia Universitaria), directamente menciona tanto en su Exposición de Motivos, como en su articulado y las Disposiciones la aplicación de los principios y derechos propios del Derecho penal al ejercicio de la potestad disciplinaria[8].

---

cho administrativo sancionador, dado que ambos son manifestaciones del ius puniendi del Estado»— (SSTC 243/2007, de 10 de diciembre, FJ 3, y 70/2008, de 23 de junio, FJ 4), como a las garantías procesales establecidas en el art. 24.2 CE, «si bien con las modulaciones requeridas en la medida necesaria para preservar los valores esenciales que se encuentran en la base del art. 24.2 CE y la seguridad jurídica que garantiza el art. 9.3 CE, en tanto sean compatibles con su propia naturaleza» (SSTC 197/2004, de 15 de noviembre, FJ 2, y 145/2011, de 26 de septiembre, FFJJ 3 y 4, y las allí citadas)» (F.J. 5.° b); así como las anteriores del Tribunal Supremo: SSTS, Sala de lo Contencioso, secc. 1.ª, de 14 de octubre de 2005, rec. núm. 372/2001 (pon. Bandres Sánchez-Cruzat, F.J. 2.°); secc. 2.ª, de 4 de noviembre de 2005, rec. núm. 100/2014 (pon. Martín Timón, F.J. 1.° *in fine*); y secc. 3.ª, 1815/2018, de 19 de diciembre (pon. Espín Templado, F.J. 2.°).

6. STC, Sala Primera, 61/1990, de 29 de marzo (pon. de la Vega Benayas, FF.JJ. 6.° y 8.°).

7. Entre los autores que han tratado magistralmente esta cuestión: GALLARDO CASTILLO, M.J.: *El régimen disciplinario de los funcionarios públicos*. Aranzadi, 2016 págs. 85 y 86: GALLARDO CASTILLO, M.J.: *Los principios de la potestad sancionadora: teoría y práctica*. Iustel, 2008, pág. 20; GONZÁLEZ PÉREZ, J. y GONZÁLEZ NAVARRO, F.: *Comentarios a la Ley de Régimen Jurídico de las Administraciones públicas y Procedimientos Administrativo Común* (Ley 30*/1992, de 26 de noviembre)*. Civitas, 2007, pags. 2.797 y ss.; y NIETO GARCÍA, A.: *Derecho administrativo sancionador*. Tecnos, 1993, págs. 167 y ss. En lo relativo al régimen disciplinario sobre los estudiantes universitarios, en cuanto sujetos relacionados de manera especial con la Administración, es obligada la cita de TARDÍO PATO, J.A.: *Las sanciones disciplinarias a los alumnos universitarios y no universitarios, en centros públicos y privados*. Ministerio de Educación y Formación Profesional, 2020, págs. 27 y ss.; y TARDÍO PATO, J.A.: «La potestad disciplinaria sobre el alumnado de las universidades públicas» en AA.VV.: *Anuario de Derecho administrativo sancionador*. Civitas, 2021, págs. 554 y 562 a 564.

8. TARDÍO PATO, J.A., ob. cit. 2021, págs. 555 y ss.; y ob. cit. 2020, págs. 41 y ss. ha tratado magníficamente la aplicación de estos principios a la potestad disciplinaria sobre los estu-

En los capítulos siguientes serán analizadas estas garantías a la luz de la Ley de Convivencia Universitaria, de la Ley 40/2015, de 1 de octubre, de Régimen Jurídico del Sector Público (en adelante, Ley 40/2015), de la jurisprudencia y de la mejor doctrina.

---

diantes universitarios.

CAPÍTULO II

EL PRINCIPIO DE LEGALIDAD

Para sintetizar este principio, uso la máxima clásica enunciada por FEUERBACH[9], *nullum crimen, nulla poena sine lege praevia*, desde la que se puede construir el principio de legalidad sancionadora en sus diversas manifestaciones que de él emanan[10]:

1. *Nullum crimen sine lege*: no se considerará infracción la conducta que no esté así prevista en la ley.
2. *Nulla poena sine lege praevia*: no se impondrá sanción alguna por la comisión de la infracción si ésta no está prevista en la ley antes de ser cometida.
3. *Nulla poena sine legale iudicio* o garantía jurisdiccional: la sanción sólo será impuesta tras la tramitación del procedimiento legalmente establecido.
4. De ejecución: la sanción sólo se ejecutará según lo dispuesto en la ley.

El principio de legalidad está vinculado con el imperio de la ley que debe regir las relaciones de los ciudadanos con la Administración en un Estado de Derecho, de tal forma que con él se otorga a éstos la suficiente seguridad jurídica, eliminándose cualquier posible comportamiento arbitrario de las instituciones. Es la máxima exigencia propia del Estado de Derecho para salvaguardar las garantías de los ciudadanos, sometiendo al poder público al Ordenamiento Jurídico, lo que se traduce en la imposición de determinadas

---

9. En la obra FEUERBACH, P.J.A.V.: *Lehrbuch des gemeinen in Deutchland gültigen peinlichen Rechts*. Giessen, 1828. Tomo esta idea de GÓMEZ TOMILLO, M. y SANZ RUBIALES, Í.: *Derecho administrativo sancionador*. Aranzadi, 2017, págs. 130 y 131; y GARBERÍ LLOBREGAT, J. y BUITRÓN RAMÍREZ, G., ob. cit. 2016, pág. 84, quienes hablan del principio de legalidad citando también al autor alemán.

10. Ahora bien, aunque dichas son las manifestaciones del principio de legalidad en sentido estricto, es una opinión más o menos pacífica que de éste emanan otros como el *non bis in idem* o la irretroactividad de las disposiciones sancionadoras, y ello pese a la literalidad del art. 25 de la Constitución Española. Esto será tratado en los capítulos relativos a estos principios. Sobre este particular puede leerse a NIETO GARCÍA, A., ob. cit. 1993, pág. 206.

obligaciones en la elaboración de la normativa restrictiva de derechos y en el ejercicio de la potestad sancionadora.

La manifestación constitucional del principio de legalidad sancionadora se encuentra en el art. 25.1 de la Constitución Española: «Nadie puede ser condenado o sancionado por acciones u omisiones que en el momento de producirse no constituyan delito, falta o infracción administrativa, según la legislación vigente en aquel momento». Aunque también en el art. 53.1 de la Constitución Española cuando establece que sólo por ley podrá regularse el ejercicio de los derechos y libertades del capítulo II del título I. De este principio, que ha sido profusamente tratado por la doctrina y la jurisprudencia, el Tribunal Constitucional ha afirmado que tiene dos vertientes, la formal y la material[11]. Dice así la STC 145/2013, de 11 de julio[12]:

> «El derecho a la legalidad penal (art. 25.1 CE) absorbe el derecho a la legalidad sancionadora administrativa y se articula a través de una doble garantía, material y formal. La primera es la exigencia de predeterminación normativa de las conductas infractoras y de las sanciones correspondientes con la mayor precisión posible, para que los ciudadanos puedan conocer de antemano el ámbito de lo proscrito y prever, de esta manera, las consecuencias de sus acciones. (...) La garantía formal, como señala la STC 166/2012, de 1 octubre, FJ 5, hace referencia al rango necesario de las normas tipificadoras de esas conductas y sanciones, que ha de ser legal y no reglamentario de conformidad con el término «legislación vigente» contenido en el art. 25.1 CE» (F.J. 4.º).

La primera de ellas se refiere al principio de legalidad en sí mismo; mientras que la segunda se relaciona con el principio de tipicidad, que será analizado en un capítulo posterior. La garantía formal del principio de legalidad es precisamente el pronunciamiento constitucional del art. 25.1, la reserva de ley. A ello hace referencia la expresión «legislación vigente en aquel momento». Sólo por ley podrá establecerse el régimen sancionador de una determinada materia. Esta reserva de ley tiene su fundamento en que toda norma sancionadora, por la afectación negativa que puede tener en la esfera jurídica de los ciudadanos, ha de emanar necesariamente de un órgano legislativo en el que resida la soberanía nacional. El Tribunal Constitucional, siguiendo los postulados enunciados por el criminalista y filósofo alemán, FEUERBACH, ha venido declarando que el principio de legalidad en materia sancionadora implica al menos la existencia de una ley (*lex scripta*), que sea anterior a la comisión del ilícito (*lex praevia*) y que describa un supuesto de hecho determinado (*lex certa*)[13].

---

11. En STC, Pleno, 13/2021, de 28 de enero (pon. González Rivas), que hace un magnífico recorrido en su F.J. 9.º sobre la reserva de ley en materia sancionadora.

12. STC, Pleno, 145/2013, de 11 de julio (pon. Ollero Tassara).

13. Pueden citarse, entre otras, las SSTC, Sala Primera, 75/2002, de 8 de abril (pon. Jiménez de Parga y Cabrera, F.J. 4.º); Sala Primera, 246/1991, de 19 de diciembre (pon. Tomás y

El art. 25 de la Ley 40/2015 se encarga de enunciar el principio de legalidad como vertebrador de la potestad sancionadora. En su párrafo primero establece que la potestad sancionadora se configurará cuando así esté previsto en una norma con rango de ley y sólo entonces podrá ejercerse. Está aquí presente la garantía constitucional de la reserva de ley. Consiguientemente, esto garantiza que los elementos básicos que configuran el régimen sancionador de una materia, a saber, las infracciones, las sanciones correspondientes, la graduación de ambas y la identificación de los órganos titulares de la potestad sancionadora, deban configurarse en una norma con rango de ley.

La Ley de Convivencia Universitaria hace diferentes referencias al principio de legalidad. La Exposición de Motivos asume este principio como propio del ejercicio de la potestad disciplinaria, y en el mismo sentido, establece el art. 8.3.a) que «La potestad disciplinaria se ejercerá de acuerdo con [...] el principio de legalidad».

La reserva de ley en Derecho administrativo sancionador se refiere a la ley ordinaria con carácter general. No obstante, la jurisprudencia constitucional ha admitido también la regulación del régimen sancionador por medio de decreto legislativo y decreto-ley[14]. La ley orgánica en materia sancionadora quedará reservada a determinar aquellas infracciones para las que se prevean, por ejemplo, sanciones privativas de libertad, y ello por afectar directamente al desarrollo de un derecho fundamental, el de la libertad deambulatoria del art. 17.1 de la Constitución Española, en este supuesto. Así lo establece el art. 81.1 de la Constitución Española: «Son leyes orgánicas las relativas al desarrollo de los derechos fundamentales y de las libertades públicas». Algunas normas sancionadoras dan buena cuenta de ello. Es el caso de la Ley Orgánica 1/1979, de 26 de septiembre, General Penitenciaria, en cuyo art. 42 se establecen correcciones disciplinarias tales como el aislamiento en celda, la privación de permisos de salida o la limitación de las comunicaciones orales. Al desarrollar el ejercicio de estos derechos fundamentales, materia de las contenidas en el art. 81.1 de la Constitución Española, habrá de tener la

Valiente, F.J. 3.º); y Pleno, 133/1987, de 21 de julio (pon. Truyol Serra): «De todo ello se deduce que el principio de legalidad en el ámbito del derecho sancionador estatal implica, por lo menos, estas tres exigencias: La existencia de una ley (*lex scripta*); que la ley sea anterior al hecho sancionado (*lex praevia*), y que la ley describa un supuesto de hecho estrictamente determinado (*lex certa*)» (F.J. 4.º).

14. A este respecto puede ser citada la STC, Pleno, 3/1988, de 21 de enero (pon. López Guerra): «aunque la expresión «legislación» utilizada por el precepto constitucional [se refieren al art. 25 de la Constitución Española] con referencia a delitos, faltas, penas y a infracciones y sanciones administrativas pudiera hacer pensar en un tratamiento homogéneo no tiene el mismo rigor en uno y otro ámbito la reserva de ley, desempeñando en el estrictamente administrativo una función no desdeñable la potestad reglamentaria, y como indicios en tal sentido cita las SSTC 18/1981, fundamento jurídico 2.º y 37/1982, de 16 de junio. Y, en definitiva, sobre la base de la STC 8/1981 puede entenderse que cualquiera de los tipos de norma con fuerza de Ley del Capítulo Segundo, Título III de la Constitución vale para tipificar delitos, faltas e infracciones administrativas» (F.J. 8.º).

naturaleza de orgánica. Lo mismo ocurre con la Ley Orgánica 8/2014, de 4 de diciembre, de Régimen Disciplinario de las Fuerzas Armadas, que prevé la sanción de arresto en su art. 11 para las faltas de cualquier naturaleza.

Es importante decir que la sola afectación de la regulación de la norma sancionadora a un derecho fundamental —piénsese en el derecho a la educación en el caso del régimen disciplinario sobre los estudiantes—, no exige que este régimen sancionador deba ser configurado en una ley orgánica. Para que ello ocurra la afectación del derecho debe ser frontal, hasta el punto de llegar a «desarrollarlo», utilizando la terminología del art. 81.1 de la Constitución Española.

En cuanto a si la regulación corresponde al Estado o la Comunidad Autónoma, dependerá de qué legislador tiene la competencia sobre la materia sustantiva, tal y como se analizó en el capítulo II.

El régimen sancionador sobre los estudiantes universitarios ha de ser regulado en una norma con rango legal, sin que sea necesario que sea ley orgánica. Para Pemán Gavín[15] la reserva de ley en el régimen disciplinario de los estudiantes no sólo se justifica por el art. 25.1 de la Constitución Española, sino también por el art. 53.1 de la Constitución Española, en tanto que afecta al ejercicio de uno de los derechos fundamentales del capítulo II del título I, el de la educación del art. 27 de la Constitución Española. Pallarés Serrano incluso defiende la necesidad de que esta materia, ya que afecta al desarrollo del derecho fundamental mencionado, sea regulada por ley orgánica[16].

Sobre este asunto se ha manifestado la jurisprudencia. Es el caso del Tribunal Supremo en la STS de 7 de marzo de 2002[17]; y en el mismo sentido lo hace la STSJ de Galicia de 13 de octubre de 1999[18]. Ambas resoluciones coinciden en que no supone el desarrollo del derecho fundamental a la educación, por lo que para satisfacer la garantía de la reserva de ley basta con la ley ordinaria para regular el régimen disciplinario sobre los estudiantes universitarios.

Personalmente considero que no es preciso esta reserva de ley orgánica, y ello por el motivo adelantado: si bien la norma disciplinaria afecta al derecho fundamental a la educación, no lo está desarrollando.

---

15. Pemán Gavín, J.: «El régimen disciplinario de los estudiantes universitarios: sobre la vigencia y aplicabilidad del Reglamento de Disciplina Académica (Decreto de 8 de septiembre de 1954)» en *Revista de Administración pública*, núm. 135, 1994, pág. 467.

16. Pallarés Serrano, A.: «Análisis del régimen disciplinario de los estudiantes universitarios. Especial referencia a los comportamientos fraudulentos y al plagio, en particular» en *Revista catalana de dret públic*, núm. 56, 2018, pág. 166.

17. STS, Sala de lo Contencioso, secc. 7.º, de 7 de marzo de 2002, rec. núm. 7023/1994 (pon. Trillo Torres, F.J. 2.º).

18. STSJ de Galicia, A Coruña, secc. 1.ª, 1027/1999, de 13 de octubre (pon. Seoane Pesqueira, FF.JJ. 2.º y 3.º).

Sin embargo, la garantía de la reserva de ley en materia sancionadora queda relajada en tres supuestos[19]: la colaboración reglamentaria (las leyes que remiten a otras normas de rango inferior), las normas aprobadas con anterioridad a la Constitución y en los supuestos de las denominadas relaciones de sujeción especial. En las líneas que siguen, le dedicaré atención específica a cada uno de ellos.

I. La colaboración reglamentaria

El art. 25.1 de la Constitución Española literalmente equipara la reserva de ley absoluta en el régimen penal y el administrativo sancionador: «Nadie puede ser condenado o sancionado por acciones u omisiones que en el momento de producirse no constituyan delito, falta o infracción administrativa, según la legislación vigente en aquel momento». Con todo, el Tribunal Constitucional ha ido construyendo una excepción a esta reserva de ley absoluta, excepción luego plasmada en leyes como la Ley 40/2015. Dice así la STC 13/2013, de 28 de enero[20]:

> «[E]n relación con las infracciones y sanciones administrativas el alcance de la reserva de Ley no puede ser tan riguroso como lo es por referencia a los tipos y sanciones penales en sentido estricto, y ello tanto por razones que atañen al modelo constitucional de distribución de las potestades públicas como por el carácter en cierto modo insuprimible de la potestad reglamentaria en ciertas materias, bien, por último, por exigencias de prudencia o de oportunidad» (F.J. 1.º).

Esta colaboración reglamentaria encuentra determinados límites que ha venido estableciendo el propio Tribunal Constitucional[21] y que han sido reflejados en el art. 27.3 de la Ley 40/2015, aunque el precepto esté dedicado al principio de tipicidad. Son los siguientes:

1. En primer lugar, la norma con rango de ley que apela a la colaboración reglamentaria para la tipificación debe establecer con suficiencia los elementos esenciales de la conducta antijurídica, así como la naturaleza y los límites del castigo correspondiente. Por ello, la norma

19. Siguiendo a Nieto García, A., ob. cit. 1993, pág. 218.

20. STC, Sala Primera, 13/2013, de 28 de enero (pon. Ollero Tassara, F.J. 1.º). En el mismo sentido, pueden citarse otras como las SSTC, Pleno, 152/2020, de 19 de noviembre (pon. González Rivas, F.J. 5.º *in fine*); Sala Primera, Sala Segunda, 97/2009, de 27 de abril (pon. Rodríguez Arribas, FF.JJ. 2.º, 3.º y 4.º); 26/1994, de 27 de enero (pon. Gimeno Sendra, FF.JJ. 4.º y 5.º); y Pleno, 3/1988, de 21 de enero (pon. López Guerra, FF.JJ. 9.º y 10.º).

21. Aunque son abundantes las sentencias del Tribunal Constitucional, como la STC, Pleno, 160/2019, de 12 de diciembre (pon. Xiol Ríos, F.J. 2.º), pese a su antigüedad, considero que la STS, Sala de lo Contencioso, secc. 4.ª, 20 de diciembre de 1999, rec. núm. 429/1997 (pon. Fernández Montalvo, F.J. 6.º) resume con gran maestría los límites a la colaboración reglamentaria en materia administrativa sancionadora.

con rango legal deberá determinar las conductas que se consideren ilícitas, con sus elementos configuradores, así como las sanciones que pudieran corresponder y la graduación de ambas. En palabras del Tribunal Supremo, dice la STS de 22 de septiembre de 2008[22] que: «La Ley debe contener los elementos básicos y definitorios de las infracciones y sanciones, sin que los reglamentos en esta materia puedan ser independientes, sino ejecutivos y mantenerse dentro de los límites que corresponden a la remisión normativa» (F.J. 7.º).

2. Y, en segundo lugar, esta norma con rango legal que apela a la colaboración reglamentaria no puede estar vacía de contenido, dejando un margen absoluto al reglamento. La remisión no puede consistir en habilitar al reglamento para que construya una regulación *ex novo* y no subordinada a la ley. De esta manera se limitan las leyes en blanco, que son normas que únicamente expresan que la regulación sancionadora se llevará a cabo por la vía reglamentaria. La ley remitente deberá expresamente llamar a la colaboración reglamentaria y además habrá de imponer los límites e instrucciones para que opere esta colaboración, así que en todo momento la norma inferior se hallará claramente subordinada a la de rango legal[23]. En palabras del Tribunal Supremo en la citada STS de 20 de diciembre de 1999[24]: «ni la Ley puede contener una deslegalización en el ámbito sancionador en favor del reglamento, ni este puede crear infracciones o sanciones bajo pretexto de desarrollar una Ley que no contenga regulación alguna sobre éstas» (F.J. 6.º *in fine*). El Tribunal Constitucional lo afirma de esta manera en la STC 160/2019, de 12 de diciembre[25]:

> «No cabe excluir la colaboración reglamentaria en la propia tarea de tipificación de las infracciones y atribución de las correspondientes sanciones, siempre que tales remisiones no posibiliten una regulación independiente y no claramente subordinada a la ley. Esto exige que la ley deba contener la determinación de los elementos esenciales de la conducta antijurídica y al reglamento solo puede corresponder, en su caso, el desarrollo y precisión de los tipos de infracciones previamente establecidos por la ley. De este modo, se vulnera el art. 25.1 CE cuando la remisión de la ley al reglamento se hace sin una previa determinación de los elementos esenciales de la conducta antijurídica (así, por ejemplo, SSTC 13/2013,

22. STS, Sala de lo Contencioso, secc. 2.ª, de 22 de septiembre de 2008, rec. núm. 393/2005 (pon. Fernández Montalvo).

23. Como han afirmado González Pérez, J. y González Navarro, F.: *Comentarios a la Ley de Régimen Jurídico de las Administraciones públicas y Procedimientos Administrativo Común (Ley 30/1992, de 26 de noviembre)*. Civitas, 2012, págs. 2.824 a 2.827.

24. STS, Sala de lo Contencioso, secc. 4.ª, de 20 de diciembre de 1999, rec. núm. 429/1997 (pon. Fernández Montalvo).

25. STC, Pleno, 160/2019, de 12 de diciembre (pon. Xiol Ríos, F.J. 2.º).

de 28 de enero, FJ 2; 34/2013, de 14 de febrero, FJ 19; 218/2013, de 19 de diciembre, FJ 4, y 199/2014, de 15 de diciembre, FJ 3)» (F.J. 2.º).

El margen de actuación reglamentaria en el ámbito del Derecho administrativo sancionador sirve entonces para especificar las infracciones y sanciones con tal de que la lectura del reglamento facilite la identificación de las conductas o la predeterminación de las sanciones aplicables. En este sentido lo expresa el art. 27.3 de la Ley 40/2015:

> «Las disposiciones reglamentarias de desarrollo podrán introducir especificaciones o graduaciones al cuadro de las infracciones o sanciones establecidas legalmente que, sin constituir nuevas infracciones o sanciones, ni alterar la naturaleza o límites de las que la Ley contempla, contribuyan a la más correcta identificación de las conductas o a la más precisa determinación de las sanciones correspondientes».

Esta flexibilización de la reserva de ley presenta algunas críticas. GÓMEZ TOMILLO y SANZ RUBIALES consideran que al igual que para las infracciones penales la reserva de ley —orgánica en ese caso— es absoluta, de tal forma que no cabe que una norma de inferior rango regule ni los elementos más irrelevantes del tipo ni los crímenes más leves[26], lo mismo debería preverse para las infracciones administrativas. Ha de tenerse en cuenta, dicen estos autores y con ellos me posiciono, que determinadas faltas administrativas, aún de carácter leve, inciden gravemente en la esfera jurídica de la persona sancionada. Incluso la propia exposición al procedimiento sancionador puede comportar un enorme perjuicio moral. Así que mientras que en Derecho penal existe cierta flexibilidad, manifestada por ejemplo en los sistemas días-multa que se fijan en función de la capacidad económica del sujeto, o en la capacidad de llegar a una conformidad con el Ministerio Fiscal; en Derecho administrativo sancionador esta posibilidad es prácticamente nula.

Trasladando lo anterior al régimen disciplinario sobre los estudiantes, es evidente el perjuicio que puede causar la imposición de una sanción tal como la expulsión de la facultad, siquiera por un curso académico, con la correspondiente pérdida de matrícula. Muchos estudiantes preferirían enfrentarse al régimen punitivo criminal, aceptando un castigo pecuniario de días-multa en función de su capacidad económica —por lo general, exigua— o trabajos en beneficio de la comunidad, antes que someterse a un expediente sancionador que necesariamente le llevaría a estas fatales consecuencias académicas.

---

26. Lo hacen en GÓMEZ TOMILLO, M. y SANZ RUBIALES, Í., ob. cit. 2017, pág. 138 con apoyo en otros autores reconocidos como CEREZO MIR, J.: *Curso de derecho penal español: parte general*. Tecnos, 2004, pág. 63, que lo afirma con respecto de las infracciones administrativas graves; y SANZ GANDÁSEGUI, F.: *La potestad sancionadora de la Administración: la Constitución española y el Tribunal Constitucional*. Editoriales de Derecho Reunidas, 1985, págs. 110 y ss.

1. Las posiciones doctrinales acerca de la colaboración reglamentaria en materia de disciplina académica sobre los estudiantes. El papel de las Universidades

El principio de reserva de ley tiene gran interés para la materia disciplinaria académica y sobre esto hay que resolver una importante cuestión: si dada la legislación existente, fundamentalmente la Ley de Convivencia Universitaria, la Ley Orgánica 2/2023, de 22 de marzo, del Sistema Universitario (en adelante, Ley Orgánica del Sistema Universitario) y el Real Decreto 1791/2010, de 30 de diciembre, por el que se aprueba el Estatuto del Estudiante Universitario (en adelante, Estatuto del Estudiante Universitario), ¿pueden las universidades aprobar su propia normativa sancionadora, sirviendo las primeras como normas con rango de ley que den la cobertura suficiente a las normas de inferior rango que las instituciones académicas aprueben?

Voces autorizadísimas de la doctrina, como son las de ALEGRE ÁVILA, NIETO GARCÍA o RIVERO ORTEGA, han defendido la posibilidad de que las universidades aprueben su propia normativa disciplinaria[27]. ALEGRE ÁVILA sitúa la razón en que, al igual que el Tribunal Constitucional ha relajado ampliamente las exigencias del principio de legalidad sancionadora en lo que respecta a las entidades locales[28], lo mismo se predicaría de las univer-

27. El primero lo hace en ALEGRE ÁVILA, J.M.: «De la universidad y sobre el derecho de las universidades», en *Revista Española de Derecho Administrativo*, núm. 193, 2018, posición que ya mantuvo en ALEGRE ÁVILA, J.M.: «Una pincelada al hilo de una noticia periodística sobre la potestad sancionadora de las Universidades en relación a los estudiantes universitarios», en *Publicaciones de la Asociación Española de Profesores de Derecho Administrativo*, 2013; el segundo en NIETO GARCÍA, A.: «Régimen disciplinario del alumnado universitario: perspectivas para su configuración» en AA.VV.: *Las Universidades Públicas y su Régimen Jurídico*. Lex Nova, 1999, pág. 531 y ss., que es quizá la obra que trata con mayor profusión este asunto; y el tercero en RIVERO ORTEGA, R.: «*Régimen disciplinario y estatuto del estudiante: elementos para un debate*», http://sgcrue.usal.es/docs/Regimen_Disciplinario_Estudiantes.pdf, sin fechar (consultado el 9 de enero de 2025).

28. Consúltense a este respecto la STC, Pleno, 60/2000, de 2 de marzo (pon. Cachón Villar), cuya doctrina se consolida en la STC, Sala Primera, 132/2001, de 8 de junio (pon. Cachón Villar), que establece que: «la tipificación de infracciones y sanciones ha de ser flexible en materias donde, por estar presente el interés local, existe un amplio campo para la regulación municipal y siempre que la regulación local la apruebe el Pleno del Ayuntamiento. Esta flexibilidad no sirve, con todo, para excluir de forma tajante la exigencia de ley (...). Del art. 25.1 CE derivan dos exigencias mínimas, que se exponen a continuación. En primer término, y por lo que se refiere a la tipificación de infracciones, corresponde a la ley la fijación de los criterios mínimos de antijuridicidad conforme a los cuales cada Ayuntamiento puede establecer tipos de infracciones; no se trata de la definición de tipos —ni siquiera de la fijación de tipos genéricos de infracciones luego completables por medio de Ordenanza Municipal— sino de criterios que orienten y condicionen la valoración de cada Municipio a la hora de establecer los tipos de infracción. En segundo lugar, y por lo que se refiere a las sanciones, del art. 25.1 CE deriva la exigencia, al menos, de que la ley

sidades. En este sentido, pese a que se reconoce la aplicación del principio de reserva de ley a las administraciones municipales, el Tribunal Constitucional considera que no es necesario una norma habilitante con rango legal que defina todos los elementos propios del régimen sancionador, sino que basta con que la ley fije unos criterios mínimos de antijuridicidad que permitan a los Ayuntamientos valorar qué conductas tipificar como infracción. En cuanto a las sanciones sería suficiente con el establecimiento de un catálogo de posibles sanciones que cada municipio podrá asumir en sus normas para luego determinar su gravedad. Este autor mantiene que para que las universidades establezcan su propio régimen sólo sería necesario una norma de rango legal que fijase los criterios mínimos de antijuridicidad y un catálogo de posibles sanciones.

La opinión de Nieto García, sobre la que hay que decir que fue plasmada en 1999[29], considera que las universidades también pueden configurar su propio régimen sancionador, y ello por mor de la Ley de Reforma Universitaria. Este autor sostiene que no es necesario que una norma con rango de ley establezca los elementos mínimos exigidos por la jurisprudencia para el Derecho sancionador general, en cuyo caso no podrían aprobar sus propios reglamentos en tanto que la Ley de Reforma Universitaria estaría realizando una remisión en blanco, proscrita. Entiende que, dado que los estudiantes son sujetos relacionados especialmente con la universidad, la reserva de ley se relaja. Lo anterior, unido a la permisividad que existe para los entes locales, permitiría a las instituciones académicas otorgarse sus propias normas disciplinarias, aunque con una condición, siempre y cuando estas fuesen aprobadas por el Claustro, como órgano de representación de la comunidad universitaria.

En cuanto a la tipificación de las infracciones, Alegre Ávila considera que la derogada Ley Orgánica 6/2001, de 21 de diciembre, de Universidades (en adelante, Ley Orgánica de Universidades) y el Estatuto del Estudiante Universitario eran normas suficientes para que las Universidades tipificaran conductas; y ello porque contenían un catálogo de derechos y deberes de los estudiantes que podían servir de parámetro a las universidades en la determinación de las infracciones. Se refiere a los arts. 46.2 de la Ley Orgánica de Universidades y 11 del Estatuto del Estudiante Universitario, que eran los que recogían una serie de derechos; y a estos añade el art. 13 del Estatuto del Estudiante Universitario, que es el que establece los deberes. La Ley Orgá-

---

reguladora de cada materia establezca las clases de sanciones que pueden establecer las ordenanzas municipales; tampoco se exige aquí que la ley establezca una clase específica de sanción para cada grupo de ilícitos, sino una relación de las posibles sanciones que cada Ordenanza Municipal puede predeterminar en función de la gravedad de los ilícitos administrativos que ella misma tipifica» (F.J. 6.º).

29. Quiero resaltar que en aquel momento se encontraba en vigor la Ley de Reforma Universitaria y no la posterior Ley Orgánica de Universidades.

nica de Universidades, por su parte, nada indicaba acerca de los deberes de los estudiantes. En lo que respecta a las sanciones, el catálogo que podría servir a las instituciones académicas sería el dispuesto en el Reglamento de Disciplina Académica, en tanto no exista una norma actualizada. Hoy en día, con la Ley de Convivencia Universitaria en vigor, la opinión del profesor ALEGRE ÁVILA se vería aún más reforzada.

En cualquier caso, es importante decir que estas brillantes posturas tuvieron lugar antes de la entrada en vigor de la Ley de Convivencia Universitaria. En la actualidad, la situación aparenta ser menos compleja. Por ello, la evolución del Ordenamiento Jurídico desde que los autores citados publicaran sus tesis hace que en la actualidad haya que hacer importantes objeciones que, desde la humildad, considero oportuno exponer:

1. Por un lado, en cuanto a la consideración de que los estudiantes universitarios son sujetos relacionados especialmente con la universidad y que por tanto, se permitiría una modulación de la reserva de ley, debe decirse que esta afirmación que hace NIETO GARCÍA tiene lugar en 1999, cuando expresamente la Ley 30/1992 admitía la distinción entre las relaciones de sujeción especial y general; y excluía la aplicación de este principio de reserva de ley a este tipo de relaciones de sujeción especial[30]. En la actualidad, la Ley 40/2015, otorga la protección dada por sus arts. 25.1 y 27.1 a las relaciones de sujeción especial. No existen dudas, como indicaré en el epígrafe correspondiente, de que ninguna relajación ha de admitirse en lo que respecta a los derechos de los estudiantes universitarios, dicho sea lo anterior con total independencia de su condición de relacionados especialmente con la Administración.
2. Por otro lado, la equiparación que ambos autores hacen del régimen establecido para los entes locales con el de las universidades halla, bajo mi punto de vista, escaso fundamento constitucional o normativo más allá de que la Constitución Española garantice la autonomía universitaria (art. 27) y la autonomía local (art. 140). Aceptar esta tesis implicaría otorgar una excesiva flexibilización del principio de legalidad que no encuentra cobertura alguna en la jurisprudencia, de tal forma que entretanto el Tribunal Constitucional no haga una exégesis de la aplicación de los límites del art. 25.1 de la Constitución Española al ámbito disciplinario universitario, como lo hizo con el sancionador de los Ayuntamientos, no cabrá que en base a aquel fundamento las universidades puedan aprobar su propia normativa disciplinaria sobre los estudiantes.

30. Con claridad señalaba el art. 127.3 de la Ley 30/1992 que «Las disposiciones de este Título [Principios de la potestad sancionadora] no son de aplicación al ejercicio por las Administraciones públicas de su potestad disciplinaria respecto del personal a su servicio y de quienes estén vinculados a ellas por una relación contractual».

La doctrina mayoritaria discrepaba igualmente. PEMÁN GAVÍN[31] ya consideraba en 1994 que la Ley de Reforma Universitaria era una norma en blanco que de ninguna forma podría servir como cobertura suficiente a que las universidades elaborasen sus reglamentos sancionadores. En su publicación, aunque reconoce que los estudiantes son sujetos relacionados especialmente con la Administración, rechaza que ello permita desplazar la garantía del art. 25.1 de la Constitución Española.

Los profesores SOUVIRÓN MORENILLA y PALENCIA HERREJÓN[32] defienden la necesidad de una norma con rango de ley que garantice el respeto a la reserva de ley, sin importar que los estudiantes se hallen ligados a la universidad por medio de una relación de sujeción especial.

HITA VILLAVERDE[33] manifiesta que el Estatuto del Estudiante Universitario no es una norma que habilite para el ejercicio de la potestad reglamentaria de las universidades en materia disciplinaria, máxime cuando esta misma norma prevé que sea el Gobierno el que elabore un Anteproyecto de Ley de Convivencia Académica en que se regularía con carácter general el régimen sancionador sobre los estudiantes universitarios. Asume también que el hecho de exista una relación de sujeción especial entre las universidades y sus estudiantes no puede suponer una relajación del principio de legalidad.

JIMÉNEZ SOTO[34], tras considerar las posiciones de los profesores NIETO GARCÍA y ALEGRE ÁVILA, afirma que la Ley Orgánica de Universidades y el Estatuto del Estudiante Universitario eran normas insuficientes para satisfacer el principio de reserva de ley. Por ello, concluía proponiendo una modificación de la derogada Ley Orgánica de Universidades en el sentido de que incluyera un catálogo de infracciones y sanciones de carácter muy grave. La tipificación, en cambio, de las graves quedarían en el ámbito autonómico; y las leves en el universitario.

CASARES MARCOS[35] opina en la misma línea. Rechaza que la Ley Orgánica de Universidades resultara suficiente para servir de base mínima al desarrollo reglamentario posterior de las universidades. En su opinión, si una ley

---

31. PEMÁN GAVÍN, J., ob. cit. 1994, págs. 466 y 467.

32. SOUVIRÓN MORENILLA, J.M. y PALENCIA PEREJÓN, F.: *La nueva regulación de las Universidades. Comentarios y análisis sistemáticos de la Ley Orgánica 6/2001, de 21 de diciembre, de Universidades*. Comares, 2002, págs. 423 y 424.

33. HITA VILLAVERDE, E.: «El Régimen disciplinario de los estudiantes universitarios: La necesidad de una Ley reguladora» en *XIII Encuentro Estatal de Defensores Universitarios*, Barcelona, 27 y 28 de octubre de 2010, págs. 62 a 65.

34. JIMÉNEZ SOTO, I.: «El régimen disciplinario de los estudiantes universitarios. Un andamio difícil de sostener con algunas piezas sueltas» en *Revista Española de Derecho Administrativo*, núm. 168, 2015, págs. 280 y ss.

35. CASARES MARCOS, A.B.: «Principio de legalidad y Reglamentos universitarios de Disciplina Académica» en *XIII Congreso de la Asociación Española de Profesores de Derecho Administrativo*, Salamanca, 9-10 de febrero de 2018 pág. 9.

debiera precisar el contenido mínimo establecido por el Tribunal Constitucional, las universidades verían limitado su margen de actuación a coadyudar en la correcta identificación de las conductas ilícitas o a facilitar la determinación de las sanciones, que en cualquier caso deben estar también tipificadas por la norma de rango superior.

En el mismo sentido se ha posicionado PALLARÉS SERRANO[36], que niega cualquier tipo de equiparación entre el régimen disciplinario universitario y el sancionador de los entes locales por los motivos ya expresados. Desecha con rotundidad que pueda matizarse la reserva de ley en las relaciones de sujeción especial y considera que la Ley Orgánica de Universidades, en el momento en que no enumeraba los deberes de los estudiantes ni los elementos esenciales de las conductas punibles, impedía que las universidades pudieran generar sus propias normas disciplinarias.

TARDÍO PATO se muestra reacio a admitir la constitucionalidad de los reglamentos universitarios en su faceta tipificadora de infracciones[37]. Rechaza que sobre la base de las relaciones de sujeción especial de los universitarios pueda matizarse el principio de legalidad, así como que la Ley Orgánica de Universidades y el Estatuto del Estudiante Universitario pudieran otorgarles la cobertura normativa suficiente. Además, pone de manifiesto otro motivo por el que estos reglamentos estarían contraviniendo la reserva de ley, y es el hecho de que lo que hacen es actualizar el Reglamento de Disciplina Académica. Como se verá en el apartado siguiente, todas las normas universitarias no hallan su fundamento en las normas posconstitucionales, sino en el reglamento de 1954, lo que las hace —al menos en mi opinión y coincidiendo con este autor— inconstitucionales. A este respecto, ha declarado el Tribunal Constitucional que no cabe la actualización de una norma anterior a la Constitución[38].

Por último, REBOLLO PUIG se pregunta si, dado el hecho de que los estudiantes son personas en relación de sujeción especial con la universidad, con la relajación que ello comporta de la reserva de ley, podrían las universidades crear sus propias normas. El profesor rechaza finalmente dicha opción y afirma que «una ley es la opción mejor, la única prudente y sensata».

En conclusión, la opinión mayoritaria entiende que el principio de legalidad en el ámbito disciplinario académico sobre los estudiantes no admite

36. PALLARÉS SERRANO, A., ob. cit. 2018, págs. 162 a 165.

37. TARDÍO PATO, J.A., ob. cit. 2020, págs. 24 y ss.; y TARDÍO PATO, J.A.: «La problemática actual de la potestad disciplinaria sobre el alumnado de las Universidades públicas» en *XIII Congreso de la Asociación Española de Profesores de Derecho Administrativo*, Salamanca, 9 y 10 de febrero de 2018, págs. 30 y ss.

38. Véanse al respecto las SSTC, todas de la Sala Primera, 52/2003, de 17 de marzo (pon. Casas Baamonde, F.J. 10.º); 109/1994, de 11 de abril (pon. Gimeno Sendra, F.J. 1.º); y 177/1992, de 2 de noviembre (pon. Rodríguez-Piñero y Bravo-Ferrer, F.J. 3.º), que son referentes en este sentido.

matizaciones, ni en base a la autonomía universitaria, ni en base a la teoría de las relaciones de sujeción especial. Se rechazaba que la Ley Orgánica de Universidades o el Estatuto del Estudiante Universitario pudieran otorgar la suficiente cobertura a los reglamentos universitarios. Si bien estas opiniones fueron escritas antes de la entrada en vigor de la Ley Orgánica del Sistema Universitario, no considero que la redacción de esta nueva norma afecte a las tesis mantenidas por los autores citados.

Pero es que además hay una razón más que justifica que la reserva de ley es necesaria en el ámbito universitario, y que la defienden la mayoría de los autores citados. Se trata de la necesaria homogenización estatal del régimen disciplinario en pos del principio de seguridad jurídica y del derecho fundamental a la igualdad de los arts. 9.3 y 14, respectivamente, de la Constitución Española. Ha de existir una igualdad de trato a los estudiantes de todas las universidades públicas españolas, especialmente si se tiene en cuenta los programas de movilidad existentes. En definitiva, coincido con la opinión mayoritaria en que es preciso que sea una norma con rango de ley la que establezca los elementos mínimos y esenciales del régimen disciplinario básico de los universitarios. Esta norma servirá de fundamento para que las universidades aprueben normas que complementen esta legislación básica.

Dicho todo lo anterior, esta norma, posterior a todas estas opiniones, ha sido dictada. La Ley de Convivencia Universitaria, en cuanto a que es una norma estatal y de carácter básico, es el paraguas necesario para que cada universidad apruebe su propio reglamento disciplinario que desarrolle esta norma estatal. Y precisamente ordena en su art. 3.1 a las universidades aprobar su propia normativa de convivencia, donde tiene cabida la regulación disciplinaria:

> «Con el fin de favorecer el entendimiento, la convivencia pacífica y el pleno respeto de los valores democráticos, los derechos fundamentales y las libertades públicas en el ámbito universitario, las universidades públicas y privadas aprobarán sus propias Normas de Convivencia, que serán de obligado cumplimiento para todos los miembros de la comunidad universitaria, tanto respecto de sus actuaciones individuales, como colectivas».

2. Análisis jurisprudencial acerca de la colaboración reglamentaria en materia de disciplina académica

En materia de disciplina académica sobre los estudiantes es importante la STSJ de Madrid de 9 de enero de 2013[39]. Un colegial del Colegio Mayor Antonio de Nebrija, dependiente de la Universidad Complutense de Madrid,

39. STSJ de Madrid, Sala de lo Contencioso, secc. 10.ª, 21/2013, de 9 de enero (pon. Díaz Fernández).

fue sancionado por haber realizado actos de gamberrismo en otros colegios mayores de esta universidad. Por este motivo le fue impuesta una sanción consistente en la pérdida de su condición de colegial, así como de los derechos correspondientes, lo que implicaba la expulsión de este colegio.

El estudiante recurrió ante la jurisdicción contencioso-administrativa alegando que se había vulnerado el principio de legalidad por cuanto que las normas en que se habían amparado su sanción eran la Ley Orgánica de Universidades, el Estatuto de la Universidad Complutense de Madrid y determinados reglamentos universitarios y colegiales, insistiendo en que la conducta ilícita y las sanciones correspondientes se contenían en los estatutos de aquel colegio mayor, lo que implicaría una evidente vulneración del principio de reserva de ley. El Juzgado de lo Contencioso-Administrativo número 11 de Madrid accedió a la petición del alumno y anuló la sanción por considerarla contraria al principio de legalidad.

La universidad se alzó en apelación y el Tribunal Superior de Justicia estimó íntegramente el recurso. Afirmaron los magistrados que el bloque normativo en que la institución académica basó la resolución guardaba total cobertura en el art. 46.2 de la Ley Orgánica de Universidades, que establece que los derechos y deberes de los estudiantes serán desarrollados por los estatutos y otras normas de organización, donde pueden incluirse los estatutos de la Universidad Complutense de Madrid y del colegio mayor.

Pero no sólo existe este pronunciamiento en cuanto al régimen disciplinario académico. En un sentido totalmente opuesto, pese a ser la misma sección del Tribunal, se pronunció dos años más tarde la STSJ de Madrid de 25 de marzo de 2015[40]. Un residente del Colegio Mayor Ximénez de Cisneros, también dependiente de la Universidad Complutense de Madrid, fue sancionado con una amonestación por cometer una falta leve consistente en faltar al respeto debido a una persona que prestaba sus servicios en este colegio. Las normas que aplicó la directora fueron los Estatutos de los Colegios Mayores de Fundación Directa de la Universidad Complutense de Madrid, de 26 de mayo de 1987 y el Estatuto del Estudiante Universitario.

En primera instancia el Juzgado de lo Contencioso-Administrativo número 24 de Madrid estimó el recurso formulado por el colegial al considerar que la norma aplicada vulneraba la reserva de ley. Entendió el juez que las normas mencionadas en la resolución disciplinaria no contenían un régimen sancionador válido, en tanto que los estatutos de los colegios mayores carecían de ley habilitante, por lo que no disponiendo estos de rango de ley, sólo quedaba declarar la nulidad de la sanción.

La universidad recurrió en apelación, pero en esta ocasión el tribunal desestimó el recurso al considerar acorde a derecho la sentencia recurrida. El

40. STSJ de Madrid, Sala de lo Contencioso, secc. 10.ª, 230/2015, de 25 de marzo (pon. de Flores Rosas Carrión).

sistema sancionador establecido en cualquier reglamento universitario, dado que no tiene norma legal de cobertura alguna, se entendió automáticamente inconstitucional.

Sumo a esta cuestión, otras dos que, a mi parecer, hacen muy interesante esta sentencia: la primera, la crítica que hace al silencio de la derogada Ley Orgánica de Universidades en lo relativo al régimen disciplinario de los estudiantes universitarios; y la segunda que el Tribunal se pronuncia acerca de si la infracción, al poder subsumirse en las faltas contenidas en el Reglamento de Disciplina Académica, podría revestirse de legalidad, cosa que rechazó afirmando que se ha de estar a la norma efectivamente aplicada, sin que quepa en la vía jurisdiccional subsanar el defecto de la resolución sancionadora.

Comparto la opinión del Tribunal Superior de Justicia de Madrid en la sentencia de 2015. El art. 46 de la Ley Orgánica de Universidades no otorgaba la cobertura legal suficiente para establecer un régimen sancionador a través de los estatutos de la universidad y, mucho menos, por los de las instituciones dependientes de ésta, como son los colegios mayores.

3. Crítica de las normas anteriores a la Ley de Convivencia Universitaria dictadas por las universidades, colegios mayores y residencias universitarias y centros adscritos

En lo relacionado con el principio de reserva de ley, en este epígrafe realizaré una revisión de las normativas propias existentes en cada una de las universidades que han emprendido esta labor normativa antes de la aprobación de la Ley de Convivencia Universitaria[41].

I. La Universidad Pompeu Fabra

El reglamento de la Universidad Pompeu Fabra, aprobado por Acuerdo del Consejo de Gobierno de 18 de julio de 2012, y que en la actualidad no ha sido derogado por ninguna norma posterior, sin perjuicio de la afectación que la Ley de Convivencia Universitaria pueda provocar en el mismo, desarrolla el Reglamento de Disciplina Académica. Pese a que en su Preámbulo señala que no contraviene la reserva de ley en cuanto a que no supone una innovación con respecto a la norma de 1954, lo cierto es que, bajo mi punto de vista, sí altera lo que estaba dispuesto en el reglamento estatal. No se limita a complementar y adecuar las previsiones de la norma más antigua, sino que en algunos aspectos desarrolla en exceso lo allí establecido, como ahora se verá.

41. El orden de exposición sigue su fecha de aprobación.

En lo que respecta a las infracciones realiza algo que me parece necesario, y es que concreta los conceptos jurídicos indeterminados. Sin embargo, incluso para ello se hace preciso una habilitación a través de una norma con rango legal. Con intención de arrojar claridad a aquellos conceptos, el reglamento de la Universidad Pompeu Fabra desglosa las diferentes conductas antijurídicas que podrían subsumirse en los tipos del Reglamento de Disciplina Académica. Así, para la «falta de probidad», que es sin duda el concepto que suscitaba mayores quebraderos de cabeza a los aplicadores del reglamento, se concreta en ocho conductas; y para la «injuria, ofensa o insubordinación», en tres más. Lo mismo hace con la infracción que consistía en «cometer actos que perturben notablemente el orden académico», para los que concreta once conductas típicas. Bajo mi punto de vista, en todos estos supuestos cabe apreciar una auténtica creación *ex novo*, especialmente si se tiene en cuenta que el Reglamento de Disciplina Académica no habilitaba a su desarrollo. Por tanto, vulnera el derecho fundamental del art. 25.1 de la Constitución Española en su vertiente formal.

Más grave resulta la regulación de las sanciones, que establece que la expulsión del centro no podrá ser inferior a seis meses, cuando ningún límite mínimo establecía el Reglamento de Disciplina Académica. Es decir, que el reglamento universitario estaba agravando lo dispuesto en la extinta norma estatal que desarrolla. La conclusión es la misma que con las infracciones. Se trata de una norma frontalmente contraria al principio de reserva de ley.

II. La Universidad Rovira i Virgili

La universidad catalana establecía el régimen disciplinario sobre sus estudiantes universitarios mediante Acuerdo del Consejo de Gobierno de 18 de diciembre de 2013. Actualmente, si bien no ha sido derogado expresamente, debe considerarse superado por el Reglamento de régimen disciplinario de los estudiantes de la Universitat Rovira i Virgili[42], aprobado en cumplimiento del art. 3 de la Ley de Convivencia Universitaria.

Señalaba en el Preámbulo la necesidad de aprobar una norma que palíe los defectos, especialmente en lo referido a la seguridad jurídica, del Reglamento de Disciplina Académica. Entre las modificaciones que realizaba a las infracciones hay una que, a mi juicio, no contravenía los límites a la potestad reglamentaria, y es la que excluía la antijuridicidad de la falta de asistencia a clase que el reglamento preconstitucional castigaba cuando era colectiva. Aunque se trataba de una aparente novedad con respecto a aquél, lo cierto es que era una infracción que debía considerarse derogada, por lo que no suponía innovación alguna, sino que plasmaba en la norma lo que tácitamente había quedado derogado —con la aplicación del principio de personalidad del castigo—, y que además era beneficioso para el estudiante responsable.

42. Aprobado por Acuerdo del Consejo de Gobierno de 18 de diciembre de 2013.

En cuanto a las sanciones, eliminaba la posibilidad de que el infractor fuera expulsado de manera indefinida del centro académico en el caso de infracción grave, lo que sí estaba previsto por el Reglamento de Disciplina Académica. Del catálogo de sanciones menos graves eliminaba que el estudiante pudiera perder las becas o plazas en colegios mayores o residencias, así como otras ventajas académicas; y de las leves que podía ser privado del derecho de asistencia a clase.

III. La Universidad Nacional de Educación a Distancia

La Universidad Nacional de Educación a Distancia ha aprobado su propia normativa disciplinaria mediante Acuerdo del Consejo de Gobierno de 1 de octubre de 2018, la cual se presenta en su Preámbulo como el resultado de desarrollar, según lo dispuesto en el art. 27.3 de la Ley 40/2015, el Reglamento de Disciplina Académica. Parece que reconoce abiertamente que está desarrollando una norma preconstitucional, lo que haría nula esta disposición por las razones ya comentadas, más allá de que con la aprobación de la Ley de Convivencia Universitaria esta norma carece ya de todo sentido.

Si se estudia su contenido, se observa que efectivamente lo que hace va más allá de una simple remisión y pormenoriza el Reglamento de 1954. Como hacen las otras normas, también describe una serie de conductas y las tipifica como las faltas de ofensa grave, de palabra o de obra, suplantación de personalidad, falta de probidad y, en lo que respecta a las infracciones menos graves y leves, actos que perturban notablemente el orden académico.

En cuanto a las sanciones, la universidad resta gravedad a las graves, de tal forma que rechaza la posibilidad de que una expulsión sea perpetua, pero, en todo caso, la expulsión lo será de toda la universidad, sin contemplar la posibilidad de la expulsión por facultades. Esto supone una agravación del Reglamento de Disciplina Académica y, por tanto, ha de considerarse como una innovación prohibida. Ahora bien, con la derogación del reglamento y la aprobación de la Ley de Convivencia Universaitaria, esta sanción sí hallaría encaje, puesto que la nueva ley establece como sanción la expulsión temporal de la universidad, sin limitar a la facultad.

IV. La Universidad Rey Juan Carlos

La universidad aprobó por Resolución del Rector de 18 de marzo de 2019 su normativa sobre conducta académica. Esta norma ha sido derogada expresamente por la Disposición Derogatoria de la Normativa de Convivencia de la Universidad Rey Juan Carlos de desarrollo de la Ley 3/2022, de 24 de febrero de Convivencia Universitaria[43].

Esta norma reconocía que la regulación del régimen disciplinario era la contenida en el Reglamento de Disciplina Académica y posteriormente desglo-

43. Aprobada por Acuerdo de 30 de marzo de 2023, del Consejo de Gobierno de la Universidad.

saba una serie de conductas infractoras que graduaba siguiendo a la norma preconstitucional. Se trataba de una regulación absolutamente novedosa que resultaba contraria al principio de legalidad. También regulaba las sanciones mejorando en el caso de las graves lo dispuesto en el Reglamento de Disciplina Académica. Por ejemplo, destacaba que la expulsión temporal no podría ser superior al año, cuando el reglamento no establecía límite alguno para esta sanción. En el caso de las menos graves, diferenciaba entre aquellas correspondientes a las faltas cometidas contra las personas y las cosas, para las que preveía la expulsión del centro; y para las relativas al fraude académico se preveía el suspenso de la prueba, lo que suponía en ambos casos una innovación con respecto a lo dispuesto en la norma de 1954.

Esta universidad, además, realizaba una tipificación por remisión de segundo grado en el art. 6.3.g) de su normativa propia cuando calificaba como falta leve la «infracción de las normas que regulan el uso de las aulas de informática y de los demás servicios universitarios». Considero que esta remisión era inconstitucional, pues no precisaba con la claridad suficiente la conducta infractora. El estudiante siempre deberá tener certeza del ámbito de lo prohibido, esto es, de los elementos esenciales de la conducta antijurídica. No garantizar la tipicidad protegida por el art. 25.1 de la Constitución Española ha de llevar necesariamente a la apreciación de inconstitucionalidad del precepto, de acuerdo con la doctrina del Tribunal Constitucional —por todas puede citarse la STC 160/2019, de 12 de diciembre[44]—. Esta doctrina impide que las leyes dejen en manos de normas inferiores la tipificación de infracciones sin establecer un contenido mínimo.

V. Las Instrucciones y otros documentos de apoyo, especial consideración a los aprobados por la Universidad Carlos III

Cosa diferente ocurrirá con determinadas instrucciones que han venido aprobando otras instituciones en relación con el Reglamento de Disciplina Académica. Ejemplo de ello es la Instrucción informativa sobre régimen jurídico y procedimiento disciplinario de aplicación a los alumnos de la Univer-

44. STC, Pleno, 160/2019, de 12 de diciembre (pon. Xiol Ríos, F.J. 3.º); y son abundantes las sentencias del Tribunal en este sentido. A título de ejemplo puede citarse la de la Sala Primera, 13/2013, de 28 de enero (pon. Ollero Tassara), que calificó como inconstitucional el artículo de una ley que tipificaba como infracción a «cualesquiera otras que puedan establecerse reglamentariamente» (F.J. 3.º); y también la STC, Sala Primera, 81/2009, de 23 de marzo (pon. Aragón Reyes), que declaró la inconstitucionalidad del precepto de una ley que establecía como leves aquellas infracciones que «fueran contrarias a las normas y reglamentos aplicables a los espectáculos deportivos»; y la STC, Sala Primera, 162/2008, de 15 de diciembre (pon. Casas Baamonde) que hacía lo mismo con la consideración de infracción del «incumplimiento de cualquier otra prescripción reglamentaria no incluida en los apartados anteriores». Puede ser también citada la STC, Pleno, 341/1993, de 18 de noviembre (pon. García-Mon y González-Regueral), que calificó de insconstitucional la remisión que hacía la norma al calificar como infracciones leves las establecidas en «las reglamentaciones específicas o en las normas de policía dictadas en ejecución de las mismas».

sidad Carlos III de Madrid[45]. Este documento no supone de ninguna manera una regulación *ex novo* o un complemento inconstitucional al reglamento. El documento se limita a indicar cuál es la normativa aplicable: el Reglamento de Disciplina Académica en aquel momento, y añade la necesidad de que se interprete de acuerdo con la Constitución para su adecuada aplicación.

La misma universidad aprobó la Instrucción de 21 de julio de 2017[46]. Este documento reconoce en su Preámbulo la necesidad de una norma con el rango legal suficiente que pueda ser desarrollada por las universidades.

Esta instrucción enumera una serie de conductas que deberán ser consideradas por quien ejerza la potestad disciplinaria como faltas graves, menos graves y leves. Aunque prácticamente todas ellas encajarían en los tipos que disponía el Reglamento de Disciplina Académica, no deja de tratarse de un desarrollo reglamentario inconstitucional, hecho además a través de una instrucción sin rango normativo alguno, que no podrá ser, en consecuencia, tenido en cuenta por la autoridad sancionadora a la hora de imponer la sanción.

Seguidamente dispone qué sanciones corresponderán para cada una de las infracciones. Como hace la Universidad Pompeu Fabra, establece un límite mínimo a la duración de la expulsión temporal, cuando en este aspecto el Reglamento de Disciplina Académica no imponía período mínimo. Nuevamente se trata de una regulación *ex novo* que no puede admitirse en esta materia.

A propósito de estas normas, los defensores universitarios Guillamón Fernández, Baraja Rodríguez y Acale Sánchez han afirmado[47] que, debido del carácter preconstitucional del Reglamento de Disciplina Académica, con todas las carencias que de ello se deriva, las universidades debían reinterpretarlo bajo la lupa de la Constitución. Implícitamente se pone de manifiesto entonces que están haciendo una labor normativa que va más allá de reiterar lo dispuesto en el reglamento. Esta labor, aunque era necesaria y en ello coincido con los defensores, no encuentra sustento alguno en el art. 25.1 de la Constitución Española, que considero vulnerado[48]. La interpretación habría

45. Puesto en contacto con la asesoría jurídica de la universidad, no pueden indicar la fecha exacta del documento.

46. Instrucción de las Vicerrectoras de Estudios y de Estudiantes, Responsabilidad Social e Igualdad sobre el Régimen Jurídico y Procedimiento Disciplinario de aplicación a estudiantes de la Universidad Carlos III de Madrid en los procesos de evaluación académica, de 21 de julio de 2017.

47. En Guillamón Fernández, J.R., Baraja Rodríguez, E. y Acale Sánchez, M.: «Derecho disciplinario y seguridad jurídica» en *Revista Universidad Ética y Derechos*, núm. 1, 2016, pág. 116.

48. En esta misma ponencia los autores reinterpretan todas las infracciones contenidas en el Reglamento de Disciplina Académica eliminando por inconstitucional determinados preceptos o ampliando las conductas a las que son extensibles otros preceptos. Es el

de realizarla el aplicador de la norma, que tendría que descartar aquellos preceptos del reglamento que no superen el juicio de constitucionalidad a los efectos de lo dispuesto en el párrafo tercero de la Disposición Derogatoria de la Constitución Española: «Asimismo quedan derogadas cuantas disposiciones se opongan a lo establecido en esta Constitución».

Otros defensores, como es el caso de Hita Villaverde se ha pronunciado en sentido contrario —en referencia a otras normas anteriores a las mencionadas arriba— indicando que «algunas universidades han llegado más allá, incluso mucho más allá, parece claro que ese no es el camino»[49].

Entre La Doctrina Administrativa, Pallarés Serrano dice al respecto que las universidades sí podrán desarrollar el régimen sancionador de los estudiantes partiendo del Reglamento de Disciplina Académica[50], pero personalmente me surgen importantes dudas de si ello supondría una vulneración de los límites establecidos por el Tribunal Constitucional en cuanto al desarrollo por normas posconstitucionales de normas preconstitucionales. El hecho de que se haya reconocido vigencia a reglamentos sancionadores preconstitucionales ha suscitado otra interesante cuestión jurídica; como es la de si estas normas anteriores a la exigencia de la tipificación por ley pueden, a su vez, servir de norma habilitante de desarrollos reglamentarios.

El máximo intérprete de la Constitución ha sentado como doctrina que las normas reglamentarias aprobadas tras la Constitución no pueden tener como norma de cobertura una preconstitucional. En este sentido sirve la cita de la STC 42/1987, de 5 de mayo[51]. A una sociedad dedicada al juego le fue impuesta una sanción de 250.000 pesetas en aplicación de la Orden del Ministerio del Interior de 9 de enero de 1979, que aprueba el Reglamento de Casinos de Juego. Este reglamento se remite para la imposición de multas al art. 10.2 a) del Real Decreto 444/1977, de 11 de marzo, el cual, a su vez, complementa lo dispuesto en el Real Decreto-ley de 25 de febrero de 1977. La discusión se centró en si la entrada en vigor de la Constitución suponía o no la derogación de estas normas preconstitucionales en las que se conte-

caso de la infracción contenida en el art. 5.a), que sanciona las manifestaciones contra la religión y moral católicas o contra los principios e instituciones del Estado. Los autores lo amplían a cualquier religión o a la Constitución. A mi juicio, si alguna universidad tipificase una nueva infracción consistente en la manifestación contraria a cualquier religión, estaría regulando *ex novo* y, por lo tanto, sería inconstitucional. Algo parecido hacen con la infracción consistente en la injuria, ofensa o insubordinación contra los profesores o las autoridades académicas, que reinterpretan incluyendo a toda la comunidad universitaria. Nuevamente innovan la infracción original, lo que no puede admitirse. Ninguna de las dos creaciones son necesarias, pues la autoridad disciplinaria podría subsumir en la falta de probidad este tipo de conductas, de tal forma que no quedasen impunes.

49. Hita Villaverde, E., ob. cit. 2010, pág. 66.

50. Pallarés Serrano, A., ob. cit. 2018, pág. 167.

51. STC, Sala Segunda, 42/1987, de 5 de mayo (pon. Latorre Segura, FF.JJ. 3.° y 4.°).

nían una remisión de segundo grado: de reglamento a reglamento. El Tribunal entiende que, aunque no puede exigirse la reserva de ley absoluta a las normas aprobadas con anterioridad a la Constitución —lo que será estudiado en el apartado siguiente—, esto no puede amparar que una norma sancionadora preconstitucional pueda ser desarrolla con una posconstitucional. En el mismo sentido, aunque flexibilizando algo más la capacidad de reiteración, se pronuncia la STC 45/2015, de 5 de marzo[52].

En cambio, sí podrán reiterar lo dispuesto en la preconstitucional. A la vista de la redacción dada en mayor o menor medida a todas estas normas, parece que van más allá de reafirmar el contenido del Reglamento de Disciplina Académica, innovando o reinterpretando sus disposiciones, lo que las convierte en radicalmente contrarias al Ordenamiento Jurídico por vulnerar el derecho fundamental garantizado en el art. 25.1 de la Constitución Española.

Sea como fuere, la derogación del Reglamento de Disciplina Académica por la aprobación de la Ley de Convivencia Universitaria deja a todas estas normas mencionadas sin soporte legal alguno, y bajo mi punto de vista han quedado condenadas al cementerio del Ordenamiento Jurídico, debiendo considerarse todas como tácitamente derogadas.

VI. El régimen sancionador de los colegios mayores y residencias universitarias dependientes de las universidades

La Disposición Adicional Séptima de la Ley Orgánica del Sistema Universitario establece que el funcionamiento de los colegios mayores (y deben entenderse tácitamente incluidas las residencias universitarias dependientes de la universidad)[53], instituciones universitarias, se regulará en los estatutos de la universidad y en los propios de dichas instituciones que se dicten al amparo de la norma universitaria. En España algunos colegios mayores han aprobado su normativa sancionadora, por lo general, como parte de sus estatutos. Puede darse cuenta del Colegio Mayor Universitario de la Universidad de Cádiz[54]; el Colegio Mayor San José, dependiente de la Universidad de Extremadura, o los colegios mayores de la Universidad Carlos III de Madrid, para los que existe un reglamento sancionador[55], el Colegio Mayor Domingo

52. STC, Pleno, 45/2015, de 5 de marzo (pon. Ollero Tassara, F.J. 4.º).

53. En este epígrafe sólo se tratarán colegios mayores y residencias universitarias que se encuentren vinculadas o sean dependientes de una universidad pública española. Debo indicar que no considero a los colegios mayores y residencias universitarias como servicios universitarios en el sentido expresado en el capítulo I, sobre los que excluía la potestad disciplinaria por la escasa entidad de las medidas correctoras. Las sanciones que pueden preverse para los colegiales y residentes tienen una especial trascendencia en su esfera personal, por lo que creo oportuno insertar su régimen sancionador bajo el paraguas del ejercicio de la potestad disciplinaria.

54. Aprobado por Acuerdo del Consejo de Gobierno de 10 de octubre de 2018.

55. Aprobado por Acuerdo del Consejo de Gobierno el 8 de mayo de 2006.

Savio de la Universidad de Jaén o el Jesús-María de la Universidad de Granada; y también el colegio mayor y las residencias adscritas a la Universidad Pablo de Olavide[56], entre otros.

No había norma de cobertura alguna que permitiera a estas instituciones crear *ex novo* su régimen sancionador aplicable, puesto que ni la Ley Orgánica de Universidades ni el Estatuto del Estudiante Universitario contemplaban el contenido mínimo para su posterior desarrollo; tampoco el Reglamento de Disciplina Académica podía servirles de cobertura por ser una norma preconstitucional, como hemos visto.

Por ello, y a mi modesto juicio, cualquier sanción impuesta por la comisión de alguna de las infracciones contenidas en estos estatutos o normas de convivencia, diferentes del Reglamento de Disciplina Académica, sería contraria al principio de legalidad. Ahora bien, esto no significa que las conductas censurables que los estudiantes realizasen en la sede de sus colegios mayores o residencias no pudieran ser perseguidas y castigadas; o que, incluso realizadas fuera de la órbita de éste, pero no de la universidad, no pudieran tener consecuencias en su relación con estas instituciones. No puede descartarse que si un estudiante comete una infracción disciplinaria pudiera comprometer la dignidad tanto de la universidad como del lugar universitario en que resida, ya que, como decía la Disposición Adicional Séptima de la Ley Orgánica de Universidades, en su párrafo primero *in fine*, indica que «estos centros proyectan su actividad al servicio de la comunidad universitaria». Así, considero que los estudiantes universitarios que residan en un colegio mayor o residencia dependiente de la universidad pueden afrentar con sus conductas a ambas instituciones, con posibles consecuencias en términos sancionadores, siempre y cuando la norma disciplinaria de aplicación abarque las infracciones cometidas en estos ámbitos.

El Reglamento de Disciplina Académica en mi opinión no generaba dudas. La norma preconstitucional preveía entre las sanciones graves la posibilidad de expulsar al estudiante universitario temporal o indefinidamente de «cualquier centro comprendido en el distrito universitario», entre los que se hallarían estos colegios mayores y residencias universitarias. Pero si lo anterior suscitase algún tipo de duda, para las menos graves se contemplaba como castigo la pérdida parcial o total, definitiva o temporal de plazas en colegios mayores —expresión que alcanzaba igualmente a las residencias—, indicándose también que esta sanción podía imponerse con el carácter de accesoria a las graves y leves. Por tanto, la conclusión era que cualquier infracción cometida, ya sea exclusivamente en el seno de la universidad propiamente dicha, ya sea en el del lugar de residencia

56. Me refiero al Colegio Mayor Rectora Rosario Valpuesta y a las residencias universitarias Celestino Mutis y Flora Tristán, que cuentan con el Reglamento Marco de Colegios Mayores/Residencias Universitarias de la Universidad Pablo de Olavide, aprobado por Acuerdo del Consejo de Gobierno de 10 de junio de 2010.

institucional, podía ser subsumida y castigada por las disposiciones del Reglamento de Disciplina Académica.

Cuestión distinta es si las infracciones contenidas en la norma de 1954 eran apropiadas para hacer frente a las conductas reprobables que pueden tener lugar en un colegio mayor o residencia. Pese a las grandes limitaciones de aquel reglamento, tratadas ya en otros puntos de este trabajo, considero que sí podían encajar en las conductas ilícitas tipificadas por el reglamento.

Estos dos casos servirán para ilustrarlo. En primer lugar, un estudiante residente en un colegio mayor que realiza novatadas a otros compañeros residentes ya sea en las instalaciones del colegio o en la vía pública; y, en segundo lugar, un estudiante residente en un colegio mayor que injuria en clase a un profesor. En ambos casos podrá ser sancionado en aplicación del Reglamento de Disciplina Académica por la propia universidad con el castigo que corresponda, al que accesoriamente se añadirá la expulsión temporal o no del colegio.

La regulación del Reglamento de Disciplina Académica era aplicable para mantener el orden y la disciplina en los colegios mayores y residencias universitarias, mientras que la Ley Orgánica de Universidades, el Estatuto del Estudiante Universitario o el mismo Reglamento de Disciplina Académica no podían servir como normas de cobertura suficiente para que los colegios mayores y residencias aprobasen, autónomamente, su propio régimen sancionador.

Importa lo anterior porque, derogado el Reglamento de 1954 y en vigor la Ley de Convivencia Universitaria, cabe plantearse si esta puede servir de cobertura para que estas instituciones aprueben sus propias normativas disciplinarias. La Ley de Convivencia Universitaria, que resulta de aplicación a los colegios mayores y residencias universitarias, sólo habilita a las universidades y lo hace en el sentido de la denominada «colaboración reglamentaria». Lo dice así su art. 10.2:

> «Las universidades, reglamentariamente, podrán introducir especificaciones o graduaciones a las infracciones que, sin constituir otras nuevas, ni alterar la naturaleza o límites de las que la ley contempla, contribuyan a la más correcta identificación de las conductas, respetando los principios de la potestad sancionadora».

Esto, puesto en relación con la Disposición Adicional Séptima de la Ley Orgánica del Sistema Universitario, permite que las universidades elaboren un reglamento disciplinario específico para sus colegios mayores y residencias universitarias. Ahora bien, no habilita a que sean los colegios y las residencias quienes aprueben su propia normativa.

Por tanto, las infracciones cometidas en el ámbito de los colegios mayores o residencias universitarias hallarán castigo únicamente en la Ley de Convivencia Universitaria y, en su caso, en las normas propias —específicas para estos lugares o no— que apruebe cada universidad.

II. El caso particular de las normas reglamentarias preconstitucionales vigentes o por qué el Reglamento de Disciplina Académica ha estado en vigor más de cuarenta años tras la entrada en vigor de la Constitución

El art. 25 de la Constitución Española dispone que el presunto culpable no podrá ser sancionado si su conducta, en el momento de producirse, no estaba descrita como infracción según la legislación vigente en aquel momento. Esta previsión está directamente relacionada con el principio de irretroactividad de las disposiciones sancionadoras. La *lex scripta* ha de ser también *praevia* al momento de la comisión de la infracción, pero, además, como es natural, ha de estar vigente.

Esto hay que ponerlo en relación con las disposiciones derogatorias de la Constitución. La Disposición Derogatoria Tercera de la Constitución Española declara derogados todos los preceptos anteriores en cuanto sean contrarios al texto de 1978, especialmente si pueden afectar al ejercicio de derechos fundamentales. *Sensu contrario*, deberán entenderse como vigentes todas aquellas normas que, aún preconstitucionales, no se opongan a lo dispuesto en la Constitución. Se dice entonces que la eficacia derogatoria de la Constitución no afecta de manera inmediata a todas las normas sancionadoras preconstitucionales carentes de rango de ley. En este sentido, el Tribunal Constitucional aceptó la plena vigencia de las disposiciones sancionadoras de fecha anterior a la entrada en vigor de la Constitución. Otra cosa hubiera provocado un repentino vaciamiento del Derecho sancionador preconstitucional. La STC 83/1990, de 4 de mayo[57] pone de relieve que:

> «No es posible exigir la reserva de la Ley de manera retroactiva para anular o considerar nulas disposiciones reglamentarias reguladoras de materias y de situaciones respecto de las cuales tal reserva no existía, de acuerdo con el Derecho preconstitucional, y, en concreto, por lo que se refiere a las disposiciones sancionadoras, que el principio de legalidad que se traduce en la reserva absoluta de Ley no incide en disposiciones o actos nacidos al mundo del Derecho con anterioridad al momento en que la Constitución fue promulgada, aun cuando las habilitaciones ilimitadas a la potestad reglamentaria y las deslegalizaciones realizadas por Leyes preconstitucionales, incompatibles con el art. 25.1 de la Constitución, deben entenderse caducadas por derogación desde la entrada en vigor de ésta» (F.J. 2.° *in fine*).

57. STC, Sala Segunda, 83/1990, de 4 de mayo (pon. Rodríguez Bereijo).
Y en este mismo sentido lo hacen las SSTC, Sala Segunda, 144/2011, de 26 de septiembre (pon. Ortega Álvarez, F.J.4.° *in fine*); y Sala Primera, 50/2003, de 16 de abril (pon. Jiménez de Parga y Cabrera); ambas sobre el régimen sancionador del vino.

De haberse exigido que el principio de reserva de ley se hubiera aplicado con carácter retroactivo a las disposiciones sancionadoras preconstitucionales, la consecuencia hubiese sido la impunidad de numerosas conductas infractoras a la luz del Ordenamiento Jurídico derogado entre tanto no fueran aprobadas leyes sancionadoras posconstitucionales. Con buen criterio, los redactores de la Constitución pensaron sólo en derogar lo que fuera contrario a la norma. Lo razonable a mi juicio hubiera sido otorgar a esta situación un carácter temporal, de tal forma que se aprobasen normas posconstitucionales sobre aquellas materias sancionadoras cuya regulación se contenían en normas anteriores, como era el caso del régimen disciplinario sobre los estudiantes universitarios. No haberlo hecho sólo se explica por una desgana absoluta del legislador competente.

En España se mantienen vigentes normas preconstitucionales reguladoras del ejercicio de la potestad disciplinaria en otros sectores. Por ejemplo, en el minero con la Ley 22/1973, de 21 de julio, de Minas; o el de las denominaciones de origen de los vinos, cuya norma sancionadora básica se encontraba hasta la aprobación de la Ley 24/2003, de 10 de julio, de la Viña y del Vino en la Ley 25/1970, que aprobaba el Estatuto de la Viña. Por su antigüedad, especialmente llamativo es el régimen disciplinario sobre los notarios, que se contiene en el Decreto de 2 junio 1944, por el que se aprueba con carácter definitivo el Reglamento de la organización y régimen del Notariado.

Aunque sea aceptada la vigencia de este tipo de normas, ello no está exento de crítica por parte de la jurisprudencia. Los tribunales consideran que la Disposición Derogatoria Tercera de la Constitución no debe servir de excusa a mantener vigentes regímenes preconstitucionales. En la STS de 18 de noviembre de 2000[58], donde se resuelve un recurso de casación contra una sentencia que consideraba ajustadas a Derecho unas sanciones impuestas en virtud del Reglamento Notarial de 1944, el Tribunal señala que «sin que el principio de legalidad consagrado en la Constitución tenga eficacia retroactiva, aunque no quepa mantener indefinidamente las situaciones preconstitucionales con el pretexto de que no se modifican en los textos posteriores a la Constitución» (F.J. 13.º).

Igual ha sido el caso del Reglamento de Disciplina Académica, de fecha 8 de septiembre de 1954, cuya vigencia fue aceptada por toda la doctrina que se pronunció a ese respecto[59]. Por tanto, debía considerarse superado cualquier debate que pudiera existir en torno a esta cuestión. Cosa diferente será que determinados pronunciamientos de la norma preconstitucional deberían considerarse tácitamente derogados, cuando no adaptados al régimen jurídico democrático.

58. STS, Sala de lo Contencioso, secc. 6.ª, de 18 de noviembre de 2000 (pon. Peces Morate).

59. Véanse los trabajos de Pallarés Serrano, A., ob. cit. 2018, pág. 162; y a Pemán Gavín, J., ob. cit. 1994, pág. 441. No obstante, hay autores que de pasada pusieron en duda su vigencia: Souvirón Morenilla, J.M y Palencia Herrejón, F., ob. cit. 2002, pág. 424.

Pese a que numerosos estudiantes recurrentes denunciaron su inconstitucionalidad por el mero hecho de ser anterior a la Constitución, los tribunales siempre rechazaron tal extremo. El Tribunal Supremo tuvo ocasión de pronunciarse en la STS de 7 de marzo de 2002[60]. Un estudiante de la Universidad de Sevilla fue sancionado con la expulsión por tres años de todos los centros de la institución y la prohibición de examinarse de todas las asignaturas del curso, por haber suplantado la identidad en actos académicos y falta de probidad. En concreto, este alumno no se presentó a un examen final, sino que por él lo hizo una persona que al momento de entregar el examen y serle requerido por el profesor el DNI, abandonó el aula corriendo dejando el examen realizado en la mesa del docente, conteniendo el documento el nombre y los apellidos del sancionado.

Alegaba, entre otros motivos, que el Reglamento de Disciplina Académica era inconstitucional por faltar al principio de legalidad en cuanto a que éste obligaba que los preceptos sancionadores tengan rango de ley. El Tribunal Supremo reafirmó la postura dominante en la jurisprudencia del momento en los siguientes términos:

> «Ante todo, es reiterada, consolidada y uniforme la doctrina jurisprudencial que declara que no es posible exigir la reserva de ley de manera retroactiva para anular disposiciones reguladoras de materias y situaciones respecto de las cuales tal reserva no existía de acuerdo con el Derecho anterior a la Constitución, o, dicho sea en otros términos, que el principio de legalidad que se traduce en la reserva absoluta de ley, no incide en disposiciones o actos nacidos al mundo del derecho con anterioridad al momento en que la Constitución fue promulgada. Por otra parte, que la sanción impuesta afecte a determinados derechos reconocidos en la Constitución no implica la derogación de la norma en que la sanción se basa» (F.J. 2.º).

El Tribunal Supremo ya se pronunció de la misma manera en las SSTS de 12 de diciembre de 1986 y 11 de abril de 1989[61].

Las SSAN de 2 de diciembre de 2003 y de 20 de noviembre de 2003[62] también declararon la vigencia del Reglamento de Disciplina Académica tras la entrada en vigor de la Constitución, por no poder exigirse de manera retroactiva la reserva de ley, aun reconociéndose por la primera de estas sentencias que la regulación contenida en la norma pueda afectar al ejercicio de

---

60. STS, Sala de lo Contencioso, secc. 7.ª, de 7 de marzo de 2002, rec. núm. 7023/1994 (pon. Trillo Torres).

61. Según PEMÁN GAVÍN, J. ob. cit. 1994, pág. 437. Sin embargo, no me ha resultado posible encontrar el texto pese a consultar directamente con el Centro de Documentación Judicial.

62. SSAN, Sala de lo Contencioso, secc. 3.ª, de 2 de diciembre de 2003, rec. núm. 69/2003 (pon. García García-Blanco); y de 20 de noviembre de 2003, rec. núm. 83/2003 (pon. Herrero Pina).

derechos fundamentales protegidos por la Constitución, lo que suponía una derogación parcial del mismo.

En el ámbito autonómico, diferentes Tribunales Superiores de Justicia también se han pronunciando avalando la vigencia de esta norma disciplinaria: la ya citada STSJ de Madrid de 25 de marzo de 2015; y las SSTSJ de Galicia de 31 de marzo de 2004, y de 13 de octubre de 1999[63].

Otra cuestión, ya avanzada en el epígrafe anterior, es la posibilidad de la modificación de estas normas utilizando la vía reglamentaria, cosa vetada por la jurisprudencia, por cuanto que el hecho de que mantengan su vigencia no puede permitir que no se respete *a posteriori* el principio de legalidad. En palabras del Tribunal Constitucional en la STC 177/1992, de 2 de noviembre[64]: «no respetaría el sistema de producción de normas jurídicas impuesto ahora por la Constitución» (F.J. 3.º *in fine*). Sería, como dice la propia sentencia y como reproducen GONZÁLEZ PÉREZ y GONZÁLEZ NAVARRO[65], mantener «*in aeternum*» estas previsiones.

En conclusión, la modificación del Reglamento de Disciplina Académica debía tener lugar a través de una ley; y quizá esto sea lo que explique una vigencia de más de más de sesenta años.

III. *Excursus* sobre la flexibilidad de la reserva de ley en las denominadas relaciones especiales de sujeción

La interpretación del alcance del principio de legalidad, en su vertiente de reserva de ley, se ha visto tradicionalmente afectada por la consideración desigual que han venido teniendo las relaciones especiales de sujeción con respecto al resto de administrados. Así, pese a que en las relaciones de sujeción general se exige que infracción y sanción sean tipificadas por una norma con rango legal, se ha permitido que sean los reglamentos los encargados de tipificar infracciones y sanciones cuando estas fueran dirigidas a los sujetos vinculados con la Administración a través de una relación especial de sujeción[66].

63. STSJ de Madrid, Sala de lo Contencioso, secc. 10.ª, 230/2015, de 25 de marzo (pon. de Flores Rosas Carrión, F.J. 2.º); SSTSJ de Galicia, Sala de lo Contencioso, A Coruña, secc. 1.ª, 259/2004, de 31 de marzo (pon. Seoane Pesqueira, F.J. 3.º); y 1027/1999, de 13 de octubre (pon. Seoane Pesqueira, F.J. 3.º).

64. STC, Sala Primera, 177/1992, de 2 de noviembre (pon. Rodríguez-Piñero y Bravo-Ferrer).

65. GONZÁLEZ PÉREZ, J. y GONZÁLEZ NAVARRO, F., ob. cit. 2012, pág. 2.827.

66. Clásica es, a este respecto, la STC, Sala Primera, 2/1987, de 21 de enero (pon. Rodríguez-Piñero y Bravo-Ferrer), que abiertamente reconocía que bastaba una habilitación legal de poco contenido para que fuera el reglamento el encargado de regular las faltas y sanciones en

La jurisprudencia constitucional fue matizando poco a poco esta corriente[67]. Así, la STC 61/1990, de 29 de marzo[68] vino a reforzar la aplicación del principio de legalidad al ejercicio de la potestad sancionadora contra los sujetos relacionados de forma especial con la Administración. Este pronunciamiento fue luego confirmado por la STC 132/2001, de 8 de junio[69]. El Tribunal Supremo en la STS de 20 de abril de 2006[70] establece que aún en el marco de una relación de sujeción especial no bastará con que la ley habilite al reglamento para desarrollar los aspectos esenciales de las infracciones y las sanciones, sino que será ésta la que se encargue de fijar estas cuestiones. El reglamento, entonces, tendrá un carácter complementario a la ley, especificando y precisando el contenido de ésta, pero sin realizar innovación alguna.

Como ya adelanté previamente, en la actualidad la doctrina administrativista mayoritaria se muestra partidaria de exigir que la tipificación de las infracciones y sanciones se lleve a cabo en una norma con rango de ley, sin perjuicio de que reglamentariamente puedan desarrollarse los preceptos[71].

---

las relaciones de sujeción especial: «Claro está que también a estas relaciones de sujeción especial sigue siendo aplicable el art. 25.1, y, obviamente el principio de legalidad del art. 9.3 de la Constitución. Pero ello en este caso no puede tener el mismo alcance que en la potestad sancionadora general de la Administración ni mucho menos que respecto a las sanciones penales. Desde luego una sanción carente de toda base normativa legal devendría, incluso en estas relaciones, no sólo conculcadora del principio objetivo de legalidad, sino lesiva del derecho fundamental considerado, pero esa base normativa legal también existiría cuando la Ley, en este caso la Ley General Penitenciaria (arts. 42 y siguientes), se remita, en la especificación y gradación de las infracciones, al Reglamento. Ello permite reconocer la existencia de la necesaria cobertura de la potestad sancionadora en una norma con rango de Ley, y por ello debe rechazarse esta pretensión del recurrente» (F.J. 2.°).

67. Así lo expresan García de Enterría, E. y Fernández Rodríguez, T-R.: *Curso de derecho administrativo I*. Civitas, 2013, pág. 171. Estos autores afirman que a partir de la década de los noventa tuvo lugar un reforzamiento de los derechos del administrado relacionado de forma especial con la administración; y en el mismo sentido puede citarse a Gómez Tomillo, M.: *Derecho administrativo sancionador. Parte general*. Thomson Aranzadi, 2008, págs. 206 y 207, quien matiza que, aunque la jurisprudencia fue algo oscilante sí que mostró una tendencia cada vez más garantista con estos sujetos. De aquel momento puede citarse a López Benítez, M.: *Naturaleza y presupuestos constitucionales de las relaciones especiales de sujeción*. Civitas, 1994, pág. 358, que confirmaba la aplicación de la reserva de ley sobre las relaciones de sujeción especial.

68. STC, Sala Primera, 61/1990, de 29 de marzo (pon. de la Vega Benayas, FF.JJ. 6.° y 8.°), sobre los detectives privados.

69. STC, Sala Primera, 132/2001, de 8 de junio (pon. Cachón Villar, F.J. 4.°), sobre los taxistas.

70. STS, Sala de lo Contencioso, de 20 de abril de 2006, rec. núm. 3265/2002 (pon. Espín Templado, F.J. 2.°), sobre los auditores de cuentas.

71. En esta línea y en el ámbito que ocupa a este trabajo se encuentran Pallarés Serrano, A., ob. cit. 2018, pág. 162; Gómez García, M.J.: «La potestad sancionadora de las Universidades» en AA.VV.: *Comentario a la Ley Orgánica de Universidades*. Aranzadi, 2009, pág. 605; Gómez Tomillo, M., ob. cit. 2008, págs. 206 y ss.; y Nieto García, A., ob. cit. 1999, pág. 541.

Una cuestión diferente es que en las relaciones de sujeción especial el reglamento tenga un papel importante a la hora de desarrollar o matizar determinados extremos de la potestad disciplinaria, con los límites ya anunciados, pero de ninguna de las maneras se puede aceptar que el hecho de que los estudiantes sean sujetos relacionados especialmente con la universidad suponga una merma en la garantía de la reserva de ley.

CAPÍTULO III

EL PRINCIPIO DE IRRETROACTIVIDAD DE LAS DISPOSICIONES SANCIONADORAS O RESTRICTIVAS DE DERECHOS

Ninguna duda cabe acerca de la aplicación de este principio del Derecho penal al administrativo disciplinario. La vigencia en ambos ámbitos es incluso previa a la propia Constitución, por lo que el art. 9.3 de la norma magna sólo recordó lo que ya era un principio de aplicación general de forma tradicional: «La Constitución garantiza (...) la irretroactividad de las disposiciones sancionadoras no favorables o restrictivas de derechos individuales».

Este principio dimana del de legalidad, entendido como exigencia de *lex praevia*, ya que el principio de irretroactividad evita que una conducta pueda ser sancionada por una norma que no se hallaba en vigor al momento de cometerse la infracción, lo que aporta al administrado la seguridad jurídica[72] exigida, con la salvedad, que luego se verá, de la retroactividad favorable. Dicho de otra forma, para que una acción pueda ser castigada, la disposición que lo haga debe estar en vigor en el momento de cometerse y en el momento en que ésta sea sancionada. De manera muy pedagógica el profesor LÓPEZ MENUDO afirma que la irretroactividad de la disposición sancionadora consiste en «la estricta coincidencia entre su vigencia formal y la material o temporal»[73].

El art. 25.1 de la Constitución Española establece que: «Nadie puede ser condenado o sancionado por acciones u omisiones que en el momento de producirse no constituyan delito, falta o infracción administrativa según la legislación vigente en aquel momento», y es aquí donde se aprecia esta relación entre el principio de legalidad y el de irretroactividad.

---

72. Así lo recuerda la STEDH de 3 de noviembre de 2022 (caso Vegotex Internacional, S.A.).

73. En la obra, que fue su tesis doctoral, *El principio de irretroactividad en las normas jurídico/administrativas*. Instituto García Oviedo, 1982, pág. 165. Sobre esta obra dicen voces destacadísimas como son GONZÁLEZ PÉREZ, J. y GONZÁLEZ NAVARRO, F., ob. cit. 2012, pág. 2.858, que es el mejor estudio existente sobre la materia.

La prohibición de la retroactividad sancionadora tiene también su manifestación en la Ley 40/2015, reguladora de la potestad sancionadora con carácter básico y aplicable a las universidades, concretamente en el art. 26.1, que determina que la norma sancionadora que ha de aplicarse a la infracción cometida es la vigente en el momento de producirse. En cuanto a la Ley de Convivencia Universitaria, dos son las referencias que hay a esta garantía. La primera se sitúa en el art. 8.3.b), que establece que la potestad disciplinaria sobre los estudiantes se ejercerá con respeto al «principio de irretroactividad de las disposiciones sancionadoras no favorables y de retroactividad de las favorables a la persona presuntamente infractora»; y la segunda en la Disposición Transitoria Única, donde en virtud de este principio se dispone que: «A los procedimientos disciplinarios iniciados con anterioridad a la entrada en vigor de esta ley, les serán de aplicación las faltas y sanciones establecidas por la presente ley cuando resulten más favorables».

En definitiva, y en palabras del Tribunal Constitucional en la STC 51/2018, de 10 de mayo[74], el principio de irretroactividad de las disposiciones sancionadoras o restrictivas de derechos lo que prohíbe es «la incidencia de la nueva ley en los efectos jurídicos ya producidos de situaciones anteriores» (F.J. 4.º), de tal forma que la ley aplicable siempre habrá de ser anterior al hecho que se pretenda sancionar.

I. La aplicación temporal de las normas sancionadoras: el *tempus comissi infractionis*[75]

Es elemental conocer el momento en el que se han de tener por producidos los hechos presuntamente sancionables para aplicar la norma que corresponda. Esta cuestión no es tan sencilla, pues si bien hay infracciones que se cometen y producen su efecto de manera instantánea, esto es, que su consumación (comisión) y perfección (despliegue de sus efectos) tienen lugar simultáneamente, también existen otras que se alargan en su comisión y perfección o agotamiento. Es en estos últimos supuestos donde pueden existir mayores dificultades a la hora de determinar la disposición aplicable.

En cuanto a las infracciones cuyos hechos pueden considerarse instantáneos, la norma será la que resulte de aplicación en ese momento en que coinciden la voluntad infractora del estudiante, la acción u omisión típica, la consumación de la misma y el despliegue de sus efectos. En cambio, en aquellas infracciones cuyos efectos se prolongan en el tiempo —las llamadas infracciones permanentes— o aquellas otras que no son más que un cúmulo de actua-

74. En la ya citada STC, Pleno, 51/2018, de 10 de mayo (pon. Conde-Pumpido Tourón).

75. Expresión esta que usa López Menudo, F., ob. cit. 1982, pág. 166 y que considero muy didáctica en lo que refiere a este capítulo: cuándo se tendrá por cometida la infracción y, en consecuencia, qué norma le resultará de aplicación.

ciones infractoras más o menos relacionadas temporalmente y obedientes a un mismo fin —las infracciones continuadas—, el criterio será diferente.

En las infracciones permanentes, la disposición de aplicación será la vigente en el momento de cometer la acción u omisión en sí misma, si esta se consumase inmediatamente con un solo acto u omisión, con independencia de la duración de sus efectos. No obstante, en caso de desarrollarse la infracción permanente en varios momentos, con diferentes actos relacionados, será aplicable la norma vigente al momento de cometerse el último de éstos[76].

En las infracciones continuadas, en cambio, la norma de aplicable será la que esté en vigor al momento de realizarse el último acto constitutivo de la infracción, salvo que estos actos puedan escindirse en diferentes infracciones, en cuyo caso serían aplicables las normas sancionadoras vigentes en los momentos de su comisión[77].

En el Derecho disciplinario académico sobre los estudiantes el principio de irretroactividad tiene cierto protagonismo en cuanto a la ejecución de la sanción. En el art. 14.3.b) de la Ley de Convivencia Universitaria se contempla la sanción consistente en la pérdida de derechos de matrícula y, con ella, la anulación de los resultados de los exámenes realizados. El hecho de que un estudiante supere una materia lo sitúa en un *status* favorable que perdería en caso de materializarse posteriormente la sanción indicada. Los letrados de algunos estudiantes han considerado que esto podría ser contrario a la proscripción de la irretroactividad de la sanción[78]. Sin embargo, con un criterio más que adecuado a mi juicio, los tribunales han rechazado esta tesis. Es el caso de la SAN de 22 de octubre de 2009[79], que paso a analizar.

Un estudiante acudió al examen de Electrónica Analógica con diferentes modelos de exámenes manipulados en cuyas carátulas hizo constar «material permitido: todo tipo de material», mientras que en el entregado por el profesor aparecía «material permitido: ninguno». La Universidad Nacional de Educación a Distancia le sancionó con la prohibición de examinarse de todas las asignaturas matriculadas, con la pérdida de todos los derechos de matrícula. El alumno alegaba que tal sanción supondría una vulneración a la irretroactividad, en tanto que ya había superado determinados exámenes. La tesis del tribunal es contundente. Al estar prevista la sanción antes de la realización del hecho sancionado, no implica vulneración alguna del principio.

76. En este sentido, interesan las opiniones de Gómez Tomillo, M y Sanz Rubiales, Í., ob. cit. 2017, págs. 183 y 184; Gallardo Castillo, M.J., ob. cit. 2016, pág. 100; y López Menudo, F., ob. cit. 1982, pág. 172.

77. Me adhiero aquí a las tesis de Gallardo Castillo, M.J., ob. cit. 2016, pág. 99, en contra de lo que opina López Menudo, F., ob. cit. 1982, pág. 171, quien considera que en caso de que las diferentes actuaciones no sean escindibles, no podrá aplicarse la ley posterior.

78. Estos asuntos se referían, no obstante, al derogado Reglamento de Disciplina Académica.

79. SAN, Sala de lo Contencioso, secc. 3.ª, de 22 de octubre de 2009, rec. núm. 45/2009 (pon. de Mateo Menéndez, F.J. 3.º *in fine*).

II. La retroactividad favorable

En contraposición con la denominada retroactividad *in malam partem* o *in peius*, prohibida, existe también lo que se conoce como retroactividad *in bonam partem* o *in bonis*. Lejos de lo que pudiera pensarse al hacer una interpretación del art. 9.3 de la Constitución Española, la exigencia de retroactividad de las disposiciones favorables no tiene carácter constitucional. Sin embargo, el art. 26 de la Ley 40/2015 reconoce abiertamente la posibilidad de que una norma de vigencia posterior a la comisión de una infracción resulte aplicable de manera retroactiva cuando beneficie a su posible autor. También la Ley de Convivencia Universitaria se hace eco se este beneficio para los estudiantes inculpados en los citados art. 8.3.b) y Disposición Transitoria Única.

III. Análisis del impacto de la Disposición Transitoria Única de la Ley de Convivencia Universitaria en las infracciones y sanciones anteriores a la entrada en vigor de la norma

La Disposición Transitoria Única de la Ley de Convivencia Universitaria es un reflejo evidente del principio de irretroactividad de las disposiciones sancionadoras. Cuando las infracciones y sanciones tipificadas en esta norma sean más favorables para el estudiante, le serán aplicadas aun habiéndose iniciado el procedimiento sancionador con anterioridad a su entrada en vigor y, por tanto, bajo el manto del Reglamento de Disciplina Académica. En sentido contrario, le serán aplicables las infracciones y sanciones de la norma preconstitucional cuando le resulten más favorables que las de la Ley de Convivencia Universitaria.

La redacción del texto es poco feliz, a mi humilde juicio. La norma únicamente se refiere a la aplicación de las infracciones y las sanciones durante la tramitación del procedimiento. Creo oportuno que se hubiera introducido también la aplicación de este principio a la ejecución de la sanción. No obstante, el no haberlo hecho no significa que no se aplique. La retroactividad favorable se aplicará también incluso hallándose la sanción en ejecución. En este sentido, el estudiante que por mor del Reglamento de 1954 se encontrase expulsado de la universidad de manera indefinida, verá su sanción reducida al límite temporal máximo marcado por la Ley de Convivencia Universitaria.

La STSJ de Madrid de 21 de noviembre de 2022[80] valora si podría aplicarse el principio de retroactividad favorable a un estudiante sancionado por

80. STSJ de Madrid, Sala de lo Contencioso, secc. 8.ª, 1116/2022, de 21 de noviembre (pon. García Ruiz, F.J. 5.º). Resulta también de interés la cita de la STSJ de Murcia, Sala de lo Contencioso, secc. 1.ª, 475/2023, de 16 de octubre (pon. Uris Lloret, F.J. 4.º), y ello porque

cometer fraude académico en su trabajo de fin de máster. La infracción por la que fue sancionado fue la falta de probidad, que tipificaba el Reglamento de Disciplina Académica como grave. En la Ley de Convivencia Universitaria su conducta encajaría en la falta del art. 11.g), que es cometer fraude académico en el trabajo de fin de máster, de carácter muy grave.

El tribunal rechaza la aplicación de este principio por el sencillo hecho de que la norma anterior le resultaba más favorable: falta grave *versus* falta muy grave. No puedo estar de acuerdo con la decisión del tribunal. No creo que se deba atender a la gravedad de la falta, sino a la gravedad o extensión de la sanción. El estudiante fue sancionado con la expulsión por tres años de la Universidad Politécnica de Madrid en aplicación del Reglamento de Disciplina Académica. La Ley de Convivencia Universitaria contempla un período de expulsión máximo de tres años. En este caso, entonces, nada ocurriría, pero si Ley de Convivencia Universitaria estableciera un período máximo de expulsión inferior, la sentencia debería haber alterado la resolución sancionadora limitándola al período máximo establecido en la nueva ley; todo ello en aplicación del principio de retroactividad favorable.

El interés por la cita de esta sentencia viene por la defensa que hace, aunque no la aplica —pues realmente en nada favorecía al estudiante—, de esta retroactividad favorable, pese a que había finalizado el procedimiento disciplinario:

> «Aun cuando en el caso examinado en el recurso de apelación se trata de un expediente ya finalizado al que no le resulta aplicable lo establecido en la Disposición Transitoria Única de la repetida Ley 3/2022 ("A los procedimientos disciplinarios iniciados con anterioridad a la entrada en vigor de esta ley, les serán de aplicación las faltas y sanciones establecidas por la presente ley cuando resulten más favorables. Sin perjuicio de lo anterior, dichos expedientes continuarán su tramitación conforme al mismo procedimiento con el que se iniciaron"), porque sí debe tenerse en cuenta la posible retroactividad de las disposiciones sancionadoras más favorables que las aplicadas en este caso» (F.J. 5.º).

la Sala reconoce la aplicación de la retroactividad favorable en el ejercicio de la potestad sancionadora sobre los estudiantes universitarios, aunque en aquel asunto no tuvo lugar por haberse ya ejecutado la sanción.

CAPÍTULO IV

EL PRINCIPIO DE TIPICIDAD

Desde los primeros pronunciamientos constitucionales el principio de tipicidad ha sido definido como la vertiente material del principio de legalidad, idea que se refuerza por su anclaje constitucional en el art. 25. Puede citarse la STC 160/2019, de 12 de diciembre[81], que lo define de la siguiente forma:

> «La garantía material se concreta en la exigencia de predeterminación normativa de las conductas ilícitas y de las sanciones correspondientes, que hace recaer sobre el legislador el deber de configurarlas en las leyes sancionadoras con la mayor precisión posible para que los ciudadanos puedan conocer de antemano el ámbito de lo proscrito y prever, así, las consecuencias de sus acciones. Esto implica que la norma sancionadora permita predecir con suficiente grado de certeza las conductas que constituyen infracción y el tipo y grado de sanción del que puede hacerse merecedor quien la cometa. No cabe, por ello, constitucionalmente admitir formulaciones tan abiertas por su amplitud, vaguedad o indefinición, que su efectividad dependa de una decisión prácticamente libre y arbitraria del intérprete y juzgador» (F.J. 2.º).

Pero este acertadísimo y clásico pronunciamiento sobre la tipicidad sirve para definir sólo una parte del contenido esencial del principio jurídico, que es el mandato directo al legislador y al poder reglamentario. Luego la tipicidad también se dirige a la administración aplicadora de la norma, en el sentido de obligar a las autoridades sancionadoras a sujetar su actuación de manera estricta a los tipos punitivos y a las sanciones aplicables. En la STC 155/2019, de 28 de noviembre[82] el Tribunal Constitucional lo refiere de esta manera:

> «Conviene recordar que el derecho a la legalidad penal (art. 25.1 CE), en cuanto garantiza los principios de tipicidad y taxatividad en la interpretación y aplicación de las normas que delimitan las infracciones, que es la dimensión que aquí se

81. STC, Pleno, 160/2019, de 12 de diciembre (pon. Xiol Ríos).

82. STC, Pleno, 155/2019, de 28 de noviembre (pon. González Rivas).

esgrime, impone por razones de seguridad jurídica y de legitimidad democrática de la intervención punitiva, no solo la sujeción de la administración sancionadora y de los órganos judiciales a los dictados de las leyes que describen ilícitos e imponen sanciones, sino la sujeción estricta, impidiendo la sanción de comportamientos no previstos en la norma correspondiente (por todas, SSTC 151/1997, de 29 de septiembre, FJ 4; 138/2004, de 13 de septiembre, FJ 3, y 9/2006, de 16 de enero, FJ 3). Esta perspectiva del derecho a la legalidad penal protege a su titular no solo de aplicaciones de la norma sancionadora que se sustenten en una subsunción de los hechos ajena al significado posible de los términos de la norma aplicada, sino también frente a aquellas que conduzcan a soluciones esencialmente opuestas a la orientación material de la norma y, por ello, imprevisibles para sus destinatarios (SSTC 54/2008, de 14 de abril, FJ 4; 199/2013, de 5 de diciembre, FJ 13; 29/2014, de 24 de febrero, FJ 3, y 185/2014, de 6 de noviembre, FJ 5» (F.J. 8.º).

La tipicidad es, consecuentemente, la forma de afianzar la seguridad jurídica aludida del art. 9.3 de la Constitución Española a los administrados, pues sirve para hacer realidad la exigencia de una *lex scripta* y una *lex certa*, que junto al requisito fundamental de la *lex praevia* conforman el principio de legalidad[83]. Esto convierte al principio de tipicidad, por la posición que ocupa en la norma magna, en un derecho fundamental susceptible de amparo constitucional, de tal forma que en virtud de lo dispuesto en el art. 47.1.a) de la Ley 39/2015, de 1 de octubre, del Procedimiento Administrativo Común de las Administraciones Públicas (en adelante, Ley 39/2015), será nula de pleno derecho la resolución sancionadora que lo contravenga. Este principio se recoge también en los arts. 27 de la Ley 40/2015 y en la Exposición de Motivos y art. 8.3.a) de la Ley de Convivencia Universitaria.

Como se adelantó en las páginas anteriores, este principio se resume en dos mandatos: uno dirigido al legislador y al poder reglamentario; y otro a los órganos que ostentan la potestad para sancionar.

I. El mandato de tipicidad dirigido al legislador

Del mandato al legislador emanan una serie de garantías para los administrados que responden a dos premisas, a su vez: la primera, que se otorgue

83. Idea que aplaudo a GARBERÍ LLOBREGAT, J. y BUITRÓN RAMÍREZ, G., ob. cit. 2016, pág. 133. También GALLARDO CASTILLO, M.J., ob. cit. 2016, pág. 63 defiende la importante relación que tiene el principio de tipicidad del art. 25 de la Constitución Española con el de seguridad jurídica del art. 9.3 de la norma fundamental, llegando a afirmar que la seguridad jurídica deriva del derecho fundamental; y en el mismo sentido BUENO ARMIJO, A.M.: «El principio de legalidad sancionadora (II): el principio de tipicidad» en AA.VV.: *Derecho administrativo sancionador*. Lex Nova, 2010, pág. 159. En este mismo sentido se pronuncia también la STC, Sala Primera, 218/2005, de 12 de septiembre (pon. Rodríguez-Zapata Pérez): «resulta elemento realmente esencial del principio de tipicidad, ligado indisolublemente con el principio de seguridad jurídica (art. 9.3 CE)» (F.J. 3.º).

certeza jurídica a los ciudadanos (principio de taxatividad), y la segunda, que se limite la extensión de la potestad tipificadora reglamentaria, lo que en parte entronca con la reserva de ley, aspecto este más propio quizá del principio de legalidad en su aspecto formal[84].

1. El principio de taxatividad

Como ha establecido el Tribunal Constitucional, por todas, la STC 86/2017, de 4 de julio[85], el principio de taxatividad exige al poder normativo el «máximo esfuerzo posible para garantizar la seguridad jurídica» (F.J. 4.° C). Esta expresión define con claridad qué es lo que se pretende con este principio, que de la sola lectura de la norma el ciudadano pueda tener certeza de la ilicitud de su conducta y, en consecuencia, de las responsabilidades a las que se podría estar enfrentando. Por ello, del mismo se deriva que tanto la infracción, como la sanción y la graduación de ambas vengan determinadas con la suficiente claridad[86].

Si el Reglamento de Disciplina Académica estaba afectado de determinadas carencias en lo que al principio de taxatividad se refiere, la Ley de Convivencia Universitaria no ha logrado aventajarle. Esto genera inseguridad no sólo a los estudiantes, sino también a los operadores jurídicos —empezando por los instructores de los expedientes disciplinarios—, a la hora de aplicar la norma. Sobre el Reglamento de Disciplina Académica lo expresaban abiertamente los reglamentos de régimen disciplinario de los estudiantes de la Universitat Rovira i Virgili, de la Universidad Pompeu Fabra y el de la Universidad Nacional de Educación a Distancia[87]. Las dos primeras lo hacen en los siguientes términos:

84. No es de extrañar que, a este respecto, autores como Nieto García, A., ob. cit. 1993, págs. 199, 215 y ss., y 287, hayan reconocido que a pesar de que existan pacíficamente las vertientes formal y material de la legalidad, ciertamente las diferencias entre ambas son tan sutiles que, en algunas cuestiones, como la reserva de ley, se pueda afirmar que responde a ambas manifestaciones del principio de legalidad.

85. STC, Pleno, 86/2017, de 4 de julio (pon. Martínez-Vares García).

86. En cuanto a la necesidad de que se prevea con claridad la graduación de las infracciones y sanciones (sobre estas últimas, la cuestión no ha sido tratada con la misma profundidad que las primeras), debe citarse la STC, Sala Segunda, 100/2003, de 2 de junio (pon. Cachón Villar, F.J. 6.° *in fine*). En esta resolución el Tribunal analizó la constitucionalidad del art. 39.1 de la Ley 4/1989, de 27 de marzo, de Conservación de Espacios Naturales Protegidos y de la Flora y Fauna Silvestre. Este precepto graduaba sus infracciones en leves, menos graves y graves, pero dejaba al arbitrio de la autoridad sancionadora la calificación, en función de una serie de criterios dados por la norma. La Sala anula la sanción recurrida por considerar que la redacción de la ley es contraria al principio de taxatividad, pues con aquella redacción no se garantiza la seguridad jurídica de los administrados.

87. En sus Preámbulos.

«Esta norma reglamentaria plantea, no obstante, diferentes problemas en su aplicación ordinaria. La tipificación defectuosa de algunas conductas, la utilización de conceptos jurídicos indeterminados —también admitida por el Tribunal Constitucional—, la falta de concreción, sobre todo en términos de temporalidad, de algunas de las sanciones, y otras carencias que la norma intenta solucionar con una remisión a las disposiciones de carácter disciplinario aplicables a los funcionarios públicos y a los principios generales del derecho penal, generan dudas y discrepancias de criterio en los diferentes procedimientos, y dejan márgenes de actuación excesivamente amplios a los funcionarios que los han de instruir».

Y la Universidad Nacional de Educación a Distancia de la siguiente forma: «el actual Reglamento de Disciplina Académica, plantea diferentes problemas en su aplicación ordinaria que muchas veces no permite encontrar en su articulado la solución correcta, ponderada y justa que sería deseable».

I. La tipificación mediante conceptos jurídicos indeterminados: especial mención a la infracción de falta de probidad

Para pormenorizar en las exigencias del principio de taxatividad, hay que tratar la tipificación por medio de conceptos jurídicos indeterminados, que son aquellos que, como indican García de Enterría y Fernández Rodríguez, se concretan al momento de aplicación de la norma al supuesto de hecho concreto[88]. A día de hoy, el criterio sobre la utilización de esta figura en Derecho administrativo sancionador es más que pacífico. No se vulnera el art. 25.1 de la Constitución Española por el hecho de que la técnica legislativa se sirva de conceptos que, pese a ser indeterminados pueden permitir mediante «criterios lógicos, técnicos y de experiencia» concretar la conducta prohibida, de tal forma que el administrado podrá prever con seguridad «la naturaleza y las características esenciales de las conductas constitutivas de la infracción tipificada»[89]. Así, pese a esta garantía de la certeza suficiente, no ha de exigirse una definición estricta de todos los hechos que podrían subsumirse en el tipo infractor, lo cual quizá sea muy difícil, por no decir imposible, de conseguir.

---

88. García de Enterría, E. y Fernández Rodríguez, T-R., ob. cit. 2013, págs. 503 y 504.

89. Así lo ha ido manifestando la jurisprudencia constitucional en las SSTC, Pleno, 145/2013, de 11 de julio (pon. Ollero Tassara, F.J. 3.° B), sobre la documentación inexacta o incompleta; Sala Segunda, 151/1997, de 29 de septiembre (pon. Viver Pi-Sunyer, F.J. 9.°), sobre el concepto de honor; y también la del Tribunal Supremo: SSTS, Sala de lo Contencioso, secc. 6.ª, 1017/2019, de 9 de julio (pon. Maurandi Guillén, F.J. 5.°), sobre la falta de dedicación; secc. 1.ª, de 26 de marzo de 2015, rec. núm. 491/2013 (pon. Herrero Pina, F.J. 14.°), sobre el retraso en el desempeño de la función judicial; secc. 2.ª, de 15 de enero de 2009, rec. núm. 2156/2006 (pon. Aguallo Avilés, F.J. 8.°) sobre el gasto necesario; y además la Sala de lo Militar, secc. 1.ª, 43/2019, de 27 de marzo (pon. Pignatelli Meca, F.J. 11.°), sobre la dignidad de la Guardia Civil.

En el ámbito de las relaciones de sujeción especial el Tribunal Constitucional aún se ha mostrado más flexible a la hora de permitir el recurso a estos conceptos. Llega a decir la STC 151/1997, de 29 de septiembre[90] que: «Esta compatibilidad es especialmente posible en el ámbito del Derecho disciplinario, donde los afectados tienen un conocimiento específico de las pautas de conducta que, por estimarse ilegítimas, se hallan prohibidas por el ordenamiento y pueden, por consiguiente, ser sometidas a sanción» (F.J. 3.º). La justificación se halla en que el administrado, por su conocimiento y cercanía con la administración que aplica sobre él la potestad disciplinaria, tendrá un entendimiento más extenso del ámbito de lo prohibido. Es lo que se conoce como el criterio de suficiencia, es decir, será constitucional aquel concepto que acudiendo a los criterios antes indicados otorgue la suficiente certeza al administrado acerca de si un determinado comportamiento puede ser sancionado y en qué medida. Por ello, no podrá exigirse una «certeza absoluta», sino una «predicción razonable», como afirma GALLARDO CASTILLO[91].

No obstante, la jurisprudencia, si bien admite su utilización, exige que el legislador recurra a ellos de manera prudente. No pueden suponer una habilitación a la Administración para encajar en estas conductas realmente no tipificadas y que no quepan interpretaciones diversas sobre el mismo concepto, hasta el punto de que pueda llegar a producirse inseguridad en el administrado o que incluso la autoridad administrativa obre de manera discrecional o, lo que es peor, arbitraria.

La Ley de Convivencia Universitaria también rezuma conceptos jurídicos indeterminados. Sirvan las siguientes infracciones como ejemplo, la del art. 11.a): «Realizar novatadas o cualesquiera otras conductas o actuaciones vejatorias, física o psicológicamente, que supongan un grave menoscabo para la dignidad de las personas», la del art. 11.b): «Acosar o ejercer violencia grave contra cualquier miembro de la comunidad universitaria»; y la del art. 11.e): «Alterar, falsificar, sustraer o destruir documentos académicos, o utilizar documentos falsos ante la universidad». Se aprecian los conceptos jurídicos indeterminados de novatadas, actuaciones vejatorias, violencia grave y documentos académicos.

En el catálogo de infracciones del Reglamento de Disciplina Académica se utilizaban también varios conceptos jurídicos indeterminados. Esta utilización no resultaba a mi juicio del todo excesiva en cuanto a que sólo tres de las infracciones que se tipificaban podían incluir en su descripción conceptos con este carácter, pero sí adquiere importancia si se tiene en cuenta que eran, con diferencia, las infracciones que más se cometían por los estudiantes españoles.

---

90. STC, Sala Segunda, 151/1997, de 29 de septiembre (pon. Viver Pi-Sunyer).

91. GALLARDO CASTILLO, M.J., ob. cit. 2016, pág. 64.

En concreto, y coincido con la opinión de Tardío Pato y de Pallarés Serrano[92], las infracciones del art. 5.a).2.ª del Reglamento de Disciplina Académica: «La injuria, ofensa o insubordinación contra las autoridades académicas o contra los Profesores»; 5.a).3.ª: «La ofensa grave, de palabra u obra, a compañero, funcionarios y personal dependiente del Centro»; y 5.c): «Serán faltas leves cualesquiera otros hechos no comprendidos en los apartados anteriores que puedan causar perturbación en el orden o disciplina académicos» contenían evidentes conceptos jurídicos indeterminados: injuria, ofensa, insubordinación, perturbación en el orden o disciplina. Pero sin duda, el concepto jurídico indeterminado que tenía mayor importancia era el protagonista de la infracción del art. 5.a).5.ª, «la falta de probidad»[93].

Sobre esta falta de probidad, contemplada en no pocas normas disciplinarias, el Tribunal Constitucional ha tenido ocasión de pronunciarse. En la STC 50/1983, de 14 de junio[94], el tribunal da por ajustada a Derecho la falta de probidad, considerando que en el supuesto de autos se superaba el juicio de suficiencia, cuando acudiendo al contenido semántico del término y en vista de la especial condición del infractor —un funcionario del Cuerpo Nacional de Policía—, era previsible conocer el alcance del término falta de probidad, que no significa otra cosa que la falta de honradez[95].

El Tribunal Supremo, en un asunto en que el recurrente también era funcionario del Cuerpo Nacional de Policía, en la STS de 14 de febrero de 1986[96], aceptando que este concepto jurídico indeterminado es acorde a Derecho, y que para determinar su alcance, dado que la norma de aplicación no la define, «hay que acudir a las exigencias de comportamiento que impone la realidad social, con arreglo a la escala de valores que se estima aplicable, dadas las circunstancias, objetivando lo que comúnmente es aceptable» (F.J. 2.º).

---

92. El primero en Tardío Pato, J.A., ob. cit. 2018, pág. 35; y la segunda en Pallarés Serrano, A., ob. cit. 2018, pág. 165.

93. Esta infracción, aunque está derogada, considero que es necesario tratarla en este trabajo. La razón reside en que ha tenido mucho protagonismo en el régimen disciplinario sobre los estudiantes vigente durante más de sesenta años, facilitando muchos ejemplos de conductas censurables en el ámbito académico cuyo análisis podría ayudar a la interpretación —que no aplicación analógica— de las infracciones vigentes con la Ley de Convivencia Universitaria.

94. STC, Sala Segunda, 50/1983, de 14 de junio (pon. Rubio Llorente).

95. Equiparan ambos conceptos las SSTS, Sala de lo Militar, secc. 1.ª, de 6 de marzo de 2006, rec. núm. 93/2004 (pon. Calvo Cabello, F.J. 7 .º); y de 12 de julio de 1999, rec. núm. 105/1998 (pon. Pérez Estebande). La Real Academia Española también lo hace en su diccionario: «1. f. honradez».

96. STS, Sala de lo Contencioso, secc. 1.ª, de 14 de febrero de 1986, rec. núm. 14/1985 (pon. Carretero Pérez).

En el ámbito que ocupa este trabajo destaca la STSJ de Aragón de 24 de julio de 2019[97], que sobre la falta de probidad dice que: «ha de entenderse como falta de honradez o rectitud en el cumplimiento de sus deberes» (F.J. 2.º). En sentido parecido la STSJ de Galicia de 31 de marzo de 2004[98], que en su F.J. 4.º señalaba que la falta de probidad era «la ausencia de honradez e integridad que cabe exigir a un estudiante universitario». También la SAN de 2 de diciembre de 2003[99] describía esta falta como la integrada «por toda conducta que implique falta de honradez académica» (F.J. 2.º). Llegado al punto de que se admite en Derecho disciplinario la utilización de conceptos jurídicos indeterminados, la falta de probidad tipificada en el derogado art. 5 del Reglamento de Disciplina Académica fue concretada por los tribunales como la deshonestidad académica, tal y como se adelantó. Deshonestidad que se desprende de lo que socialmente es deshonesto y, académicamente, de lo establecido por las disposiciones universitarias concretas: sistemas de evaluación, prevención del acoso, protocolo contra el plagio, etc. Sobre las conductas que podían encajar en este tipo de infracciones aconsejo a título ilustrativo la lectura de la SAN de 10 de noviembre de 2017[100]. La Audiencia Nacional calificó la falta de probidad como la «deshonestidad académica» e incluyó como actos deshonestos «presentar como propios productos académicos o intelectuales que no fueren resultado del esfuerzo del estudiante o de cualquier miembro de la comunidad educativa, o incurrir en cualquier acción que otorgue una ventaja inmerecida a favor de uno o más miembros de la comunidad educativa». El mismo concepto utilizó la SAN de 2 de diciembre de 2003[101].

Y la STS de 15 de diciembre de 2000[102], en la que el Tribunal Supremo confirmó el criterio del Tribunal Superior de Justicia de Andalucía cuando consideró como falta de probidad una serie de hechos que, según el tribunal andaluz, sin necesidad estar específicamente tipificados en la norma, eran susceptibles de ser considerados por cualquier estudiante como contrarios a esta honestidad académica:

---

97. STSJ de Aragón, Zaragoza, secc. 1.ª, 300/2019, de 24 de julio (pon. Carbonero Redondo). El tribunal no consideró que fuera una falta de probidad realizar los siguientes comentarios sobre sus compañeras: «estas chiquitas no tienen ni idea» o «lo que hacen estas chiquitas lo hago yo con los ojos cerrados».

98. STSJ de Galicia, A Coruña, secc. 1.ª, 259/2004, de 31 de marzo (pon. Seoane Pesqueira). En esta sentencia el tribunal afirmó que es una falta de probidad entrar sin autorización en el local de estudiantes y utilizar ficheros sin estar legitimado.

99. SAN, secc. 3.ª, de 2 de diciembre de 2003, rec. núm. 69/2003 (pon. García García-Blanco). En este caso el tribunal determinó que acudir a un examen con un aparato de comunicación oculto va en contra de la honradez académica, aunque éste no se utilice.

100. SAN, secc. 6.ª, de 10 de noviembre de 2017, rec. núm. 14/2017 (pon. Resa Gómez, F.J. 5.º).

101. SAN, secc. 3.ª, de 2 de diciembre de 2003, rec. núm. 69/2003 (pon. García García-Blanco).

102. En la STS, Sala de lo Contencioso, secc. 3.ª, de 15 de diciembre de 2000, rec. núm. 7161/1993 (pon. Campos Sánchez-Bordona).

«"[...] para cualquier estudiante con experiencia normal es perfectamente reconocible que conductas como la que se dice en la relación de hechos probados de la resolución recurrida constituyen uno de los quebrantamientos más graves del deber de lealtad [...]. En definitiva, para cualquier estudiante normal [...] es perfectamente previsible que conductas tales, como pasarse escritos de un examen, copiar íntegramente el examen de otro alumno y entrar subrepticiamente en el despacho de los profesores para elaborar y cambiar los exámenes a la vista de los exámenes de otros alumnos y de papeles reservados a dichos profesores merecen el máximo reproche» (F.J. 4.º de la sentencia del Supremo transcribiendo la STSJ de Andalucía, de 17 de septiembre de 1993, rec. núm. 1772/1992).

En este contexto disciplinario los tribunales han aceptado la constitucionalidad de estos conceptos. A este respecto puede citarse la STSJ de Canarias de 30 de octubre de 2014[103]. La sentencia confirma la de primera instancia que estimaba la petición del estudiante, basada en que su conducta no podía tipificarse como falta de probidad. Los hechos objeto de la resolución sancionadora consistían en que una serie de estudiantes habían publicado en varios medios de comunicación que más de trescientos alumnos se quedaban sin beca por no haber tramitado la Universidad de La Laguna las solicitudes en plazo. Esta noticia resultó ser falsa y, pese a ello, los alumnos no la enmendaron. El Rectorado les sancionó por las infracciones de ofensa de palabra por realizar la publicación, y de falta de probidad, por no rectificarla una vez que había quedado probada la falsedad de aquélla. Tanto el juzgado como el tribunal consideraron que no podía aceptarse la existencia de estas infracciones y, en cuanto a la falta de probidad, porque esta «sólo resulta aplicable a los hechos que resulten inequívocamente subsumibles por tratarse de acciones graves, potencialmente lesivas e intolerables en la comunidad universitaria» (F.J. 3.º). Así, aun no aceptándose su concurrencia en el supuesto de autos, sí se admite su constitucionalidad: «El concepto de falta de probidad fue aceptado por el Tribunal Constitucional en su sentencia 50/1983, de 14 de junio, como concepto indeterminado para cuya concreción es procedente acudir al expediente disciplinario» (F.J. 2.º *in fine*).

El Tribunal Supremo también ha tenido ocasión de pronunciarse sobre esta falta. En la STS de 15 de diciembre de 2000[104] se revisó la sentencia que confirmaba las sanciones por parte del rector de la Universidad de Sevilla a dos estudiantes de ingeniería a los que se les sancionaba con la expulsión a perpetuidad de la Escuela Superior de Ingeniería Técnica y durante dos cursos de esa universidad, anulándose también las calificaciones obtenidas en dos asignaturas. Los estudiantes habían accedido al departamento de Mecánica de los Medios Continuos y, desde allí, a los despachos de varios profesores

103. STSJ de Canarias, Santa Cruz de Tenerife, secc. 1.ª, 239/2014, de 30 de octubre (pon. Hernández Cordobés).

104. STS, Sala de lo Contencioso, secc. 3.ª, de 15 de diciembre de 2000, rec. núm. 7161/1993 (pon. Campos Sánchez-Bordona, F.J. 2.º).

—constando uno de ellos como cerrado—, donde habían manipulado sus propios exámenes, que estaban en proceso de ser corregidos, obteniendo ambos una calificación brillante. Entre otras cosas, los estudiantes recurrentes alegaron la inconstitucionalidad de la sanción por vulnerar la falta de probidad el principio de tipicidad. La respuesta del tribunal fue contundente. Tales comportamientos eran fáciles de prever como ilícitos, máxime si estos son sujetos relacionados especialmente con la universidad, siendo también la importancia de su castigo más que previsible, dada la gravedad de los hechos. En la sentencia que se recurrió en este asunto, que es la STSJ de Andalucía de 17 de septiembre de 1993[105], se lee este razonamiento: «para cualquier estudiante con experiencia normal es perfectamente reconocible que conductas como la que se dice en la relación de hechos probados de la resolución recurrida constituyen uno de los quebrantamientos más graves del deber de lealtad», que luego otros tribunales han utilizado para justificar la constitucionalidad de la falta de probidad, como la STSJ de Murcia de 20 de junio de 2019[106].

Pero, aunque la probidad era el concepto jurídico protagonista del Reglamento de Disciplina Académica, la norma contenía otros conceptos jurídicos indeterminados, como son los actos que perturben gravemente el orden y la disciplina de los centros.

Así, la STSJ de Madrid de 16 de mayo de 2017[107] establecía que se consideraría cometida esta infracción en el caso del estudiante que se dirigió a un profesor gritando mientras éste revisaba unos exámenes con unas alumnas, irrumpiendo en su despacho y negándose a abandonarlo. Por este motivo, la Universidad Complutense de Madrid impuso al alumno una sanción consistente en la prohibición de examinarse de Procesos de la Pintura en todas las convocatorias del curso académico 2014-2015, con la perdida de los derechos de matrícula, sanción que fue confirmada por el tribunal. Por ello, el hecho de que se dirigiese al profesor gritando, que las dos alumnas tuvieron que intervenir porque no abandonaba el despacho, e interrumpiese la revisión de sus exámenes supone que sí se produjo un acto de perturbación del orden que debe existir en los establecimientos de enseñanza.

Era también contrario al orden académico la utilización de material no autorizado en la realización de exámenes. Así lo puso de manifiesto la SAN de 31 de mayo de 2019[108]. En primera instancia se otorgó la razón a la estudiante recurrente, y ello porque la resolución administrativa contenía que fue sor-

105. De la que no he podido obtener más datos.

106. STSJ de Murcia, Sala de lo Contencioso, secc. 2.ª, 363/2019, de 20 de junio (pon. Martín Sánchez, F.J. 4.º).

107. STSJ de Madrid, Sala de lo Contencioso, secc. 10.ª, 304/2017, de 16 de mayo (pon. García Alonso).

108. SAN, Sala de lo Contencioso, secc. 6.ª, de 31 de mayo de 2019, rec. núm. 12/2017 (pon. Guerrero Zaplana).

prendida mientras hacía el examen, cuando lo cierto es que fue *a posteriori* cuando en la corrección se percataron de la copia evidente que había realizado la alumna. Lo importante del litigio reside en que la Audiencia entendió que el comportamiento de copiar en un examen era un comportamiento que perturbaba el orden académico, en el F.J. 3.º *in fine*. No obstante, otras universidades, y luego los tribunales así lo confirmaban, consideraban este comportamiento más propio de la falta de probidad que del orden académico.

Considero que el hecho de que la jurisprudencia se haya posicionado a favor de la constitucionalidad de estos conceptos no puede ser tenido como una solución del todo satisfactoria desde el punto de vista de la defensa del estudiante. Es cierto que exigir una delimitación tal de la acción ilícita que llevase a la imposibilidad de subsumir en ella determinadas conductas haría inviable el sistema punitivo administrativo[109], pues restaría posibilidades de adaptación a realidades cambiantes, pero también ha de exigirse al legislador que apure en la técnica legislativa, depositando en ella el «máximo esfuerzo posible», como decía el Tribunal Constitucional en la STC 86/2017, de 4 de julio[110].

Permitir la existencia de estos conceptos es una solución a corto plazo que no puede desplazar la exigencia de la plena certeza para el administrado. Las leyes administrativas son a menudo de gran extensión, cuanto más sus reglamentos o normas de desarrollo, por lo que en nada afectaría que el poder legislativo o reglamentario pusiera el mismo empeño en determinar qué conductas concretas podrían subsumirse en las novatadas al que pone a la hora regular, por ejemplo, las formas de acceso del estudiante a los estudios de grado —v. gr. Real Decreto 412/2014, de 6 de junio, por el que se establece la normativa básica de los procedimientos de admisión a las enseñanzas universitarias oficiales de Grado—. Compiten aquí la defensa de los intereses públicos y las garantías individuales, enfrentamiento que podría superarse con una técnica legislativa que aspire con certeza a describir el mayor número de conductas punibles posibles.

Los autores que han estudiado el régimen disciplinario de los estudiantes, aun aceptando la constitucionalidad de los conceptos jurídicos indeterminados dispuestos en el Reglamento de Disciplina Académica, rechazan que su utilización sea una solución óptima. Pemán Gavín afirmaba la necesidad de que la nueva regulación que en su momento se realizara de este régimen no sean utilizados este tipo de conceptos, sino que los tipos sean desarrollados con la menor laxitud posible[111].

109. Tal y como manifiesta Tardío Pato, J.A., ob. cit. 2018, pág. 36. El autor considera incluso que la falta de probidad más que un concepto jurídico indeterminado es un tipo de carácter abierto que «puede llegar a producir incertidumbre y excesivo arbitrio del aplicador».

110. STC, Pleno, 86/2017, de 4 de julio (pon. Martínez-Vares García, F.J. 5.º d).

111. Pallarés Serrano, A., ob. cit. 2018, pág. 165; y con ella Guillamón Fernández, J.R., Baraja Rodríguez, E. y Acale Sánchez, M., ob. cit. 2016, págs. 121 y 122; y Pemán Gavín, J., ob. cit. 1994, pág. 445.

Debe tenerse en cuenta que en el ámbito disciplinario académico las sanciones a las que se enfrentan los estudiantes pueden suponer un perjuicio mayúsculo que difícilmente puede ser resarcido. No se trata, como ocurre en otros sectores disciplinarios, de amonestaciones o suspensiones de empleo y sueldo temporales, sino que el estudiante se enfrenta a castigos que pueden llevarle a la pérdida de varios años académicos[112] —con lo que esto supone—, y ello, en ocasiones, por no haber sido capaz de prever la ilicitud su conducta y sus consecuencias.

No ha de pasarse por alto el fuerte componente social del Derecho disciplinario sobre los universitarios. Posiblemente en ningún otro sector sancionador la mutación de los convencionalismos sociales avance tan rápido —o al menos de manera tan inmediata— como en el universitario. Conceptos como las «novatadas» mutan irreversiblemente generación tras generación, siendo el ámbito poblacional en que más se transforme el de los jóvenes universitarios. Es asombroso observar los cambios sociales que existen entre personas de la generación Z (1996-2010), Y (1980-1995) y X (1965-1989). Tampoco hay que obviar el hecho de que en la universidad pueden convivir estudiantes que aun siendo de la misma generación pueden hallarse en circunstancias muy diferentes: económicas, culturales, nacionales; algo, además, que cambia incluso estudiantes de diferentes grados o lugares de residencia. Muy posiblemente el concepto de novatada para los estudiantes de un colegio mayor masculino sea diferente que para una residencia universitaria. El criterio de los alumnos no siempre será el mismo, pero es que, además, dada la corta edad de la mayoría de ellos, a veces su criterio podrá ser considerado hasta insuficiente para valorar la gravedad y el alcance del hecho que están cometiendo[113].

Precisamente es por lo incontenible del cambio en los paradigmas sociales-universitarios y por la heterogeneidad, cada vez mayor, de los estudiantes por la que concluyo que no puede hablarse de un concepto común de novatadas —siguiendo el ejemplo— que haga que todo estudiante de una universidad española venga de donde venga, lo conozca en toda su extensión.

Incluso cabría subsumir dentro de las novatadas comportamientos que en principio no afectarían a la universidad —a su dignidad o al buen funcionamiento de sus servicios—, por lo que no deberían ser considerados infracciones disciplinarias. Pienso, por ejemplo, en los encuentros entre estudiantes que, bajo el concepto de novatadas, toman bebidas alcohólicas los primeros días de curso en un espacio público no universitario en un marco festivo.

112. El art. 14.3.a) de la Ley de Convivencia Universitaria contempla la expulsión hasta por tres años.

113. Pallarés Serrano, A., ob. cit. 2018, pág. 175 afirma que los estudiantes pueden hallarse en una edad en la que algunos de ellos podrían si quiera tener el «suficiente criterio», apreciación con la que no estoy de acuerdo. Todo estudiante universitario, a mi juicio, está lo suficientemente capacitado para conocer la licitud o no de su conducta como estudiante.

II. La posible relajación del principio de taxatividad en las relaciones de sujeción especial

Si bien en la doctrina actual no gana adeptos la idea de que para las relaciones de sujeción especial baste la tipificación de infracciones y sanciones en un reglamento y se impone con fuerza la reserva de ley, ya naturalizada en la Constitución, no ocurre lo mismo cuando se trata del principio de taxatividad. La garantía de la taxatividad se ha visto afectada cuando se trata de relaciones de sujeción especial. El principio de taxatividad, de inspiración absoluta en Derecho administrativo sancionador general, no se aplica de forma automática en estas relaciones. En este sentido, pueden admitirse tipos con una redacción más abierta que tipifiquen comportamientos punibles. Se trata de los ya tratados conceptos jurídicos indeterminados, conceptos admitidos reiteradamente por la jurisprudencia, como se ha manifestado en el epígrafe anterior[114].

El fundamento de esta relajación se encuentra en que, dada la relación que une al responsable con la administración, éste podrá prever la ilicitud de su conducta. Muy pedagógico resulta el análisis de la SAN de 10 de noviembre de 2017[115]. Un estudiante de la Universidad Nacional de Educación a Distancia no había citado a los autores consultados en un trabajo parcial de una asignatura, hecho que fue considerado plagio y, por tanto, subsumible en la falta de probidad. La defensa alegó que se atentaba contra el principio de tipicidad cuando no se puede apreciar con certeza qué conducta es la que castiga el tipo infractor. La Audiencia, sin embargo, con apoyo de jurisprudencia constitucional, confirma la sentencia de instancia que otorga la razón a la universidad cuando dice que precisamente por su condición de estudiante, el sancionado conocía que la conducta realizada —plagio— era deshonesta y que, por tanto, suponía una falta de probidad. Lo expresa de esta forma:

> «Debe añadirse por lo demás, que el mismo Tribunal Constitucional había admitido en su sentencia número 50/1983, de 14 de junio, la "tipificación necesariamente genérica de las faltas muy graves de probidad", cuya aplicación a una persona sometida a relaciones de dependencia especial y conocedora del régimen jurídico que las regula no vulnera la garantía constitucional invocada» (F.J. 3.º).

Así, cuando la Ley de Convivencia Universitaria tipifica como falta el «utilizar los servicios universitarios incumpliendo los requisitos establecidos de general conocimiento», se presume que el inculpado sabe que lo que está haciendo es contrario a dichos requisitos. El margen de apreciación del tipo

114. Por todas pueden citarse las SSTS, Sala de lo Contencioso, secc. 3.ª, de 29 de abril de 2013, rec. núm. 675/2010 (pon. Bandres Sánchez-Cruzat, F.J. 3.º); y secc. 7.ª, de 8 de junio de 2011, rec. núm. 2285/2008 (pon. Maurandi Guillén, F.J. 7.º).

115. SAN, Sala de lo Contencioso, secc. 6.ª, de 10 de noviembre de 2017, rec. núm. 14/2017 (pon. Resa Gómez).

infractor se concreta con la existencia de normas que establecen las obligaciones que han de tener los estudiantes. En España todas las universidades públicas han regulado cuáles son las obligaciones de los estudiantes. Muchas de ellas, además, han aprobado reglamentos de elaboración de exámenes, protocolos antiplagio, protocolos de uso de la biblioteca o planes de prevención del acoso sexual. La lectura de estas normas han de llevar al estudiante al conocimiento de cuándo su conducta está atentando o no contra los requisitos en ellas contenidos.

Como ejemplo, pues ciertamente todas las universidades cuentan en mayor o menor medida con un catálogo de obligaciones de los estudiantes, puede citarse el Reglamento por el que se regula el régimen de evaluación de los alumnos de la Universidad de Cádiz[116], en cuyo art. 11.2 se establece que «Los alumnos tienen el deber de realizar los exámenes de forma individual y utilizando únicamente el material que autorice el profesor examinador»; o el Reglamento para la evaluación de los aprendizajes de la Universidad de Alicante[117], en cuyo art. 14 se prohíbe al alumno hacer uso de teléfonos móviles o cualquier otro dispositivo electrónico no autorizado, advirtiendo que de hacerlo podrán derivarse responsabilidades disciplinarias.

La relajación de este principio en el ámbito disciplinario supone que la norma sancionadora no deba contener una descripción excesivamente detallada de los diferentes hechos punibles, máxime cuando las conductas contrarias a los principios de la institución pueden hallarse en un «complemento normativo»[118]. El propio Tribunal Constitucional se ha mantenido a favor de la existencia de estos conceptos indeterminados. A razón de la probidad tuvo la ocasión de pronunciarse en la STC 50/1983, de 14 de junio[119] reconociendo su indeterminación, pero no por ello su inconstitucionalidad. Entendió el Tribunal que semánticamente no existen dudas acerca de qué es la probidad y que, por lo tanto, una persona inmersa en una institución conoce cuáles de sus actuaciones pueden considerarse que atentan contra la misma[120].

Considero que el principio de tipicidad no ha de admitir flexibilización más allá de la imprescindible. No hay razones para pensar en que no pueda con-

116. Aprobado por Acuerdo del Consejo de Gobierno de 13 de julio de 2004.

117. Aprobado por acuerdo del Consejo de Gobierno de la Universidad de Alicante de 27 de noviembre de 2015.

118 Así lo expresa SENDÍN GARCÍA, M.Á.: «Derecho disciplinario» en AA. VV.: *Curso de Derecho Administrativo Iberoamericano. Instituto Nacional de Administración pública*, 2015, pág. 18.

119. STC, Sala Segunda, 50/1983, de 14 de junio (pon. Rubio Llorente).

120. También la STC, Sala Segunda, 151/1997, de 29 de septiembre (pon. Viver Pi-Sunyer), señaló que los conceptos jurídicos indeterminados pueden tener mayor usabilidad en el ámbito del Derecho disciplinario: «Esta compatibilidad es especialmente posible en el ámbito del Derecho disciplinario, donde los afectados tienen un conocimiento específico de las pautas de conducta que, por estimarse ilegítimas, se hallan prohibidas por el ordenamiento y pueden, por consiguiente, ser sometidas a sanción» (F.J. 3.º).

tenerse en una norma todas las posibles conductas infractoras o, cuanto menos, tipos abiertos que, sin pecar de inconcreción, puedan dar mayor luz a los estudiantes. El estudiante ha de conocer con total certeza qué calificación jurídica pueden tener los hechos que comete. No se trata de dictar normar interminables, sino de asegurar que los potenciales inculpados hayan podido conocer de antemano si los hechos cometidos pueden ser o no consideradas infracciones disciplinarias, especialmente cuando la infracción descrita tiene un alto componente valorativo como pueden ser las novatadas o el usar los servicios universitarios sin respetar los requisitos de general conocimiento[121].

2. El mandato de la tipificación sobre la graduación de las infracciones y sanciones

Aunque resulte *a priori* evidente, es preciso que, para castigar una conducta, ésta deba estar tipificada, es decir, deba aparecer en la norma; y de la misma manera, para imponer un castigo por la comisión de dicha conducta, éste debe estar igualmente tipificado. Por ello, se rechaza la persecución de cualquier conducta aun pudiéndose considerar reprochable si está no está debidamente incluida en el catálogo normativo de conductas antijurídicas, a la par que no se impondrá ningún castigo que no esté previsto en la norma, por eficaz que resulte para el mantenimiento de la disciplina académica.

En el ámbito de la potestad académica sobre los estudiantes esta garantía ha tenido cierto protagonismo en cuanto a las sanciones. La jurisprudencia muestra varios ejemplos de un exceso punitivo por parte de las universidades que al imponer sanciones que no estaban previstas en el Reglamento de Disciplina Académica o en las normas universitarias, avocaban la resolución a la nulidad.

A este respecto puede ser citada la SAN de 28 de marzo de 2018[122]. A un estudiante de Derecho la Universidad Nacional de Educación a Distancia le fue incoado un expediente disciplinario por haber enviado dos correos electrónicos a una profesora en los que utilizaba expresiones indebidas. La notificación del inicio del expediente tuvo lugar el 1 de septiembre de 2015. Días más tarde, el 9 del mismo mes, le notificaron resolución acordando como medidas cautelares la suspensión de la concesión del título de los estudios en que el alumno se hallase matriculado hasta que se resolviese el expediente. Entre ambas fechas, los días 4 y 6, el estudiante se presentó a los exámenes de las últimas asignaturas que le quedaban por aprobar.

121. Especialmente críticas a la utilización de este tipo de conceptos, precisamente por su carácter valorativo, se han mostrado las profesoras Gallardo Castillo, M.J., ob. cit. 2016, págs. 75 y 76; y Marina Jalvo, B.: *El régimen disciplinario de los funcionarios públicos (Fundamentos y regulación sustantiva)*. Lex Nova, 2006, págs. 156 a 158.

122. SAN, Sala de lo Contencioso, secc. 6.ª, de 28 de marzo de 2018, rec. núm. 30/2017 (pon. Soldevila Fragoso).

El día 19 de julio de 2016 el rector le sancionó por la comisión de una falta menos grave del art. 5.b).1.° del Reglamento de Disciplina Académica consistente en haber vertido palabras indecorosas, por lo que le impuso una sanción consistente en la pérdida de matrícula en el curso 2014-2015 de cinco asignaturas, que en tal momento ya se encontraban superadas.

Si bien en primera instancia el Juzgado Central de lo Contencioso-Administrativo consideró ajustada a derecho la resolución, el tribunal estimó el recurso del alumno al considerar que el art. 6.b) del Reglamento de Disciplina Académica no contemplaba como sanción la pérdida de las calificaciones obtenidas. Afirmó que se había vulnerado el principio de tipicidad[123], por lo que dejó sin efecto la sanción impuesta.

La Audiencia Nacional observó en su resolución que la actuación de la Universidad Nacional de Educación a Distancia respondía a una manera de imponer un castigo eficaz, pero no legal:

> «En ningún momento dicha norma permite la extensión que realiza la resolución recurrida, que, ante el hecho incuestionado de que, en el momento de dictarse la resolución recurrida, el recurrente ya se había examinado de todas las asignaturas y las había aprobado, pretende conceder una especie de efecto útil a la sanción, incorporando a su tipificación la anulación de las calificaciones ya obtenidas, sin que exista cobertura legal para ello» (F.J. 2.°).

De haber optado por las sanciones previstas para las infracciones de idéntica gravedad —esto es, las que contemplaba el art. 6.b) para las faltas menos graves— ninguna eficacia se desprendería del castigo, al hallarse ya el estudiante fuera de la universidad.

El mandato de la tipificación no sólo exige que conducta y sanción se encuentren definidas en la norma, sino también la graduación de las mismas. De lo contrario, en caso de que las normas sancionadoras no otorguen una graduación a las conductas o a los castigos, dejando en manos de la Administración el considerar si es muy grave, grave/menos grave o leve en función de unos criterios sí establecidos por la ley, la regulación no superará el control de taxatividad. Así lo ha declarado en varias ocasiones el Tribunal Constitucional, considerando que ello vulnera la seguridad jurídica del administrado[124].

---

123. Ciertamente la Audiencia Nacional habla de principio de taxatividad, pero considero que, tratándose aquí de una extralimitación del órgano titular de la potestad disciplinaria, procede hablar de tipicidad en su vertiente de mandato a los órganos administrativos.

124. Es es el caso de las SSTC, Sala Primera, 10/2015, de 2 de febrero (pon. Martínez-Vares García, F.J. 3.°) y Sala Primera, 166/2012, de 1 de octubre (pon. Ollero Tassara), que dice que «la graduación de las sanciones o calificación *ad hoc* de las infracciones no resulta acorde con el principio de taxatividad en cuanto que no garantiza mínimamente la seguridad jurídica de los ciudadanos, quienes ignoran las consecuencias que han de seguirse de la realización de una conducta genéricamente tipificada como infracción administrativa» (F.J. 5.°).

En el caso de la Ley de Convivencia Universitaria se contempla la graduación de las infracciones y las sanciones, las primeras en los arts. 11, 12 y 13, que respectivamente catalogan las faltas muy graves, graves y leves; y las segundas en el art. 14.3, 14.4 y 14.5, de la misma forma.

II. La sujeción de los órganos que ejercitan la potestad disciplinaria al mandato de tipicidad

En cuanto a los órganos universitarios que ejercitan la potestad disciplinaria, éstos deberán velar también porque su actuación no contravenga el principio de tipicidad en sentido estricto, que se traduce en el cumplimiento de las siguientes garantías en favor del estudiante:

1. El necesario juicio de suficiencia

A la hora de determinar la infracción en la que subsumir la conducta realizada y, en consecuencia, concretar la sanción correspondiente, el órgano administrativo habrá de realizar un juicio de suficiencia tal que le permita encajar, sin caer en una aplicación discrecional, los hechos cometidos en los hechos en abstracto descritos por el tipo, así como la sanción a imponer con el castigo contemplado en la norma. Se prohíbe así la interpretación irrazonable o ilógica de las normas tipificadoras. Dice BUENO ARMIJO que no se permiten las interpretaciones «extravagantes, imprevisibles, y muy especialmente, analógicas»[125].

La previsión normativa del necesario juicio de suficiencia se deriva del art. 27.1 de la Ley 40/2015 para las infracciones: «Sólo constituyen infracciones administrativas las vulneraciones del Ordenamiento Jurídico previstas como tales infracciones por una Ley»; y en el párrafo segundo del mismo artículo para las sanciones: «Únicamente por la comisión de infracciones administrativas podrán imponerse sanciones». Inequívocamente de ellos se desprende la obligación del órgano administrativo de razonar sobre si efectivamente la conducta realizada puede subsumirse en el tipo infractor y, de la misma manera, si la sanción impuesta al responsable es la establecida por la norma.

Ahora bien, esto se hace complicado para el intérprete de la disposición cuando se trata de tipos infractores que incluyen conceptos jurídicos indeterminados. Es el motivo que ha llevado al Tribunal Supremo a determinar que la subsunción de conductas en tipos afectados por estos conceptos exige un deber extra de motivación. A este respecto puede citarse la STS de 3 de marzo de 2001[126]. Un guardia civil había sido sancionado por la comi-

---

125. BUENO ARMIJO, A.M., ob. cit. 2010, pág. 187.

126. STS, Sala de lo Militar, de 3 de marzo de 2001, rec. núm. 134/1999 (pon. Pérez Esteban, FF.JJ. 4.° *in fine* y 5.°).

sión de una falta muy grave consistente en observar conductas gravemente contrarias a la dignidad de la institución que no constituían delito. La razón se encontraba en ser un deudor reconocido y mantener embargos sobre su nómina. La Sala concluyó que la fundamentación fáctica de la resolución no era concisa, por lo que:

> «[P]recisamente por esa inconcreción, no puede aceptarse como fundamento de hecho de la calificación de una falta muy grave que contiene en su descripción típica expresiones de carácter genérico, con inclusión de conceptos jurídicos indeterminados, y que, por ello, exige de quien ejerce el *ius puniendi* disciplinario su concreción en actos precisos e individualizados, pues sólo así interpretado el precepto aplicado satisface el requisito de taxatividad que es consecuencia necesaria del principio de legalidad, al que ha de sujetarse la actividad sancionadora de la Administración» (F.J. 5.º).

Consideró también vulnerado el principio de tipicidad la SAN de 4 de octubre de 2022[127]. La Audiencia Nacional revisaba el recurso interpuesto por un estudiante sancionado por cometer fraude académico por medio de un terminal móvil a través del que se comunicaba con otros compañeros para obtener las respuestas a las preguntas del examen que estaba realizando. La universidad tipificó la conducta como perturbación del orden académico que castigaba el art. 5.c) del Reglamento de Disciplina Académica. Dicha falta es un concepto jurídico indeterminado, a juicio de la Sala, en el que no encaja la conducta realizada por el alumno. En consecuencia, estimó el recurso formulado y dejó sin efecto la resolución sancionadora.

2. La prohibición de la analogía

Dice la Real Academia Española que la analogía consiste en aplicar la norma a un supuesto de hecho semejante pero ciertamente no comprendido en ésta; y la STSJ de Cataluña de 6 de septiembre de 2021[128] que es «*una tècnica d'integració de les llacunes de l'ordenament*» (F.J. 2.º 16). A este respecto, claro es el art. 27.4 de la Ley 40/2015 cuando establece que la analogía está prohibida en Derecho administrativo sancionador. De esta manera, cualquier interpretación extensiva, analógica o inductiva de los tipos infractores o de las sanciones a imponer, o del procedimiento que ha de seguirse, que perjudiquen al investigado serán consideradas contrarias a la legalidad y, en consecuencia, determinarán la nulidad de la resolución.

---

127. SAN, Sala de lo Contencioso, secc. 6.ª, de 4 de octubre de 2022, rec. núm. 31/2021 (pon. Santillán Pedrosa).

128. STSJ de Cataluña, Sala de lo Contencioso, Barcelona, secc. 5.ª, 3676/2021, de 6 de septiembre (pon. Paricio Rallo).

Ejemplo de esta prohibición resulta la STS de 10 de diciembre de 2019[129], que declara que:

> «Como reiteradamente mantienen nuestros tribunales, la calificación de los hechos no puede ser discrecional ni cabe admitir interpretaciones extensivas o analógicas/ sino que debe valorarse la estricta y objetiva subsunción de los hechos imputados como infracción dentro del tipo predeterminado legalmente, hallándose proscrita la analogía in malam parte» (F.J. 2.°).

Ahora bien, no debe confundirse la prohibición del recurso a la analogía con la posibilidad de que el órgano que ostenta la potestad disciplinaria realice una interpretación razonable del encaje de la conducta en un tipo infractor concreto hasta el punto de que halle así la suficiente cobertura. Mientras lo primero no estaría permitido, esto sí[130].

Y también debe determinarse que, como ocurre en el Derecho penal, sí se permite la analogía *in bonam parte*, esto es, la que favorece al estudiante; y así lo han venido admitiendo los tribunales[131].

III. La prohibición del derecho disciplinario de autor: la prohibición de sancionar formas de ser

El Derecho disciplinario ha de concebirse exclusivamente como de acto y no de autor. Esto implica que sólo pueden sancionarse hechos y no formas de ser del sancionado. Nada dirá al ejercicio de la potestad disciplinaria de la universidad la personalidad del estudiante. De lo contrario, como afirman

129. STS, Sala de lo Contencioso, secc. 6.ª, 1691/2019, de 10 de diciembre (pon. Maurandi Guillén).

130. Y así lo han defendido autores, con los que me posiciono, como Gómez Tomillo, M. y Sanz Rubiales, Í., ob. cit. 2017, pág. 174. Al respecto puede citarse la STS, Sala de lo Contencioso, secc. 2.ª, de 16 de marzo de 2016, rec. núm. 1400/2014 (pon. Frías Ponce) que, referida a un supuesto tributario, recuerda con sencillez que: «una cosa es la analogía y otra la interpretación de las normas jurídicas» (F.J. 3.°).

131. En el ámbito de la disciplina urbanística puede leerse la STSJ de Andalucía, Sala de lo Contencioso, Sevilla, secc. 3.ª, 1738/2020, de 9 de septiembre (pon. Vargas Cabrera): «Como es sabido, la doctrina penalista distingue entre analogía *in bonam partem* y analogía *in malam partem*. Sólo ésta es contraria a los principios de legalidad y tipicidad reconocidos en el art. 25.1 de la Constitución Española que exige la aplicación rigurosa de las normas sancionadoras, de manera que sólo se puede anudar la sanción prevista a conductas que reúnan todos los elementos de tipo descrito. Pero ello no supone que esté vedada la formulación de un concepto general seguido de una enumeración ejemplificativa que se cierre con una referencia a "otros supuestos semejantes o analógicos. Tampoco resulta prohibida la analogía favorable al presunto infractor, como deriva del principio general del derecho sancionador y de la interpretación a *sensu contrario* de la expresa exclusión de la analogía peyorativa» (F.J. 4.°).

GONZÁLEZ PÉREZ y GONZÁLEZ NAVARRO, se estaría sancionando «la conducta de la vida»[132].

Puede traerse a colación el supuesto de hecho de la sentencia de 13 de septiembre de 2010 del Juzgado de lo Contencioso-Administrativo núm. 3 de Madrid[133]. En aquel asunto la Vicerrectora de Comunicación, Cultura y Extensión Universitaria de la Universidad Carlos III impuso a una estudiante como sanción la suspensión de su matrícula en el máster en Comunicación, Moda y Belleza Vogue por mostrar «una actitud impropia para un estudiante universitario, con falta general de atención» y por «el mal ambiente que su presencia creaba». Es cierto que ello no es lo más adecuado para alguien que está en plena formación, formación además de carácter muy específico y de la que se presume su voluntariedad, sin embargo, es evidente que no puede sancionarse a la alumna por el solo hecho de no mostrar atención por las asignaturas. Esta sanción, por cierto, fue comunicada a la inculpada por medio del correo electrónico y sin que se tramitase expediente alguno, lo que de por sí ya supondría la nulidad radical de la resolución. Pese a ello, la sentencia de primera instancia desestimó íntegramente el recurso de la estudiante.

Esta resolución judicial fue revocada en apelación por el Tribunal Superior de Justicia de Madrid en la STSJ de 18 de julio de 2011[134] al considerar que se trataba una sanción de plano. Aunque no entra en el fondo del asunto, porque tampoco es objeto del recurso, lo cierto y verdad es que los hechos por los que se le impone la sanción anulada no son más que la forma de actuar de la alumna, que, aunque no sea la más adecuada, no justifica castigo alguno, pues no es una conducta prohibida por la norma.

132. Aunque esta expresión la usan los autores en GONZÁLEZ PÉREZ, J. y GONZÁLEZ NAVARRO, F., ob. cit. 2012, pág. 2.927, indican que es de MEZGER, E. en BETTIOL, G.: *Diritto penale*. G. Editore, 1945, pág. 343.

133. SJCA núm. 3 de Madrid, 244/2010, de 13 de septiembre (tit. Yusty Bastarreche).

134. STSJ de Madrid, Sala de lo Contencioso, secc. 8.ª, 632/2011, de 18 de julio (pon. Rodríguez Rodrigo).

CAPÍTULO V

EL PRINCIPIO DE CULPABILIDAD

Nadie puede ser sancionado si no concurre en él el requisito de la culpabilidad, esto es, sino concurren en su condición los elementos necesarios para que pueda ser responsable de la acción u omisión cometida. Esto entronca con lo dispuesto en el art. 24.2 de la Constitución Española, en cuanto que nadie podrá ser sancionado si no se demuestra su culpabilidad, de tal forma que se prohíbe así lo que se conoce como responsabilidad objetiva o por el resultado. En palabras del Tribunal Supremo en la STS de 6 de julio de 2010[135]:

> «Debe entenderse por culpabilidad el juicio personal de reprochabilidad dirigido al autor (por acción u omisión) de un hecho típico y antijurídico; ello implica y requiere que el autor sea causa de la acción u omisión que supone la conducta ilícita —a título de autor, cómplice o encubridor—; que sea imputable, sin que concurran circunstancias que alteren su capacidad de obrar; y que sea culpable, esto es, que haya actuado con conciencia y voluntariedad, bien a título intencional, bien a título culposo» (F.J. 5.º).

Menores palabras utiliza la Ley de Convivencia Universitaria cuando reconoce en el art. 8.3.c) que la potestad disciplinaria se ejercerá con respeto al «principio de responsabilidad».

En el ámbito de la disciplina académica sobre los estudiantes el Tribunal Superior de Justicia de Canarias en la STSJ de Canarias de 30 de octubre de 2014[136] manifestó que el principio de culpabilidad es imprescindible en el Derecho administrativo sancionador. En esta sentencia, ya comentada en el capítulo correspondiente a la tipicidad, el tribunal considera que la conducta de los alumnos no podía calificarse como culpable. Los apelantes habían sido sancionados por publicar una información en la que se decía que la Universi-

135. STS, Sala de lo Contencioso, secc. 5.ª, de 6 de julio de 2010, rec. núm. 446/2008 (pon. Fernández Valverde).

136. STSJ de Canarias, Sala de lo Contencioso, Santa Cruz de Tenerife, secc. 1.º, 239/2014, de 30 de octubre (pon. Hernández Cordobés, F.J. 3.º).

dad de la Laguna había sido negligente en la tramitación de unas becas. Dado que los alumnos transmitieron esta información de manera aséptica y con la cita de fuentes fiables, como lo era una fundación dependiente de la universidad, los juzgadores no apreciaron culpabilidad, declarando nulas la sanciones.

Siguiendo a IZQUIERDO CARRASCO[137], y según lo dispuesto en la regulación ordinaria, que se contiene en el art. 28 de la Ley 40/2015, considero que el principio de culpabilidad tiene tres manifestaciones principales:

I. La exigencia del título de imputación: el dolo y la culpa

El art. 28 de la Ley 40/2015 exige que para que pueda recaer la sanción, su responsable lo sea a título de dolo o culpa, lo que implica que no basta con que se realice la acción típica, sino que concurra además un elemento subjetivo en el autor que determine su responsabilidad. Se rechaza de esta forma la denominada responsabilidad objetiva o por el resultado[138].

En la conducta del estudiante no bastará con que se haya realizado la acción infractora, sino que deberá haber obrado con la voluntad de cometer la infracción o bien, aun no mediando voluntariedad, sí negligencia en el cumplimiento de su deber. A la vista del catálogo de infracciones que pueden cometer los universitarios, puede decirse que en la mayoría de las ocasiones el estudiante obrará de forma dolosa[139].

A este respecto resulta enormemente ilustrativa la STSJ de Murcia de 15 de febrero de 2013[140] en la que el tribunal en un asunto de disciplina académica rechazó la posibilidad de que en Derecho administrativo sancionador la responsabilidad tenga carácter objetivo. Afirmó, asimismo, que la culpabilidad es un elemento fundamental de la infracción, de tal forma que la simple inob-

---

137. IZQUIERDO CARRASCO, M.: «La culpabilidad y los sujetos responsables» en AA. VV.: *Derecho administrativo sancionador*, 2010, Lex Nova, pág. 250.

138. Que en multitud de ocasiones los tribunales han rechazado. Sirva de ejemplo, por todas, la STS, Sala de lo Contencioso, secc. 3.ª, 1288/2019, de 1 de octubre (pon. del Riego Valledor, F.J. 3.º). El Consejo de la CNMC sancionó, junto a varias personas jurídicas y a otras tantas físicas, a la administradora de una de las empresas también sancionadas por fijación conjunta de precios y condiciones de distribución y dispensación de absorbentes para la incontinencia grave de la orina en adultos con 6.000€. Si bien la Audiencia Nacional estimó el recurso de la recurrente en cuanto a que le fue imposible conocer tal conducta, el Tribunal Supremo consideró que existía culpabilidad en la infracción cometida, confirmando la sanción.

139. Las faltas contempladas en la Ley de Convivencia Universitaria difícilmente podrían ser cometidas de forma imprudente.

140. STSJ de Murcia, Sala de lo Contencioso, secc. 2.ª, 100/2013, de 15 de febrero (pon. Martín Sánchez, F.J. 4.º).

servancia de la norma no puede conducir al castigo. Dijo el tribunal murciano en la sentencia citada que no siempre existirá voluntariedad cuando la actuación del estudiante se base en una interpretación errónea pero posible de la norma vulnerada. En este ámbito esto es especialmente importante cuando se trata de la interpretación de las normas que han de regir la realización de un examen o de un trabajo académico. La jurisprudencia ha mostrado varios ejemplos útiles. Para muestra la del alumno que acude a un examen con material que, a su juicio, tras la lectura de las directrices para exámenes, es lícito, pero que al verlo por el profesor que vigila en la prueba decide retirárselo y alertar de la posible comisión de una infracción. No es del todo extraño: qué puede entenderse por material electrónico cuando éste es necesario para la realización de un examen. Si un alumno usa un teléfono móvil, parece que es más susceptible de cometer una falta de fraude académico que aquel otro que utiliza un ordenador portátil. Será entonces preciso valorar si la discrepancia entre el estudiante y la universidad está justificada o no.

II. La exigencia de imputabilidad

Sólo puede ser culpable quien es imputable. Dicho en sentido contrario, puede ocurrir que medie alguna condición que haga inimputable al autor de la falta. Si bien es cierto que las normas de aplicación no hacen referencia alguna a esta posibilidad, considero, en la misma línea que GÓMEZ TOMILLO, SANZ RUBIALES e IZQUIERDO CARRASCO[141] y porque así lo ha entendido la jurisprudencia[142], que las causas de inimputabilidad contenidas en el Código Penal son aplicables al Derecho disciplinario. No obstante, creo oportuno hacer una propuesta *lege ferenda* y es que el legislador añada estas causas de inimputabilidad en la legislación administrativa sancionadora. El art. 20.1 del Código Penal contempla como causas de exención de la responsabilidad criminal tres que, a mi juicio, son las que podrían darse en el ámbito universitario:

1. «El que al tiempo de cometer la infracción penal, a causa de cualquier anomalía o alteración psíquica, no pueda comprender la ilicitud del hecho o actuar conforme a esa comprensión».
2. «El que al tiempo de cometer la infracción penal se halle en estado de intoxicación plena».
3. «El que obre en defensa de la persona o derechos propios o ajenos».

---

141. GÓMEZ TOMILLO, M. y SANZ RUBIALES, Í., ob. cit. 2017, págs. 446 y 447 y en IZQUIERDO CARRASCO, M., ob. cit. 2010, págs. 316 y ss.

142. Pueden citarse las sentencias de la Sala de lo Militar del Tribunal Supremo, secc. 1.ª, 138/2016, de 10 de noviembre (pon. Martínez de Careaga García, F.J. 3.º); de 15 de marzo de 2013, rec. núm. 45/2012 (pon. Pignatelli Meca, F.J. 17.º); y de 12 de mayo de 2003, rec. núm. 155/202 (pon. García Lozano, F.J. 1.º).

Rechazo el resto por considerar que no tienen aplicabilidad práctica en el contexto académico: alteración mental de nacimiento que altere gravemente la realidad, legítima defensa, estado de necesidad, miedo insuperable y obrar en cumplimiento de un deber o en el ejercicio legítimo de un derecho, oficio o cargo. A continuación, desarrollaré las causas de inimputabilidad que considero que pueden darse en el ámbito universitario, y analizaré también en qué medida pueden ser responsables los estudiantes universitarios menores de edad.

1. La alteración psíquica

En cuanto a la primera de ellas, la Sala de lo Militar del Tribunal Supremo dijo en la STS de 30 de enero de 2019[143] que para que obre la alteración psíquica como causa de inimputabilidad ésta ha de deberse a «la existencia de un estímulo exógeno importante y muy enérgico que prive a la persona de toda capacidad de comprensión y de asumir determinaciones volitivas de forma libre» (F.J. 3.º). Además, la STS de 10 de noviembre de 2016[144] estableció en su F.J. 3.º que esta alteración para que opere como eximente habrá de afectar al inculpado de manera permanente, por lo que no resultará suficiente con que limite su facultad volitiva sólo en el momento de los hechos ilícitos. Asimismo, la jurisprudencia ha declarado reiteradamente que corresponde a quien alega la actuación bajo este estado mental la carga de la prueba.

Esta causa ha tenido cierto protagonismo en algunos recursos contencioso-administrativos que han presentado los estudiantes universitarios sancionados. La STSJ del País Vasco de 7 de mayo de 2014[145] confirmó la sanción de expulsión de un alumno durante seis años de la Universidad del País Vasco, con la prohibición de examinarse en las asignaturas del curso académico 2011-2012. La razón se hallaba en la comisión de seis infracciones relativas a insultos a diferentes profesores y alumnos. Pues bien, el letrado del alumno recurrente insistió en que la realidad psicológica del alumno justificaría su actuación, pues se encontraba sometido a un fuerte «acoso y persecución por los alumnos de máster (...), lo que anuda en su estado de tensión y nerviosismo». Este argumento fue rechazado por dos motivos: el primero de ellos porque no se aportó prueba alguna; y el segundo porque de los hechos probados más bien se desprendía lo contrario, que quien mantenía una actitud de acoso era el actor.

143. STS, Sala de lo Militar, secc. 1.ª, 6/2019, de 30 de enero (pon. López Barja de Quiroga).

144. STS, Sala de lo Militar, secc. 1.ª, 138/2016, de 10 de noviembre (pon. Martínez de Careaga García).

145. STSJ del País Vasco, Sala de lo Contencioso, Bilbao, secc. 1.ª, 212/2014, de 7 de mayo (pon. Díaz Pérez).

En la STSJ del País Vasco de 8 de febrero de 2010[146] el supuesto de hecho se concretaba en la sanción impuesta por el rector de la Universidad del País Vasco cuando el recurrente aducía que obró en un estado mental que le llevaría a su inimputabilidad. Aunque la sentencia no describió los hechos que se consideraron probados, pues no fueron objeto de discusión, sí que referenció que la resolución disciplinaria tomó en consideración la alteración mental del estudiante para modular la sanción impuesta.

Por tanto, puede concluirse que en el ámbito disciplinario académico es posible que concurra como causa eximente de la responsabilidad la alteración psíquica. Sin embargo, esta debe cumplir con tres requisitos: que sea probada por quien la alega, que tenga carácter permanente y no circunstancial en el momento de comisión del ilícito, y que sea lo suficientemente grave para anular la voluntad del alumno.

2. La intoxicación plena

La segunda de las causas con interés es aquella que eximiría al alumno que actúa en un estado de intoxicación plena por haber consumido alcohol o cualquier otra sustancia que lo haya sumido en tal situación. Considero que no ha de ser extraño que un alumno cometa alguna infracción hallándose en un estado de intoxicación, aunque en el curso de este estudio no he encontrado ninguna resolución judicial que aborde esta cuestión.

Sin embargo, a mi juicio, no parece posible que actuar bajo una intoxicación plena sea suficiente para motivar eximente alguna, siquiera que module la gravedad de la sanción. La razón se encuentra en que siendo el régimen disciplinario el que se establece para garantizar el adecuado respeto a la institución académica y el buen funcionamiento del servicio público, no parece apropiado que un acto que ya de por sí podría ser merecedor de reproche, pueda convertirse en una causa que beneficie al alumno en su castigo.

Por ello, parece evidente que ya de por sí acudir en un estado de intoxicación a la universidad podría constituir una falta relacionada con el usar los servicios universitarios sin cumplir los requisitos de general conocimiento, la falta leve prevista en el art. 13.b) de la Ley de Convivencia Universitaria. Es decir, que el hecho de que un alumno se dirija en buenos términos, pero en un evidente estado de embriaguez a clase ya puede suponer *per se* infracción administrativa independiente.

Pero, es más, ni siquiera podría ser tenida en cuenta de acompañar este estado de intoxicación a otra infracción pues el estudiante, a la hora de consumir el alcohol o la sustancia que le nuble la voluntad, pudo prever cuál sería su situación si posteriormente acudía al recinto universitario o si rea-

146. STSJ del País Vasco, Sala de lo Contencioso, secc. 1.ª, 80/2010, de 8 de febrero (pon. de la Fuente Guerrero).

lizaba algún acto de naturaleza académica del que pudiera derivarse algún otro ilícito[147].

3. La defensa de la persona o derechos propios o ajenos

La STSJ de Madrid de 16 de mayo de 2017[148] confirmó la resolución de la Universidad Complutense de Madrid en la que se imponía al recurrente la prohibición de examinarse de la asignatura Procesos de la Pintura de todas las convocatorias del curso 2014-2015 por perturbar el orden del centro. En el despacho del profesor de la asignatura se hallaban dos alumnas y éste; mientras que fuera, esperando para la revisión del examen, se encontraba el alumno sancionado. En un determinado momento el alumno irrumpió en el despacho y comenzó una fuerte discusión con el profesor gritando que «esa no era la forma de tratar a un alumno», expresaba que con el objeto de defender a una de estas alumnas. Aunque el tribunal no se pronunció acerca de esta intención y de su capacidad exculpatoria, ésta no pudo tenerse por suficiente. Debía haberse probado que con su actuación el sancionado evitó un perjuicio en la esfera jurídica de estas alumnas, lo que no constaba acreditado siquiera de forma indiciaria. Razonó el órgano judicial que el infractor debió marcharse del despacho en el momento en que el profesor se lo exigió. No hacerlo le llevó a confirmar su autoría en la falta de perturbación del orden académico.

Hacer referencia a esta causa responde a la situación que se da en la SAN de 20 de noviembre de 2003[149]. Durante la realización de un examen de Derecho Político I en la Universidad Nacional de Educación a Distancia el alumno fue sorprendido con que en el programa de la asignatura que podía llevar al examen escondía hojas anexadas con contenido propio del temario que era objeto de la prueba. Cuando un profesor se percató, tomó el programa para examinarlo, tras lo que el alumno se lo arrebató de forma violenta. Por este motivo fue sancionado por el rector con la pérdida de matrícula de la asignatura como autor de una falta leve de perturbación del orden académico. Lo enjuiciado no era la posibilidad de que se desprenda de su conducta el fraude académico, sino el hecho de quitar de las manos del profesor el programa

147. Algo parecido es lo que ocurrió en el supuesto de hecho de la citada STS, Sala de lo Militar, secc. 1.ª, 138/2016, de 10 de noviembre (pon. Martínez de Careaga García, F.J. 3.º) en que el tribunal consideró que no podía aplicarse eximente ni degradación de la sanción alguna al militar que en un evidente estado de intoxicación abandonó el servicio, pues al momento de intoxicarse pudo prever que habría de acudir a su puesto de trabajo.

148. STSJ de Madrid, Sala de lo Contencioso, secc. 10.ª, 304/2017, de 16 de mayo (pon. García Alonso).

149. SAN, Sala de lo Contencioso, secc. 3.ª, de 20 de noviembre de 2003, rec. núm. 83/2003 (pon. Herrero Pina).

de manera súbita. Todas las alegaciones del alumno fueron rechazadas por la Audiencia Nacional, que desestimó íntegramente el recurso formulado. La razón de citar esta sentencia no es otra que dado que se extrae de una conducta del alumno una intención de defenderse: presunción de inocencia, derecho a no confesarse culpable, derecho al honor, ni si quiera éstas le eximieron de la responsabilidad por el hecho.

4. La minoría de edad

Es posible que un estudiante universitario sea menor de edad cuando comete la infracción. No hay que dejar de lado que todos los bachilleres que cumplen años a partir de septiembre u octubre entrarán en la universidad, si no han repetido ningún curso, a los diecisiete años. Asimismo, aunque no es algo habitual en este país, es posible que por sus capacidades especiales algún alumno acceda a la enseñanza superior sin ni siquiera haber cumplido esta edad[150].

A diferencia de lo que ocurre en el Derecho penal, en el Derecho administrativo sancionador no hay ninguna disposición que regule la minoría de edad como causa de inimputabilidad o que, en función de la edad, regule la responsabilidad de una manera u otra. Me refiero al modo de exigirla, la posición en el procedimiento o las medidas sancionadoras específicas. Esta ausencia pudo haber sido subsanada con la aprobación de la Ley 30/1992, como han proclamado algunos autores, y más tarde por la Ley 39/2015 o la Ley 40/2015, pero lo cierto es que ninguna referencia a la minoría de edad hacen estas leyes más allá del art. 3.b) de la Ley 39/2015, que reconoce la capacidad de obrar de los menores de dieciocho años ante las Administraciones públicas.

La jurisprudencia, por su parte, apenas se ha pronunciado a este respecto. La STSJ de Andalucía de 30 de marzo de 2007[151] estimó el recurso presentado por los padres de un menor de quince años que había sido sancionado por encontrarse paseando en unas vías de tren al alegar la representación de éstos que era inimputable a consecuencia de su edad. Ahora bien, no hay que desconocer que la amplia mayoría de resoluciones judiciales avalan la posibilidad de ejercitar la potestad disciplinaria contra menores de edad[152].

150. Al respecto, el Real Decreto 943/2003, de 18 de julio, por el que se regulan las condiciones para flexibilizar la duración de los diversos niveles y etapas del sistema educativo para los alumnos superdotados intelectualmente.

151. STSJ de Andalucía, Sala de lo Contencioso, Málaga, secc. 1.°, 697/2007, de 30 de marzo (pon. Rivera Fernández).

152. Es el caso de la STSJ de Madrid, Sala de lo Contencioso, secc. 10.ª, 697/2017, de 28 de noviembre (pon. Villafáñez Gallego), que confirmó la sanción de expulsión del centro a una alumna de primaria por tener en clase un comportamiento totalmente hostil hacia sus compañeros y profesores.

La profesora DE PALMA DEL TESO se inclina por hacer el juicio de imputabilidad teniendo en cuenta el sector concreto en el que se ha producido la infracción y si el menor podría alcanzar a comprender los límites de su actuación en ese preciso entorno. No sería igual la protección que se le blindaría un menor de dieciséis años que infringe las normas de convivencia del instituto, que al menor que está operando en el sector financiero. La misma autora considera aquí elemental la capacidad de obrar administrativa del menor, en tanto que resultará imputable cuando en tal sector éste pueda ser titular de derechos e intereses[153].

En un sentido muy parecido se pronuncia GALLARDO CASTILLO, pero poniendo en duda el que por el hecho de que un menor pueda ser sujeto de derechos y facultades en un determinado sector, ya se le pueda presumir la «capacidad suficiente de entender y querer»[154].

Uno de los pronunciamientos más recientes es el que realiza ÁLVAREZ FERNÁNDEZ, quien afirma que no puede relacionarse de forma directa la capacidad de obrar en un sector concreto y la responsabilidad de los menores de edad, pues eso no acabaría con el problema en cuanto al incumplimiento de normas cuando el menor no está presente en el sector del que se trate o cuando se trate de obligaciones de no hacer. Ante la ausencia de norma que establezca un criterio objetivo como pudiera ser la edad, la autora considera que lo que habrá de hacerse es estar a las capacidades —no sólo a la de obrar en el ámbito del Derecho administrativo de que se trate— de conocer y entender la ilicitud de la conducta y las consecuencias jurídicas que de la misma pueden derivarse[155].

De manera contraria se han pronunciado GÓMEZ TOMILLO y SANZ RUBIALES. Estos autores consideran que ante el silencio legal ha de partirse de un razonamiento según el cual todos los menores de dieciocho años son irresponsables en Derecho administrativo sancionador[156]. Sin embargo, admiten una salvedad, que esta falta de responsabilidad deje sin efecto el sentido de la norma que resulte de aplicación, por ejemplo, aquella que prohíbe a los menores la conducción de determinados vehículos a motor. Así, aunque afirman que podría darse ciertas responsabilidades en aquellos menores de entre catorce y dieciséis años, de ninguna forma podrá imputarle infracción alguna a los menores de catorce, en el mismo sentido que lo hace la Ley Orgánica 5/2000, de 12 de enero, reguladora de la responsabilidad penal de los menores.

---

153. DE PALMA DEL TESO, A.: *El principio de culpabilidad en el derecho administrativo sancionador*. Tecnos, 1996, págs. 181 a 188.

154. GALLARDO CASTILLO, M.J., ob. cit. 2008, pág. 159.

155. ÁLVAREZ FERNANDEZ, M.: «Los menores de edad en el derecho administrativo sancionador» en AA.VV.: *Problemas actuales del derecho administrativo sancionador*. Iustel, 2018, pág. 265.

156. Lo expresan en GÓMEZ TOMILLO, M. y SANZ RUBIALES, Í., ob. cit. 2017, págs. 447 y ss.

Bajo mi punto de vista, la teoría con la que estoy más de acuerdo es la de la profesora GALLARDO CASTILLO, ampliada por la de ÁLVAREZ FERNÁNDEZ[157]. No considero como una solución correcta considerar imputable al menor que tenga capacidad de obrar en un sector determinado, pues podrían darse situaciones de imputación de menores incapaces a todas luces de conocer lo que entraña su conducta —por ejemplo, el menor de diez años que orina en la vía pública—. Tampoco puedo aceptar que se aplique *de lege lata* la legislación penal, pues ello provocaría la impunidad de numerosos menores infractores.

Ante el silencio legal general y sectorial —que no deja de ser una situación reprobable—, lo más razonable será optar por una vía intermedia que consiste en valorar caso por caso si en el menor concurre el suficiente juicio de cognoscibilidad de su conducta que lleve a determinar si tiene o no título de imputación suficiente. En el ámbito universitario este juicio va de suyo, en el sentido de que a todo aquel que entra a formar parte de la comunidad de enseñanza superior se le presuponen ciertas capacidades de las que se desprende que conoce qué está bien y qué está mal, y que las conductas socialmente inaceptables tienen consecuencias jurídicas. Por esta razón, mi conclusión es que los menores universitarios resultarán plenamente responsables de sus actuaciones.

III. La graduación de la responsabilidad personal y la derogación de la responsabilidad colectiva

El principio de culpabilidad impide que el estudiante pueda ser sancionado por conductas que le sean ajenas. Esto es lo que se conoce como principio de personalidad de las sanciones[158]. Afirman GÓMEZ TOMILLO y SANZ RUBIALES que «es en la culpabilidad donde se consideran los factores individuales de la responsabilidad del infractor, implica que se atiende en este momento a la desigualdad de los sujetos entre sí»[159]. Este principio es el que se recoge en el art. 29.3.a) de la Ley 40/2015 cuando establece que cada sujeto será responsable en función de su grado de culpabilidad. La Ley de Convivencia Universitaria también se pronuncia al respecto y en su art. 15.g) establece como criterio de graduación de la sanción el grado de participación en la comisión de la infracción.

---

157. Y tras la publicación de su artículo, puedo decir que coincido plenamente con la opinión de GALICIA MANGAS, F.J.: «La minoría de edad en Derecho administrativo sancionador» en *Revista Española de Derecho Administrativo*, núm. 217, 2022.

158. Interesa la cita al respecto de REBOLLO PUIG, M.: *Responsables de las infracciones administrativas. Instituto Clavero Arévalo*. Universidad de Sevilla. 2023, págs. 24 y ss. Es preciso indicar que REBOLLO PUIG no cree que sea preciso considerar que el principio de personalidad tenga su fundamento en el principio de culpabilidad.

159. GÓMEZ TOMILLO, M. y SANZ RUBIALES, Í., ob. cit. 2017, pág. 434.

Responsable será, entonces, el autor de la infracción (no cabe culpabilidad sin haber cometido la infracción en los términos expresados por la norma que se aplique). En cuanto al concepto de autor se puede decir que es quien domina funcionalmente el hecho[160], lo que permite otorgar esta categoría a quienes, no ejecutándolo materialmente, se hallan detrás del mismo. Piénsese en el estudiante que pide a un estudiante amigo que tiene los conocimientos necesarios que *hackee* el campus virtual, por lo que puede darse la autoría mediata en Derecho disciplinario, como ocurre en el Derecho penal. Para ello, no obstante, es necesario que la norma exprese esta posibilidad de castigo a otros sujetos, tales como el cómplice, el cooperador necesario o el inductor.

Creo oportuno plantear si es posible el castigo colectivo. La respuesta a esta pregunta es no, pero durante no pocas décadas debió aceptarse sin reparo que la responsabilidad disciplinaria podía recaer sobre un grupo de estudiantes, lo que se explica en el carácter de instrumento para mantener el orden público que tenía el Reglamento de Disciplina Académica[161]. Esta norma contemplaba en el art. 9 el carácter colectivo de las faltas de los estudiantes. En el contexto de la época de su aprobación resultaba preocupante para el Gobierno la insurrección universitaria como colectivo, de ahí a esa necesidad de pretender el control sobre la colectividad. El art. 5.b.3.º) establecía como falta menos grave la realización de cualquiera de los números anteriores —esto es, cualquier otra infracción que no tenga la consideración de leve—, así como la falta de asistencia a clase, cuando tuviera carácter colectivo (una sutil manera de impedir las *huelgas* de estudiantes).

---

160. Concepto éste utilizado por la jurisprudencia: a título de ejemplo, las SSTSJ de Madrid, Sala de lo Contencioso, secc. 10.ª, 292/2017, de 8 de mayo (pon. de Flores Rosa Carrión, F.J. 3.º); y 144/2016, de 23 de marzo (pon. de Flores Rosa Carrión, F.J. 3.º). En la primera de ellas se considera que el padre de dos menores que navegaban a su cargo por un pantano sin autorización tenía dominio sobre la infracción administrativa; y en la segunda, en cambio, se excluye de este dominio al ayuntamiento propietario de una parcela destinada a explotación de áridos que es sancionado como autor mediato por el incumplimiento de la arrendataria de esta parcela de la legislación de protección medioambiental aplicable.

161. El ejemplo histórico más representativo de las faltas colectivas se encuentra en la Orden de 4 de febrero de 1957 por la que se adoptan acuerdos en relación con los sucesos académicos en la Universidad de Barcelona. Figueras y Sabater, A.: *Història de la FNEC la Federació Nacional d'Estudiants de Catalunya de 1932 a 1986*. L'Abadia de Montserrat, 2005, pág. 248 indica que la ocupación de Hungría por parte de la URSS en octubre de 1956 fue apoyada por los estudiantes universitarios como una forma de protesta contra el gobierno franquista. Solicitaban el reconocimiento de los derechos culturales y políticos de las nacionalidades históricas, el establecimiento de libertades políticas y la aplicación de una política socialmente justa. Las protestas acaecidas en el entorno de la universidad supusieron la sanción a todos los alumnos de la Facultad de Medicina sin individualización alguna, pese a que en la misma resolución se reconocía que había alumnos que solicitaban el cese de las actuaciones por parte de los protestantes. La sanción, aunque leve —amonestación—, se impuso sin seguirse procedimiento alguno.

De estar en vigor, ese artículo debería considerarse como tácitamente derogado por ser contrario al art. 25 de la Constitución Española. Tal y como han afirmado los defensores universitarios, esta falta vulneraba el principio de personalidad de la infracción antes tratado[162]. El principio de responsabilidad personal de las sanciones haría imposible que un estudiante fuera sancionado por el hecho de que otros estudiantes hayan cometido una infracción de carácter colectivo. El criterio que utilizaba la norma preconstitucional para determinar este carácter es «atender a sus circunstancias y al número de alumnos matriculados en la enseñanza de que se trate o que habitualmente concurran a recibirla», por lo que sería fácil que un alumno matriculado en una asignatura resultase sancionado por el sencillo hecho de que la mayoría de sus compañeros decidiera cometer una infracción colectiva como pudiera ser, a la luz del reglamento, no acudir a clase. La Ley de Convivencia Universitaria, como es lógico, no recoge ninguna falta ni castigo de carácter colectivo.

162. Guillamón Fernández, J.R., Baraja Rodríguez, E. y Acale Sánchez, M., ob. cit. 2016, pág. 130.

CAPÍTULO VI

EL PRINCIPIO DE PROPORCIONALIDAD

El de proporcionalidad es un principio inspirador que el máximo intérprete de la Constitución ha considerado que se infiere de diferentes preceptos constitucionales, aunque el texto no haga referencia explícita al mismo. En concreto, del valor de la justicia, del Estado de Derecho, de la interdicción de la arbitrariedad de los poderes públicos o de la dignidad de la persona[163]. GARBERÍ LLOBREGAT y BUITRÓN RAMÍREZ refieren que otros autores han concluido que el principio de proporcionalidad se deriva, entre otros, de la prohibición de las penas o tratos inhumanos o degradantes del art. 15, del plazo máximo de duración de la prisión provisional del art. 17.4, de la prohibición del uso injustificado o abusivo de las facultades reconocidas por ley orgánica en relación con investigaciones sobre bandas armadas y elementos terroristas del art. 55.2, todos de la Constitución Española.

El mandato de la proporcionalidad se dirige tanto al legislador como a las Administraciones públicas. Si el primero ha de tener en cuenta este principio a la hora de hacer las normas, las segundas lo deben hacer a la hora de aplicarlas, y esto no sólo en la resolución sancionadora, sino a lo largo de todo el procedimiento, antes del desarrollo del mismo, como pudiera ser en las medidas cautelares que se adopten, en las actuaciones previas, y también después, en la ejecución de la sanción que se imponga.

Que el principio de proporcionalidad ha de guiar a la universidad a la hora de ejercitar su potestad disciplinaria se establece, obviando los abundantes pronunciamientos constitucionales, en los arts. 8.3.d) y 15 de la Ley de Convivencia Universitaria y en el art. 29 de la Ley 40/2015, del que pueden extraerse tres implicaciones: la prohibición de la imposición de sanciones privativas de libertad; los mandatos de idoneidad, necesidad y ponderación; y la prohibición de la acumulación de sanciones en los casos de concursos mediales e ideales de infracciones y de infracciones continuadas.

163. Puede citarse por todas la STC, Pleno, 49/1999, de 5 de abril (pon. Vives Antón, F.J. 7.º). Y en este sentido se han pronunciado autoras como GALLARDO CASTILLO, M.J., ob. cit. 2008, pág. 213, quien lo relaciona con el principio de justicia; o MARINA JALVO, B., ob. cit. 2006, págs. 240, que lo hace con el *favor libertatis* y los principios del Estado de Derecho.

I. Los mandatos de adecuación y necesidad de la sanción y de ponderación

El principio de proporcionalidad contiene asimismo tres controles de gran importancia en el régimen sancionador, y que se recogen con carácter general en el art. 29.3 de la Ley 40/2015 y sobre los que tribunales y la doctrina se han hecho eco[164]: adecuación, necesidad y ponderación, aunque los dos primeros pueden estudiarse juntos, como afirman la mayoría de los autores.

1. La adecuación de la sanción y su necesidad

Este control va dirigido al legislador e implica que el arreglo normativo adoptado sea idóneo y necesario. Esto es, que, por un lado, se estime que resulta razonable y adecuado para solucionar el problema que con su aprobación se pretende; y, por otro lado, que este problema sea cierto y que en consecuencia la actividad normativa tienda a resolverlo.

Habrá de hacerse un juicio de razonabilidad e idoneidad sobre las normas aprobadas para proteger a la enseñanza universitaria. Los órganos con competencia normativa en esta materia deberán, para la modificación de las normas existentes o para la aprobación de otras, tener presente estos juicios. De lo contrario, no podrían considerarse proporcionales por excesivas o ineficaces. Piénsese que se pretendiese evitar el plagio en los trabajos de fin de máster exclusivamente prohibiendo el uso de herramientas ofimáticas para la confección de trabajos académicos.

Además, ha de existir esta necesidad. Si el fin que ha de guiar a estas instituciones con capacidad normativa es mantener la disciplina académica, ha de existir una necesidad real que no pueda ser satisfecha con una medida menos lesiva.

Autoras como Pallarés Serrano[165] se han pronunciado acerca del atentado al principio de proporcionalidad que suponía la excesiva contundencia prevista en el derogado Reglamento de Disciplina Académica y coincido plenamente con la autora en que aquella regulación respondía en ocasiones más a un sistema punitivo ejemplarizante que a la reeducación de los alumnos. Sin embargo, en cuanto a la Ley de Convivencia Universitaria, creo que los castigos previstos son adecuados a la gravedad de la conducta, incluso podría decir que son excesivamente leves.

---

164. Es el caso de la STS, Sala de lo Militar, secc. 1.ª, 122/2019, de 4 de noviembre (pon. López Barja de Quiroga , F.J. 5.º) y de Garberí Llobregat, J. y Buitrón Ramírez, G., ob. cit. 2016, págs. 210 y ss. y Gallardo Castillo, M.J., ob. cit. 2008, pág. 214.

165. Pallarés Serrano, A., ob. cit. 2018, págs. 174 y 175.

2. La ponderación o juicio de proporcionalidad

Es aquí donde mayor interés despierta en la potestad disciplinaria académica el principio de proporcionalidad. El control de ponderación ha de predicarse en mayor medida de los órganos que efectivamente estén ejerciendo la potestad disciplinaria, pero también de quienes ostenten la potestad normativa. Este control obliga a valorar el fin de la medida (norma, sanción y medida provisional), junto al perjuicio que la misma pudiera provocar en quienes son receptores de la misma.

El juicio de ponderación servirá de límite a la universidad a la hora de ejercer de forma discrecional su potestad disciplinaria[166]. Dentro del elenco de medidas cautelares —sobre las que no debe pasarse por alto el carácter de *numerus apertus* de éstas—, debe optar por la más proporcionada al supuesto de que se trate, de tal forma que sirva al fin de las medidas de la manera más eficaz sin limitar en exceso los derechos de los estudiantes. De la misma manera, en el caso de las sanciones que pueden imponer, una vez decida en función de la infracción cometida la graduación de la sanción que corresponda —leve, grave y muy grave, según el art. 14.1 de la Ley de Convivencia Universitaria—, optará en cada una de ellas por un tipo de castigo u otro, y a su vez, decidirá sobre su extensión temporal o sobre las asignaturas que se vean afectadas. Sirva de ejemplo lo siguiente: una falta grave puede ser castigada con la expulsión de hasta un mes de la universidad, tal y como dispone el art. 14.4.a) de la Ley de Convivencia Universitaria. Deberá la universidad considerar, en atención a la gravedad de la conducta y al fin de la sanción, cuáles de los castigos previstos en la norma es más proporcionado, esto es, se ajuste más al fin perseguido sin dañar en exceso la esfera jurídica del alumno.

Bajo mi punto de vista se hace necesario establecer con carácter general un elenco de criterios que guíen a los instructores de los procedimientos a la hora de realizar la propuesta de resolución y de los resolutores a la de imponerla. Más específicamente, atendiendo a las peculiaridades de cada régimen sancionador, y sin vulnerar el principio de reserva de ley, deberían las normas sancionadoras sectoriales contener diferentes criterios de graduación de la sanción[167].

En el ámbito del régimen disciplinario sobre los estudiantes universitarios, esta ha sido una de las novedades de la Ley de Convivencia Universi-

---

166. GALLARDO CASTILLO hace un recorrido jurisprudencial magnífico acerca del carácter discrecional o reglado de la capacidad decisiva de la Administración al momento de graduar la sanción a imponer en la ob. cit. 2016, pág. 143.

167. Como defiende MARINA JALVO, B., ob. cit. 2006, pág. 246. Así lo hacen algunas normas sancionadoras sectoriales como el art. 187 de la Ley 58/2003, de 17 de diciembre, General Tributaria o el 117.2 del Real Decreto Legislativo 1/2001, de 20 de julio, por el que se aprueba el texto refundido de la Ley de Aguas.

taria, puesto que el Reglamento de Disciplina Académica nada establecía al respecto. No obstante, antes que la Ley, algunas normas universitarias sí contenían una clara referencia a la proporcionalidad, y en concreto al necesario juicio de ponderación.

La Ley de Convivencia Universitaria establece en su art. 15 que el órgano competente para imponer la sanción la concretará dentro de su gravedad adecuándola al caso concreto, teniendo en cuenta una serie de principios tales como la intencionalidad o reiteración, la naturaleza de los perjuicios causados, el ánimo de lucro, etc.[168].

Considero que los que más virtualidad tendrían en el régimen disciplinario de los estudiantes pudieran ser los posibles antecedentes o no del alumno, el carácter aislado del hecho cuando el alumno ha mostrado siempre una actitud intachable o las alteraciones emocionales que haya podido sufrir el estudiante en su actuar. En la jurisprudencia relacionada con el asunto de esta publicación pueden observarse algunos ejemplos a destacar.

Resulta de interés la cita de la STSJ del País Vasco de 7 de mayo de 2014[169]. En el supuesto de autos un estudiante de la Universidad del País Vasco fue sancionado con la expulsión de la universidad por seis años por cometer diferentes infracciones afectando al honor de otros miembros de la comunidad universitaria. Aunque el letrado del alumno recurrente alegó que con dicha sanción se vulneraba el principio de proporcionalidad, el tribunal avaló la motivación que realizó la resolución rectoral de la Universidad del País Vasco a la hora de imponer la sanción al tener en cuenta «la reiteración de los hechos, la persistencia en la perturbación a sus compañeros y la consecuente incidencia de la conducta del expedientado en el buen desarrollo del máster» (F.J. 4.º C).

Sin embargo, estos criterios no dejan de depender de la voluntad de cada instructor y resolutor para cada expediente disciplinario de cada universidad. El alto componente de valoración subjetiva hace del juicio de ponderación un arma de doble filo para el estudiante y la propia institución de enseñanza. Lo anterior entronca con la necesidad de establecer no ya un catálogo cerrado de criterios que resultaran de aplicación, si no el cómo estos afectarán o no a la extensión de la sanción, del mismo modo que ocurre con los arts. 22, 23 y 66 del Código Penal sobre las circunstancias modificativas de la responsabilidad y sus efectos sobre las penas. Es decir, no es suficiente a mi juicio que la norma de aplicación disponga que se tendrá en cuenta la existencia o no de reiteración para adecuar la sanción, sino que la disposición deberá prever cómo afecta la concurrencia de dicha

---

168. Sobre los criterios más habituales recomiendo la lectura de GALLARDO CASTILLO, M.J. ob. cit. 2016, págs. 144 y ss. y ob. cit. 2008, págs. 221 y ss.

169. STSJ del País Vasco, Sala de lo Contencioso, Bilbao, secc. 1.ª, 212/2014, de 7 de mayo (pon. Díaz Pérez).

circunstancia a la sanción: si se impone en un grado mínimo o superior, por ejemplo[170].

Este juicio de ponderación puede ser realizado por los órganos de la jurisdicción contenciosa *a posteriori*. En Derecho disciplinario sobre los estudiantes ha habido ocasiones en que los tribunales han rebajado la sanción impuesta por considerarla desproporcionada a los hechos que la motivaron. Es el caso de la SAN de 10 de noviembre de 2017[171]. Un estudiante fue sancionado por el rector de la Universidad Nacional de Educación a Distancia con la expulsión de la institución durante diez años por cometer una falta de probidad de carácter grave. Ya la sentencia de primera instancia dictada por el Juzgado Central de lo Contencioso-Administrativo rebajó la sanción atendiendo al principio de proporcionalidad a la expulsión temporal en el curso 2014-2015 y la prohibición de matricularse en los cursos 2015-2016, 2016-2017 y 2017-2018. El tribunal decide reducir algo más el castigo, limitándolo tan solo a la expulsión durante el curso académico de los hechos, al razonar que para la infracción cometida —plagio en un trabajo académico— era excesiva tal prohibición.

Algo parecido ocurrió en la STS de 7 de marzo, de 2002[172]. El rector de la Universidad de Sevilla sancionó a un estudiante que había permitido que otra persona le suplantase en una prueba académica de Análisis Matemático con la expulsión por tres años de la Universidad de Sevilla y la prohibición de examinarse de la totalidad de las asignaturas del curso académico 1990-1991, con la pérdida de los derechos de matrícula por la comisión de dos faltas graves: una de suplantación y otra de probidad. Los magistrados consideraron que había un exceso en la sanción, pues se estaban imponiendo sanciones de naturaleza grave, la expulsión, con la prohibición de examinarse, que es de naturaleza menos grave. Así, estimaron parcialmente el recurso en cuanto a la segunda de las sanciones, que anularon.

II. El concurso de infracciones

El párrafo quinto del art. 29 de la Ley 40/2015 prevé la posibilidad de que una infracción derive necesariamente de la previa comisión de otra u otras. En esos casos, como mandato del principio de proporcionalidad, la norma exige que los hechos se castiguen con la sanción que corresponda a la infracción más grave de las que se hayan cometido. Esto es lo que se conoce

170. En el ámbito administrativo sancionador sirva la cita del art. 164 de la Ley 7/2021, de 1 de diciembre, de impulso para la sostenibilidad del territorio de Andalucía.

171. SAN, Sala de lo Contencioso, secc. 6.ª, de 10 de noviembre de 2017, rec. núm. 14/2017 (pon. Resa Gómez).

172. STS, Sala de lo Contencioso, secc. 7.ª, de 7 de marzo, de 2002, rec. núm. 7023/1994 (pon. Trillo Torres).

como concurso medial de infracciones[173]. La Ley de Convivencia Universitaria ninguna referencia hace al respecto.

Como afirman GARBERÍ LLOBREGAT y BUITRÓN RAMÍREZ[174] para que se trate de un concurso ideal deberán concurrir dos condiciones: una objetiva, que es el menoscabo o la puesta en peligro de dos o más bienes jurídicos protegidos; y otra subjetiva, que es que el estudiante pretenda la realización de varios ilícitos.

En Derecho disciplinario académico es complicado que se dé el concurso medial porque, por un lado, resulta extraño que la tipificación de ilícitos proteja otros bienes jurídicos más allá de la propia disciplina académica; y, por otro lado, porque difícilmente pueden cometerse infracciones que necesariamente den lugar a otras.

Existen ejemplos de alumnos que cometen varias infracciones conexas en el tiempo, pero no por ello puede decirse que se trate de un concurso medial, y ello por los dos motivos antes expresados. Esto provoca que en Derecho disciplinario universitario el castigo de las infracciones no tenga el límite establecido en el art. 29.5 de la Ley 40/2015, sino que deba castigarse cada infracción de manera autónoma, dando en ocasiones como resultado sanciones bastante importantes. Autores como GÓMEZ TOMILLO y SANZ RUBIALES, con los que me posiciono, opten por aplicar la regla de este artículo también a los concursos ideales —un único hecho da lugar a diferentes infracciones[175]—.

III. La infracción continuada

El art. 29.6 de la Ley 40/2015 establece que serán sancionables como infracción continuada los hechos que infrinjan el mismo o semejantes preceptos, siempre y cuando el estudiante esté ejecutando un plan preconcebido o aproveche idéntica ocasión, esto es, que exista unidad de hecho.

Aunque las normas sancionadoras sobre los estudiantes mantienen un absoluto silencio a este respecto, considero proporcionado que el hecho de que una infracción tenga el carácter de continuada faculte a la universidad a optar por una graduación mayor de la sanción.

---

173. Tal y como lo ha definido la jurisprudencia: por todas, la STS, Sala de lo Contencioso, secc. 3.ª, de 21 de octubre de 2014, rec. núm. 2319/2011 (pon. Espín Templado, F.J. 2.º) y la doctrina: sirvan como ejemplo GÓMEZ TOMILLO, M. y SANZ RUBIALES, Í., ob. cit. 2017, pág. 598; CANO CAMPOS, T.: «*Non bis in idem*, prevalencia de la vía penal y teoría de los concursos en el Derecho administrativo sancionador» en *Revista de Administración pública*, núm. 156, 2001, págs. 244 y ss.; y NIETO GARCÍA, A., ob. cit. 1993, págs. 446, 447, 450 y 451.

174. GARBERÍ LLOBREGAT, J. BUITRÓN RAMÍREZ, G., ob. cit, 2016, pág. 220.

175. GÓMEZ TOMILLO, M. y SANZ RUBIALES, Í., ob. cit. 2017.

IV. El principio de insignificancia

Aunque este principio tiene mayor presencia en el Derecho penal y, en especial, en los delitos contra la salud pública, donde ha sido profusamente tratado por la jurisprudencia y la doctrina[176], considero que puede resultar también de aplicación en el Derecho disciplinario académico.

Esta conclusión tiene su razón en que es un ámbito donde por sus especiales características es posible que determinados comportamientos, aun pudiéndose considerar contrarios al bien jurídico que protegen las normas disciplinarias, no afectan ciertamente a la institución académica. Es decir, que pese a concurrir todos los elementos objetivos y subjetivos del injusto, no merece reproche por su escasa entidad. Determinadas conductas atribuibles con carácter general a la juventud pueden resultar aparentemente reprobables, pero se trata de conductas que difícilmente podrán afectar a la dignidad o buen funcionamiento de la universidad, y ello porque o bien son conductas que se hacen sin publicidad o porque la entidad de lo realizado es tan nimia que no afecta a la disciplina académica de ninguna de las maneras.

Ejemplo claro de esto puede ser el estudiante que consume estupefacientes en un espacio que, aunque académico, no se trata de un espacio que permita el conocimiento a terceros de lo que se está realizando[177]. Al no tener su hecho una manifestación hacia el exterior no podría concluirse que con ella se afecta a la institución académica. De la misma manera, determinados comportamientos, por su escasa relevancia, quedarían también fuera de la disciplina académica. Piénsese en determinadas novatadas que no revisten la gravedad suficiente como para ser consideradas infracción, sino que pueden incardinarse en contextos de jocosidad no susceptibles de castigo. Estos comportamientos no tendrán a mi juicio la antijuridicidad suficiente para merecer reproche disciplinario. No obstante, esta consideración es comprometida, pues los tribunales han tenido ocasión de pronunciarse a este respecto rechazando la aplicación de este principio al Derecho disciplinario[178].

---

176. Puede citarse por todos a NAVARRO MASSIP, J.: «La adecuación social y el principio de insignificancia como causas de exclusión de la tipicidad en relación al principio de intervención mínima» en *Revista Aranzadi Doctrinal*, núm. 5, 2011, págs. 49-62.

177. Dice el profesor GONZÁLEZ MARIÑAS, P.: «Reflexiones sobre el derecho disciplinario: delimitación de la llamada falta de probidad» en *Documentación Administrativa*, núm. 150, 1972, pág. 78 en cuanto a la formulación del concepto de falta de probidad que será preciso que con el hecho cometido se produzca por «su notoriedad conocimiento o escándalo entre el público, implique menoscabo del prestigio de la Administración».

178. Es el caso de la STMC, de 27 de marzo de 2019, rec. núm. 206/2017 (pon. Domínguez Bascoy) donde se confirmó la sanción a un guardia civil que en el acceso a un evento en una plaza de toros había pedido al controlador que le dejase pasar junto a su hija para dejar a ésta con la madre, que se hallaba dentro del recinto, sirviéndose de su condición de guardia. El tribunal castrense en el F.J. 2.° *in fine* rechazó la insignificancia de la conducta por escasa importancia que pudiera tener el favor solicitado, pues ello suponía un trato de

Ligado al principio de insignificancia se halla el de adecuación social de la conducta imputada. Si los hechos son adecuados socialmente puede darse la circunstancia que excluya la tipicidad de los mismos. Esta teoría, aunque nace también del Derecho penal, considero que resulta de aplicación al Derecho disciplinario[179].

---

favor con respecto a cualquier ciudadano. Por ello se le impuso como sanción la pérdida de cinco días de haberes con suspensión de funciones.

También el de la STS, Sala de lo Militar, secc. 1.ª, de 17 de diciembre de 2012, rec. núm. 82/2012 (pon. Menchen Herreros). El Tribunal Supremo confirmó la sanción a una brigada del Ejército de Tierra por proferir manifestaciones en contra de la institución, que tuvieron acogida en la prensa escrita, amparándose en la libertad de expresión. Pese a que el recurrente alegaba el escaso impacto en la dignidad del ejército, el tribunal consideró que la sanción era procedente. Es interesante en este punto el voto particular que formuló el magistrado Calvo Cabello, en cuanto a que no puede sancionarse disciplinariamente cuando no se afecta a la institución: «Las manifestaciones que el recurrente hizo, esto es, las que el Tribunal de instancia le atribuye en el relato de hechos probados, no configuran la falta imputada porque no lesionaron la disciplina. Tales manifestaciones las hizo en relación con un suceso tan gravísimo como fue la muerte de diecisiete militares españoles al sufrir un accidente en Afganistán el helicóptero en que viajaban. El recurrente, presidente de una asociación militar, hizo distintas consideraciones públicas sobre la libertad de expresión de los militares. A mi juicio, no pueden calificarse de infractoras» (Considerando 2.º).

Incluso algún tribunal militar, como el Militar Territorial de Sevilla ha llegado a concluir que este principio precisamente evita que determinadas conductas sean perseguidas por el Derecho penal cuando pueden tener cabida en la vía disciplinaria. Así, la STMT de Sevilla, 39/2014, de 17 de octubre (pon. Romero Muros, F.J. 2.º *in fine*).

Ahora bien, se hallan sentencias —las menos— que sí defienden la aplicación de este principio en el Derecho administrativo sancionador. Es el caso de la STSJ de Navarra, Sala de lo Contencioso, Pamplona/Irún, secc. 1.ª, de 23 de noviembre de 1999, rec. núm. 1947/1996 (pon. Otero Pedrouzo). En el caso enjuiciado se había sancionado a una empresa de transporte de mercancías por tener uno de sus trenes de carretera más de cinco centímetros de longitud de los permitidos. El tribunal consideró que aquello no tenía la entidad bastante como para ser merecedor de reproche, por lo que dejó sin efecto la sanción impuesta.

Esta tesis ha sido avalada también por importantes autores, como Bueno Armijo, A., ob. cit. 2010, pág. 188, quien llega a defender que este principio ha sido incluso «tácitamente aceptado en el ámbito administrativo sancionador».

179. Abundante es la jurisprudencia de la Sala de lo Penal del Tribunal Supremo: por todas, STS, Sala de lo Penal, secc. 1.ª, 47/2020, de 11 de febrero (pon. Palomo del Arco), sobre el denominado cachete correctivo.

La adecuación social que ha de hacerse de la interpretación de las normas ha tenido también protagonismo en otros ámbitos del Derecho administrativo reglado, siendo siempre rechazada por la jurisprudencia: a título de ejemplo: la STSJ de Aragón, Zaragoza, Sala de lo Contencioso, secc. 1.ª, 235/2002, de 12 de marzo (pon. Zarzuela Ballester, F.J.3.º), sobre el derribo de un garaje cubierto por existencia de uno simular en una finca vecina; y la STS, Sala de lo Contencioso, secc. 4.ª, de 30 de enero de 2002, rec. núm. 7422/1996 (pon. Soto Vázquez, F.J. 3.º *in fine*), sobre los requisitos de apertura de una farmacia.

CAPÍTULO VII

EL PRINCIPIO *NON BIS IN IDEM*

Aunque la mayoría de los autores[180] coinciden en que el principio *non bis idem* tiene carácter constitucional, la Carta Magna no lo reconoce expresamente. El máximo intérprete de la Constitución ha declarado que se encuentra tácitamente en el art. 25.1 de la norma, por lo que no sería sino una consecuencia del principio de legalidad. No obstante, en menor medida también se le relaciona con el principio de proporcionalidad y seguridad jurídica del art. 9.3 de la Constitución Española, así como con la tutela judicial efectiva del art. 24[181]. En conclusión, de su carácter constitucional y de su elevación a rango de derecho fundamental, no existen dudas.

En cuanto a la regulación ordinaria de este principio, la Ley 40/2015 le dedica su art. 31, que establece la imposibilidad de que se sancionen nuevamente los hechos ya castigados previamente en la vía administrativa o penal cuando concurra la triple identidad de sujeto, hecho y fundamento. Este pronunciamiento, en cambio, es algo reducido si se tiene en cuenta la extensión dada al *non bis in idem* por los tribunales.

También la Ley de Convivencia Universitaria hace referencia a esta garantía. En concreto, la Exposición de Motivos indica que cuando los hechos puedan ser constitutivos de delito, se suspenderá la tramitación del procedimiento y se pondrá en conocimiento del Ministerio Fiscal; y también que se admitirá el doble castigo (penal y administrativo), cuando cada uno responda a un fundamento distinto. El art. 8.4 hace referencia también a esta garantía en el mismo sentido que lo hace la Exposición de Motivos cuando afirma que en caso de posible delito, se dará cuenta al Ministerio Fiscal. Además, el art. 8.5 contiene la garantía del *non bis in idem* cuando afirma que no se admitirá

180. Pueden leerse a GÓMEZ TOMILLO, M. y SANZ RUBIALES, Í., ob. cit. 2017, pág. 212; GALLARDO CASTILLO, M.J., ob. cit. 2016, pág. 157; GARBERÍ LLOBREGAT, J. y BUITRÓN RAMÍREZ, G., ob. cit. 2016, pág. 293 y ss.; y NIETO GARCÍA, A., ob. cit. 1993, pág. 409.

181. Como expone la STC, Pleno, 188/2005, de 4 de julio (pon. Sala Sánchez), sentencia de referencia con respecto al *non bis in idem*, que realiza un recorrido magistral en su fundamento segundo sobre este principio.

el doble castigo cuando exista la triple identidad de la que habla el art. 31 de la Ley 40/2015. Finalmente, de manera indirecta el art. 11.k) hace referencia al principio, como luego se dirá.

Doctrina y jurisprudencia coinciden en que este principio tiene una doble dimensión: una material o sustantiva y otra formal o procesal[182], y que de cada una de estas se derivan diferentes limitaciones a los poderes públicos en garantía para los administrados.

I. La dimensión material o sustantiva

Del contenido material de este principio, que tiene su fundamento en el art. 25.1 de la Constitución Española, se deriva la prohibición *ex post*[183] de castigar nuevamente un hecho ilícito cuando concurra la triple identidad de la que hablan los arts. 31.1 de la Ley 40/2015 y 8.5 de la Ley de Convivencia Universitaria: subjetiva, fáctica y de fundamento.

Esta prohibición responde, según dice el Tribunal Constitucional en la citada STC 188/2005, de 4 de julio[184] a que el «exceso punitivo hace quebrar la garantía del ciudadano de previsibilidad de las sanciones, pues la suma de la pluralidad de sanciones crea una sanción ajena al juicio de proporcionalidad realizado por el legislador y materializa la imposición de una sanción no prevista legalmente» (F.J. 2.º)[185]. En puridad, lo que protege el *non bis in idem*

182. Se puede citar al respecto la STC, Pleno, 2/2003, de 16 de enero (pon. Casas Baamonde), que la obra de López Barja de Quiroga, J.: *El principio non bis in idem*. Dykinson, 2004, pág. 75 analiza profusamente. Destaca la importancia de separar ambas manifestaciones Bueno Armijo, A.M.: «Carácter procedimental del "non bis in idem" en la Unión Europea» en *Revista de Administración Pública*, núm. 218, 2022, págs. 177 y 178.

183. Y es que dicen Garberí Llobregat, J. y Buitrón Ramírez, G., ob. cit. 2016, pág. 296, que mientras que de la identidad material se deriva una prohibición *ex post*, pues nace tras la imposición de la sanción; en la formal será *ex ante*: en el enjuiciamiento, antes de su imposición.

184. STC, Pleno, 188/2005, de 4 de julio (pon. Sala Sánchez).

185. Este pronunciamiento es certero en cuanto a la razón del principio, que combate el exceso punitivo, pero como bien afirma Cubero Marcos, J. I.: «Las aporías del principio *non bis in idem* en el derecho administrativo sancionador» en *Revista de Administración pública*, núm. 207, 2018, págs. 257 y ss., no debe confundirse —pese a los términos usados por el Constitucional— con el principio de proporcionalidad en su sentido estricto. No por existir dos sanciones ya se estaría yendo en contra del *non bis in idem*, pues pueden tener diferente fundamento, y tampoco en contra de la proporcionalidad, pues pueden ser impuestas en su grado mínimo.
Y es que, en este sentido, el Tribunal Constitucional ha manifestado en la STC, Pleno, 2/2003, de 16 de enero (pon. Casas Baamonde) que no puede considerarse conculcado el principio de prohibición del doble castigo cuando la segunda sanción —de carácter penal, y administrativo la primera— ha tenido en cuenta la administrativa para ser impuesta descontándose de la cuantía de la multa y del período de prohibición de conducción, el castigo administrativo: «una solución como la adoptada en este caso por el órgano judicial

es que el administrado pueda conocer el límite máximo de las sanciones a las que podría enfrentarse, lo que puede ponerse también en relación con aquellas manifestaciones del principio de legalidad de la *lex praevia* y *lex certa*[186].

1. La identidad subjetiva

En cuanto a la primera, la identidad habrá de darse con respecto al sujeto que realiza la acción típica, sin importar cuál sea su título de imputación en un expediente punitivo u otro. Si en la sentencia penal previa el administrado es condenado en calidad de inductor, no por ser considerado en la vía administrativa posterior como autor podrá concluirse que no se vulnera la garantía *non bis in idem*. Lo mismo puede ocurrir cuando en un procedimiento administrativo previo el inculpado es sancionado de forma solidaria con otros sujetos y posteriormente lo es como responsable único ante otra administración.

---

no puede considerarse lesiva de la prohibición constitucional de incurrir en *bis in idem* sancionador, dado que la inexistencia de sanción desproporcionada en concreto, al haber sido descontada la multa administrativa y la duración de la privación del carné de conducir, permite concluir que no ha habido una duplicación —bis— de la sanción constitutiva del exceso punitivo materialmente proscrito por el art. 25.1 CE. Frente a lo sostenido en la STC 177/1999, de 11 de octubre (FJ 4), no basta la mera declaración de imposición de la sanción si se procede a su descuento y a evitar todos los efectos negativos anudados a la resolución administrativa sancionadora para considerar vulnerado el derecho fundamental a no padecer más de una sanción por los mismos hechos con el mismo fundamento. En definitiva, hemos de precisar que en este caso no hay ni superposición ni adición efectiva de una nueva sanción y que el derecho reconocido en el art. 25.1 CE en su vertiente sancionadora no prohíbe el "doble reproche aflictivo", sino la reiteración sancionadora de los mismos hechos con el mismo fundamento padecida por el mismo sujeto» (F.J.6.° *in fine*). Coincido con el autor citado en que se confunden los principios: el Tribunal Constitucional justifica con la falta de proporcionalidad lo que podría ser una violación del *non bis in idem*. A mi juicio, usar la proporcionalidad como tal excusa supone admitir abiertamente el doble castigo.

Esta postura ha mantenido su amparo legal con la aprobación de la Ley 40/2015. El apartado segundo del art. 31 de la Ley 40/2015 recoge la posibilidad de excepcionar el principio *non bis in idem* cuando la primera sanción haya sido impuesta por un órgano de la Unión Europea, tal y como hacía el art. 5.2 *in fine* del derogado Real Decreto 1398/1993. En ese caso, se utilizará para graduar la nueva sanción impuesta. A mi juicio, esto supone una vulneración flagrante del principio aquí tratado, y en este mismo sentido se ha pronunciado la doctrina: cítese a Cubero Marcos, J.I., ob. cit. 2018; y Garberí Llobregat, J. y Buitrón Ramírez, G., ob. cit. 2016, págs. 290 y 291. Sin embargo, este planeamiento también tiene apoyos en reputados autores como Cano Campos, T., ob. cit. 2001, págs. 247 y 248.

186. Ha de ser citada la STC, Sala Primera, 177/1999, de 11 de octubre (pon. García Manzano): «Esta dimensión procesal del principio *non bis in idem* cobra su Pleno sentido a partir de su vertiente material. En efecto, si la exigencia de *lex praevia* y *lex certa* que impone el art. 25.1 de la Constitución obedece, entre otros motivos, a la necesidad de garantizar a los ciudadanos un conocimiento anticipado del contenido de la reacción punitiva o sancionadora del Estado ante la eventual comisión de un hecho ilícito, ese cometido garantista devendría inútil si ese mismo hecho, y por igual fundamento, pudiese ser objeto de una nueva sanción, lo que comportaría una punición desproporcionada de la conducta ilícita» (F.J. 3.°).

2. La identidad fáctica: especial referencia a la reiteración de faltas

En lo que respecta a la identidad fáctica, será necesario que las acciones u omisiones objeto del ilícito castigado sean idénticas. En Derecho sancionador se ha cuestionado la vulneración que puede suponer el hecho de que existan infracciones que consisten únicamente en la reiteración de otras faltas por el mismo sujeto y bajo el amparo de la misma normativa.

Una cuestión diferente es que la reiteración o reincidencia opere como un criterio agravante a la hora de graduar la sanción. En ese caso, no habría inconveniente y de ninguna manera podría hablarse de vulneración del *non bis in idem*[187]. Son muchas las normas de carácter disciplinario, entre ellas la Ley de Convivencia Universitaria en su art. 15, que así lo establecen, y ello en virtud del principio de proporcionalidad, como se vio en el capítulo anterior[188].

3. La identidad de fundamento

La identidad del fundamento hace referencia al bien jurídico protegido de cada infracción[189], que no es más que la razón por la que se castiga un determinado hecho. Aunque con carácter general no existen dudas acerca del fundamento punitivo de cada norma de aplicación, pueden darse supuestos en los que resulte complicado llegar a una conclusión[190]. Por este motivo

187. Así se ha pronunciado la jurisprudencia: SSTSJ de Valencia, Sala de lo Contencioso, secc. 1.ª, 811/2018, de 20 de diciembre (pon. Padilla Ramos, F.J. 11.º); y de Madrid, Sala de lo Contencioso, secc. 7.ª, 165/2018, de 12 de marzo (pon. Muriel Alonso, F.J. 2.º).

188. Es el caso del art. 96.3 del Real Decreto Legislativo 5/2015, de 30 de octubre, por el que se aprueba el texto refundido de la Ley del Estatuto Básico del Empleado Público; del art. 12.b) de la Ley Orgánica 4/2010, de 20 de mayo, del Régimen disciplinario del Cuerpo Nacional de Policía; o del art. 19.b) de la Ley Orgánica 12/2007, de 22 de octubre, del régimen disciplinario de la Guardia Civil.

189. Como han venido afirmando los Tribunales: SSTS, Sala de lo Contencioso, secc. 3.ª, 459/2017, de 15 de marzo (pon. Perello Domenech, F.J. 6.º *in fine*); secc. 7.ª, de 19 de noviembre de 2008, rec. núm. 3791/2004 (pon. Maurandi Guillén, F.J. 5.º); y secc. 7.ª, de 17 de julio de 2001, rec. núm. 405/1997 (pon. Martín González, F.J. 5.º) y la doctrina, por todos, Gómez Tomillo, M., ob. cit. 2008, pág. 220.

190. Como acertadamente pone de manifiesto Cubero Marcos, J.I., ob. cit. 2018, págs. 265 y ss. Se hace necesaria una mejora en la técnica legislativa que permita a la ciudadanía conocer qué es lo que se protege con cada infracción. Si bien pocas —que no ninguna— dudas se generan en la lectura del Código Penal, donde puede apreciarse por el nombre de los títulos qué es lo que se está protegiendo, no ocurre lo mismo en el Derecho administrativo. Es cierto que las normas disciplinarias parecen no generar demasiada cuestión, como a continuación se verá; pero en cambio, en el Derecho sancionador general es fácil desconocer qué bien jurídico se protege con la tipificación de una determinada conducta.

considero que hay que estar al supuesto concreto, sin que pueda usarse la premisa de que diferente norma o diferente título de la misma sea suficiente para que no concurra la identidad de fundamento.

Esta prohibición, aunque debe decirse que está totalmente vigente en lo que a las relaciones de sujeción especial se refiere, sí que puede considerarse aparentemente diluida. En Derecho disciplinario, aun cuando sujeto e ilícito coinciden administrativa y penalmente, *se permite* la dualidad punitiva. El motivo se encuentra en que al estar el administrado relacionado especialmente con la Administración el fundamento de la sanción disciplinaria será siempre distinto. No obstante, no debe entenderse que la razón estribe en una reducción de garantías por ser el castigado una persona relacionada especialmente, sino porque ciertamente cada una de las sanciones responde a un fin distinto. Así lo han considerado tanto el Tribunal Constitucional como el Tribunal Supremo, criterio mantenido también por la doctrina más especializada[191].

Ocurre cuando la norma disciplinaria castiga el hecho de que el relacionado especialmente haya sido condenado en sentencia penal. Así, mientras que cada delito puede proteger un bien jurídico diferente, la falta disciplinaria que castiga la comisión de éste siempre hallará su razón, precisamente, en la protección de la institución administrativa de que se trate —una correcta prestación del servicio, su orden interno o la disciplina de sus miembros—; en palabras del Tribunal Supremo, «un interés propio de la Administración

---

Así, son los jueces y tribunales los que con un amplio margen de apreciación —del que considero que siempre hay que huir cuando del ejercicio de la potestad sancionadora se trata— razonarán cuál es el fundamento de cada una de las sanciones en juego.

191. A este respecto pueden citarse por su interés la STC, Pleno, 188/2005, de 4 de julio (pon. Sala Sánchez), que confirmando sus resoluciones anteriores decía: «La existencia de esta relación de sujeción especial tampoco basta por sí misma, sin embargo, para justificar la dualidad de sanciones. De una parte, en efecto, las llamadas relaciones de sujeción especial no son entre nosotros un ámbito en el que los sujetos queden despojados de sus derechos fundamentales o en el que la Administración pueda dictar normas sin habilitación legal previa. Estas relaciones no se dan al margen del Derecho, sino dentro de él y por lo tanto también dentro de ellas tienen vigencia los derechos fundamentales y tampoco respecto de ellas goza la Administración de un poder normativo carente de habilitación legal, aunque ésta pueda otorgarse en términos que no serían aceptables sin el supuesto de esa especial relación (*vid.*, entre otras, SSTC 2/1987, 42/1987 y, más recientemente, STC 61/1990). Para que sea jurídicamente admisible la sanción disciplinaria impuesta en razón de una conducta que ya fue objeto de condena penal es indispensable, además, que el interés jurídicamente protegido sea distinto y que la sanción sea proporcionada a esa protección» (F.J. 2.° D). También la STS, Sala de lo Contencioso, secc. 7.ª, de 3 de noviembre de 2014, rec. núm. 832/2013 (pon. Pico Lorenzo, FF.JJ. 3.° a 5.°), que cita la STS, Sala de lo Penal, 234/1991, de 10 de diciembre (pon. Rubio Llorente) como la resolución en que se contienen las excepciones al *non bis in idem*.
Lo han defendido así Marina Jalvo, B.: «*Non bis in idem* e irreprochabilidad penal de los funcionarios de policía (comentario de la STS de 30 de mayo de 2000, ar. 5155)» en *Revista de Administración pública*, núm. 155, 2001.

pública», STS de 3 de noviembre de 2014[192], «y para que esta satisfaga adecuadamente los intereses generales a cuyo servicio viene constitucionalmente obligada», STS de 16 de junio de 2011[193].

La Ley de Convivencia Universitaria tipifica como infracción muy grave en el 11.k) la condena en sentencia firme por la comisión de un delito doloso, cuando afecte a un bien jurídico distinto al de la disciplina académica (es decir, tenga distinto fundamento), y éste haya sido cometido en la órbita de la universidad[194]. En este sentido, ya antes de la aprobación de esta norma, cuando el Reglamento de Disciplina Académica sencillamente castigaba la falta que podía ser considerada delito, los tribunales aceptaron que por la especial relación que tiene el estudiante con la universidad se permite la doble condena por el mismo hecho cuando una de ellas es una condena penal que no tiene el mismo fundamento que la sanción disciplinaria. Los tribunales han admitido que el Derecho disciplinario académico protege la disciplina académica, por lo que de ninguna manera podrá verse conculcado el *non bis in idem* cuando el estudiante sea sancionado administrativamente por la comisión de un delito. Como afirman Guillamón Fernández, Baraja Rodríguez y Acale Sánchez, deberá tenerse en cuenta si la autoridad judicial condenó por un delito con cuya comisión se haya producido un desvalor en la universidad y que así sea tenido en cuenta por la norma penal. En caso de que no sea así, no se producirá *bis in idem*[195].

En este ámbito es obligado hacer referencia a la STSJ de Galicia de 31 de marzo de 2004[196]. En esta sentencia se analizaba la adecuación a la legalidad de una resolución sancionadora de la Universidad de Vigo que imponía a un alumno la expulsión del distrito universitario por tres años

192. STS, Sala de lo Contencioso, secc. 7.ª, de 3 de noviembre de 2014, rec. núm. 832/2013 (pon. Pico Lorenzo, F.J. 4.º).

193. STS, Sala de lo Contencioso, secc. 7.ª, de 16 de junio de 2011, rec. núm. 1697/2008 (pon. González Rivas, F.J. 8.º).

194. Esta cuestión es frecuente en las normas disciplinarias. El art. 124.a) del Real Decreto 135/2021, de 2 de marzo, por el que se aprueba el Estatuto General de la Abogacía Española califica como falta muy grave la condena en sentencia firme por la comisión de delitos dolosos en el ejercicio de la profesión. También el art. 8.14 de la Ley Orgánica 8/2014, de 4 de diciembre, de Régimen Disciplinario de las Fuerzas Armadas tipifica como falta muy grave la condena a la pena de prisión por un delito doloso o a pena de prisión superior a un año por delito cometido por imprudencia. Para evitar cualquier puesta en duda de la contravención o no del *non bis in idem*, la norma militar especifica que sólo se considerará falta cuando el delito haya afectado a la administración, al servicio o haya atentado contra la dignidad de las Fuerzas Armadas.

195. Guillamón Fernández, J.R., Baraja Rodríguez, E. y Acale Sánchez, M., ob. cit. 2016, pág. 124.

196. STSJ de Galicia, Sala de lo Contencioso, secc. 1.ª, 259/2004, de 31 de marzo (pon. Seoane Pesqueira).

al haber cometido una falta contra la probidad consistente en el acceso al local de estudiantes en el local de estudiantes, el uso de unos ficheros que allí se encontraban y haber agredido verbal y físicamente a una persona que estaba en dicho lugar. Estos hechos fueron castigados por la jurisdicción penal. La defensa letrada del alumno refirió que sancionar los mismos hechos en vía administrativa suponía una vulneración del *non bis idem*. El tribunal razonó que:

> «Si bien coincide el sujeto y también en parte (no íntegramente) el hecho, el fundamento es distinto porque la falta de probidad que se sanciona implica la ausencia de honradez e integridad que cabe exigir a un estudiante universitario, actitud que resulta contradictoria con quien se comporta violentamente en el interior de un recito académico, agrediendo a otra componente de la comunidad universitaria, y accede a un archivo pese a ser consciente de que está restringido a quienes pertenecen a la misma Facultad.» (F.J. 4.º).

Es decir, por su condición de estudiante como relacionado especialmente con la universidad, podrá ser castigado dos veces por el mismo hecho: criminalmente, por un delito de lesiones; y disciplinariamente, por faltar a la probidad. La razón se encuentra en que la disciplinaria protege la disciplina académica, interés no protegido penalmente, como indiqué en el párrafo anterior.

El Tribunal Superior de Justicia de Madrid en la STSJ de 22 de julio de 1998 consideró también que no podía tenerse por vulnerado el *non bis in idem* cuando lo que se protegía con el art. 5.a).5.ª del Reglamento de Disciplina Académica es la propia disciplina académica:

> «Por ello, en el presente caso, el que un Juzgado de Instrucción sancionase al actor por la comisión de faltas penales (es decir, por un ilícito penal), no es óbice para que, además pueda ser sancionado administrativamente, al ser el bien jurídico protegido (la disciplina académica universitaria), motivo por el que ésta tiene las tipificaciones correspondientes en el Decreto de 8 de septiembre de 1954» (F.J. 4.º).

En este caso el alumno fue sancionado en vía disciplinaria con la expulsión de la Universidad Complutense por intentar agredir a un profesor y proferir amenazas al mismo, recibiendo también castigo penal por los mismos hechos.

En conclusión, ha de aceptarse que se permite la doble punición cuando el castigo universitario lo es por haberse cometido un delito, lo que no significa que el principio *non bis in idem* no sea aplicable a la disciplina académica. Muy clara es al respecto la Exposición de Motivos de la Ley de Convivencia Universitaria cuando dice que «la imposición de sanciones en vía administrativa o penal no impide, si tienen distinto fundamento, que se impongan sanciones por las responsabilidades disciplinarias en el marco de este procedimiento».

II. La dimensión formal o procesal

El contenido formal del principio, que se deriva del art. 24.1 de la Constitución Española[197], prohíbe en primer lugar que la Administración castigue la conducta ilícita antes de que lo haga la jurisdicción penal cuando la conducta perseguida pueda considerarse infracción administrativa y delito; y en segundo lugar prohíbe que el mismo hecho pueda estar siendo instruido por la Administración y por los órganos judiciales penales al mismo tiempo, en el caso de que éste pudiera ser constitutivo de delito. Que las prohibiciones operen antes de la recaída de la sanción es por lo que se dice que es una prohibición *ex ante*[198].

1. La prevalencia de la vía penal

La prevalencia de la vía penal, antes recogida en el art. 7 del Real Decreto 1398/1993, ya no viene establecida ni en la Ley 39/2015, ni en la Ley 40/2015. Sin embargo, ha de considerarse plenamente vigente por ser considerada una de las clásicas prohibiciones del principio de *non bis in idem* por la jurisprudencia[199]. En cualquier caso, la Ley de Convivencia Universitaria la establece en dos ocasiones: en la Exposición de Motivos y en el art. 8.4, lo que sin duda supone una mejora técnica.

El Tribunal Constitucional estableció en la temprana STC 77/1983, de 3 de octubre[200] que la prevalencia de la vía penal se manifiesta de las tres siguientes maneras: el control posterior de los actos administrativos por la autoridad judicial, la necesidad de que la Administración suspenda la tramitación del procedimiento en caso de considerar que los hechos revisten carácter delictivo cuando la jurisdicción penal no se haya pronunciado, y el respeto a la cosa juzgada:

1. Control posterior de los actos administrativos por la autoridad judicial. Esto no es más que una regla de aplicación general de la que se deduce esa subordinación de la Administración a la *autorictas* y

197. Según reconoció el Tribunal Constitucional en la STC, Sala Segunda, 69/2010, de 18 de octubre (pon. Conde Martín de Hijas, F.J. 3.º).

198. A diferencia de la identidad material del principio, que cuya prohibición se manifestaba *ex post*.

199. Así, pese a que SSTC como la del Pleno, 2/2003, de 16 de enero (pon. Casas Baamonde) y la de la Sala Primera, 177/1999, de 11 de octubre (pon. García Manzano) afirman su emanación del principio, por lo que no debería afectar el actual silencio normativo, hay autores que cuestionan su vigencia: Cubero Marcos, J.I., Ob. cit. 2018, pág. 256.

200. STC, Sala Segunda, 77/1983, de 3 de octubre (pon. Díez-Picazo y Ponce de León, F.J. 3.º *in fine*); que ha ido confirmando el Tribunal posteriormente. A este respecto, el ATC, secc. 4.ª, 197/2009, de 20 de junio (F.J. 4.º); y la STC, Pleno, 2/2003, de 16 de enero (pon. Casas Baamonde, F.J. 3.º).

la *potestas* de los tribunales. En materia sancionadora, como afirma GALLARDO CASTILLO[201], tiene un enorme sentido en binomio administrativo-penal, pues la jurisdicción penal siempre aportará más garantías al encausado que las que pudiera tener en la vía administrativa.

2. Obligación de poner en conocimiento de la jurisdicción penal los posibles hechos delictivos. La Administración, en caso de observar que la infracción que está persiguiendo puede revestir carácter delictivo y concurra la triple identidad mencionada, deberá suspender el curso del procedimiento en tanto no sea resuelto el expediente jurisdiccional.

   Es posible que durante la tramitación del expediente disciplinario se tenga la creencia de que la conducta del estudiante puede tener carácter delictivo. En dichos casos, la Ley de Convivencia Universitaria realiza varias previsiones. La primera de ellas en la Exposición de Motivos, donde adelanta que se suspenderá la tramitación del procedimiento y se pondrán los hechos en conocimiento del Ministerio Fiscal. El art. 4 establece —en relación con las medidas de prevención y respuesta frente a la violencia, la discriminación o el acoso— que, de la misma manera, en caso de apreciarse indicios delictivos, se comunicará al Ministerio Fiscal y, en este caso, también anuncia a la «autoridad judicial», con la suspensión del procedimiento disciplinario. El art. 8.4, con carácter general, contiene la misma previsión que la Exposición de Motivos.

   Aunque la Ley de Convivencia Universitaria no lo expresa, creo oportuno hacer una mención a qué ocurre si esta creencia se tiene extramuros del expediente disciplinario, antes de iniciarse éste o una vez ha recaído resolución sancionadora. En uno y otro caso se deberá poner en conocimiento los hechos de las autoridades competentes, que son la autoridad judicial o el Ministerio Fiscal.

3. Respeto a la cosa juzgada. De lo anterior dimana esta manifestación. Lo interesante es conocer qué ocurriría en caso de que la Administración termine por concluir su expediente, dictando una resolución que deviniera firme en vía administrativa o, en su caso, judicial en lo contencioso-administrativo. Bajo mi punto de vista, la resolución de carácter sancionador-administrativo desplegará sus efectos de la siguiente forma: si se trata de una resolución administrativa, su contenido podrá ser valorado por la jurisdicción penal; y si fuera de carácter judicial, vinculará plenamente a la jurisdicción penal. De esta forma, habrá de distinguirse dos supuestos: si la sentencia entra a conocer el fondo del asunto, la vinculación será absoluta en la vía penal en

201. GALLARDO CASTILLO, M.J., ob. cit. 2008, pág. 302; y en esta misma línea, MARINA JALVO, B., ob cit. 2006, pág. 209.

cuanto a los hechos probados —de existir éstos—. Si la declaración de pérdida de efecto de la resolución sancionadora tiene su razón en defectos de forma, caducidad del procedimiento, prescripción, la jurisdicción penal podrá realizar la declaración de hechos probados que considere.

2. La prohibición de la tramitación paralela de dos procedimientos

Y, en segundo lugar, se prohíbe que cuando concurra la triple identidad se tramiten dos procedimientos administrativos, o uno administrativo y otro penal, o dos penales de manera paralela.

PARTE II

EL PROCEDIMIENTO COMO GARANTÍA EN EL EJERCICIO DE LA POTESTAD DISCIPLINARIA SOBRE LOS ESTUDIANTES

CAPÍTULO VIII

EL DERECHO AL PROCEDIMIENTO ADMINISTRATIVO DISCIPLINARIO Y LOS DERECHOS DEL ESTUDIANTE DURANTE SU TRAMITACIÓN

El ejercicio del *ius puniendi* de la universidad sobre sus estudiantes deberá ser realizado siguiéndose un expediente disciplinario que constituirá en sí mismo una garantía. Es lo que se denomina derecho al procedimiento y que tiene su fundamento constitucional en el art. 24 de la Constitución Española en cuanto derecho de defensa. Así lo establece la STS de 19 de marzo de 2019[202]:

> «El derecho al procedimiento sancionador con todas las garantías impone que el presunto responsable tenga la oportunidad de formular las alegaciones que a su derecho convenga y aportar y proponer las pruebas que estime pertinentes, de modo que disfrute de una efectiva y real posibilidad de ejercer el derecho de defensa» (F.J. 6.º).

También el art. 105 de la Constitución hace referencia, en este caso expresa, a la necesidad de que todos los actos administrativos —y entre ellos se encuentran naturalmente las resoluciones disciplinarias— se produzcan a través del procedimiento en el que, cuando proceda, deberá darse audiencia a los interesados[203].

---

202. STS, Sala de lo Contencioso, secc. 3.ª, de 19 de marzo de 2019, rec. núm. 4351/2006 (pon. Bandrés Sánchez-Cruzat), que declaró que las sanciones impuestas por el Consejero de Empleo y Desarrollo Tecnológico de la Junta de Andalucía a Endesa Distribución Eléctrica, S.L. habían nacido tras la tramitación del procedimiento sancionador oportuno, en que la mercantil pudo conocer en todo momento los hechos que se le imputaban y, en consecuencia, hacer alegaciones a los mismos. En el mismo sentido puede ser citada la STS, Sala de lo Contencioso, secc. 7.ª, de 10 de julio de 2012, rec. núm. 486/2010 (pon. Maurandi Guillén, F.J. 4.º), relativa al régimen disciplinario sobre los jueces y magistrados.

203. Sobre el derecho al procedimiento sancionador en relación al art. 105 de la Constitución dice Alarcón Sotomayor, L.: *El procedimiento sancionador y los derechos fundamentales*.

En cuanto a la manifestación que se hace en el art. 24 de la Constitución, no debe desconocerse que este precepto está destinado *a priori* a los procesos judiciales. Sin embargo, resulta plenamente de aplicación al Derecho administrativo sancionador. Esta consideración ha sido profusamente tratada por la doctrina y la jurisprudencia[204], como se analizó en el capítulo anterior.

La garantía del procedimiento en el ejercicio de la potestad disciplinaria sobre los universitarios no es nueva. Ni ha nacido con la Ley de Convivencia Universitaria, ni nació con la entrada en vigor de la Constitución Española. Ya el art. 13 del derogado Reglamento de Disciplina Académica disponía que «Las correcciones de las faltas graves y menos graves se impondrán en virtud de expediente con audiencia del interesado». También su Disposición Adicional y su Final Cuarta establecían que de manera supletoria al reglamento serán aplicables los principios de Derecho penal y procesal penal, sectores del Ordenamiento Jurídico de la debida tramitación del procedimiento punitivo es una garantía clásica. Estas llamadas a la garantía del procedimiento también eran contempladas en otras normas de aplicación a los estudiantes universitarios al momento de aprobación del Reglamento. Señala TARDÍO PATO a este respecto que el Reglamento de Disciplina Acadé-

Thomson Civitas, Navarra, 2007, pág. 30 que el artículo realiza una referencia demasiado amplia sin que de ella puedan concretarse las garantías propias del ejercicio de la potestad sancionadora.

204. Como ejemplo de la primera puede citarse a COBO OLVERA, T.: *El procedimiento administrativo sancionador tipo*. Bosch, 2007, pág. 102, quien afirma con rotundidad que al procedimiento administrativo sancionador le son plenamente aplicables los principios del Derecho penal. En cuanto a la jurisprudencia, reiteradas son las sentencias que avalan que los derechos fundamentales recogidos en el art. 24.2 de la Constitución son aplicables al ejercicio de la potestad sancionadora de la Administración. Puede citarse por todas la STC, Sala Segunda, 70/2008, de 23 de junio de 2008 (pon. Rodríguez Arribas), que dice así: «Este Tribunal ha venido estableciendo [...] la aplicabilidad a las sanciones administrativas de los principios sustantivos derivados del art. 25.1 CE, y también hemos proyectado sobre las actuaciones dirigidas a ejercer las potestades sancionadoras de la Administración las garantías procedimentales ínsitas en el art. 24.2 CE; no mediante su aplicación literal, sino en la medida necesaria para preservar los valores esenciales que se encuentran en la base del precepto y la seguridad jurídica que garantiza el art. 9.3 CE. Así, partiendo del inicial reproche a la imposición de sanciones sin observar procedimiento alguno, se ha ido elaborando progresivamente una doctrina que asume la vigencia en el seno del procedimiento administrativo sancionador de un amplio abanico de garantías del art. 24.2 CE» (F.J. 3.º). En este asunto el Tribunal amparó al recurrente que fue sancionado en tres ocasiones por el Ayuntamiento de Palma de Mallorca por realizar publicidad dinámica. En concreto, consideró el tribunal que las notificaciones de los acuerdos de incoación y de la propuesta de resolución no se realizaron correctamente. También interesa la cita de las SSTC, Sala Segunda, 243/2007, de 10 de diciembre (pon. Jiménez Sánchez, F.J. 3.º), que amparó a la empresa titular del pub que fue sancionado por el Ayuntamiento de Benidorm por tolerar el consumo de estupefacientes en su interior sin que se hubiera seguido procedimiento alguno; y Sala Primera, 18/1981, de 8 de junio (pon. Gómez-Ferrer Morant, F.J. 2.º), que estimó la demanda de amparo interpuesta por cuatro trabajadores de Correos al haber sido sancionados de plano por participar en una huelga por el Gobierno Civil de Barcelona.

mica tenía suficiente cobertura legal en cuanto al procedimiento, y es que el art. 101 de la Ley de 29 de julio de 1943, sobre Ordenación de la Universidad Española ya expresaba una mínima regulación de la materia: «Las faltas graves se sancionarán previo expediente y con conocimiento de la Junta de Gobierno. Tramitado el expediente, la propuesta de sanción que decida el Rector será elevada al Ministerio de Educación Nacional, que la impondrá y ejecutará en su caso»[205].

En la actualidad, la Ley de Convivencia Universitaria establece en el art. 8.3.f) que la potestad disciplinaria sobre los estudiantes universitarios se ejercerá con respeto al principio de garantía del procedimiento. La ley expresa la necesidad de la tramitación del expediente para todas las faltas, sin diferenciar entre faltas leves, graves o muy graves: «En ningún caso se podrá imponer una sanción sin que se haya tramitado el necesario procedimiento», dice el art. 18.a). La única previsión diferenciadora es que las faltas leves, dice el art. 22.g), podrán ser tratadas en un procedimiento disciplinario simplificado. En lo que respecta a la Ley 39/2015, el reflejo del derecho al procedimiento se encuentra de manera específica en el art. 63.2: «En ningún caso se podrá imponer una sanción sin que se haya tramitado el oportuno procedimiento»; y en el mismo sentido se pronuncia el art. 25.1 de la Ley 40/2015.

En definitiva, esta garantía constitucional obliga a que la potestad disciplinaria de la universidad sobre sus estudiantes se ejercite a través del procedimiento sancionador previsto, sin que sea posible otro modo de ejercicio[206]. Por un lado, el estudiante expedientado tendrá derecho al procedimiento, procedimiento sin el cual no podrá ser sancionado; y, por otro lado, la universidad tendrá la obligación de desplegar su fuerza sancionadora a través de estos cauces normativamente previstos. Puede decirse entonces que este principio de legalidad procedimental garantiza no sólo los derechos e intereses de los estudiantes, sino también el interés público protegido por la universidad. De esta manera, el procedimiento disciplinario permitirá al estudiante el ejercicio pleno de su derecho de defensa, salvaguardando de la mejor manera sus intereses a través de las actuaciones previstas: formulación de alegaciones, práctica de la prueba, posibilidad de recusación, etc.; a la par que permite a la universidad ejercer su potestad con la mayor eficacia posible, pues de no ser así, las resoluciones sancionadoras se encontrarían expeditas de protección en la jurisdicción contencioso-administrativa.

205. Tardío Pato, J.A., ob. cit. 2018, pág. 21.

206. Así lo expresan Garberí Llobregat, J. y Buitrón Ramírez, G., ob. cit. 2016, pág. 975, opinión que es naturalmente común en toda la doctrina administrativista. Permitir la imposición de sanciones sin que el administrado pueda ejercitar sus derechos y ampararse en las garantías dispuestas por las leyes supondría dinamitar los pilares consustanciales al Estado de Derecho.

Tradicionalmente se ha venido admitiendo que en determinados sectores en los que aparecen las denominadas relaciones de sujeción especial, que ya fueron tratadas en los capítulos anteriores, bien se impongan sanciones sin la previa tramitación del procedimiento sancionador, bien se relajen enormemente los trámites propios de éste. Esto ocurre sobre todo cuando las sanciones que pueden ser impuestas tienen carácter leve[207].

Como ya adelanté, en el régimen disciplinario sobre los estudiantes universitarios el art. 13 del Reglamento de Disciplina Académica señalaba con claridad que únicamente se impondrían previo procedimiento las sanciones de carácter grave y menos grave. De ello podría inferirse que las sanciones leves recaían sobre los estudiantes sin que previamente se hubiera tramitado expediente alguno. Bajo mi punto de vista, este hecho, que no deja de ser la imposición de sanciones de plano, resultaba inadmisible en un Estado de Derecho. Muy tempranamente el Tribunal Constitucional[208] ya advirtió que estas sanciones no tendrían cabida en nuestro sistema constitucional. A todos los efectos debe considerarse que el ejercicio de la disciplina académica sobre

207. A título de ejemplo puede citarse la Ley 55/2003, de 16 de diciembre, del Estatuto Marco del personal estatutario de los servicios de salud, que recoge en su art. 74.1 que las sanciones leves se impondrán por medio de un procedimiento cuya instrucción se limitará a la audiencia del interesado. En el mismo sentido se expresaba el derogado Estatuto General de la Abogacía, aprobado por el Real Decreto 658/2001, de 22 de junio. Esta norma establecía en su art. 88.1 que las faltas leves se impondrían a través de un expediente limitado a la audiencia o descargo del inculpado. En la actualidad, el régimen disciplinario sobre los abogados se ha visto modificado con la aprobación del Real Decreto 135/2021, de 2 de marzo, por el que se aprueba el Estatuto General de la Abogacía Española. El art. 133.4 de esta nueva norma establece para las infracciones de carácter leve que las mismas serán objeto de un procedimiento simplificado. A día de hoy, se desconoce en qué consiste este procedimiento, pues ni la norma sectorial ni las que resultan de aplicación subsidiaria lo regulan. En materia penitenciaria, clásico sector de las relaciones de sujeción especial, también se establece un procedimiento simplificado para el castigo de faltas leves. A este respecto puede citarse el art. 251 del Real Decreto 190/1996, de 9 de febrero, por el que se aprueba el Reglamento Penitenciario. También la Ley Orgánica 6/1985, de 1 de julio, del Poder Judicial es ejemplo de esta reducción de garantías: el art. 422.1 prevé que para el castigo de las faltas leves no es preciso incoar expediente, sino que basta para resolver sobre ellas la audiencia al inculpado.

208. En la ya citada STC, Sala Primera, 18/1981, de 8 de junio (pon. Gómez-Ferrer Morant) se dice que «tales valores no quedarían salvaguardados si se admitiera que la Administración, por razones de orden público, puede incidir en la esfera jurídica de los ciudadanos imponiéndoles una sanción sin observar procedimiento alguno, y, por tanto, sin posibilidad de defensa previa a la toma de la decisión, con la consiguiente carga de recurrir para evitar que tal acto se consolide y haga firme. Por el contrario, la garantía del orden constitucional exige que el acuerdo se adopte a través de un procedimiento en el que el presunto inculpado tenga oportunidad de aportar y proponer las pruebas que estime pertinentes y alegar lo que a su derecho convenga» (F.J. 3.º). Este pronunciamiento luego ha sido reiterado por otras sentencias, como la STC, Pleno, 194/2000, de 19 de julio (pon. Viver Pi-Sunyer, F.J. 10.º), que consideró inconstitucional la Disposición adicional cuarta de la Ley 8/1989, de 13 de abril, de Tasas y Precios Públicos por permitir la imposición de sanciones de plano.

los estudiantes deberá tener lugar por medio del oportuno expediente, independientemente de la naturaleza de la infracción y de la eventual sanción a la misma. La Ley de Convivencia Universitaria sigue la estela del Reglamento de Disciplina Académica y el ejemplo de muchas otras normas sancionadoras para establecer que en caso de que la falta cometida sea de carácter leve, el procedimiento disciplinario será abreviado o simplificado. Dice así el art. 19.g): «Para aquellos casos en que a juicio del instructor o instructora existan elementos suficientes para considerar que los hechos pudieran dar lugar a una falta leve, se podrá prever un procedimiento abreviado o simplificado, con reducción de los plazos y simplificación de los trámites, en los términos de lo dispuesto por la Ley 39/2015, de 1 de octubre, del Procedimiento Administrativo Común de las Administraciones públicas».

La razón por la que se ha venido admitiendo la imposición de sanciones leves por medio de procedimientos sumarios o, en ocasiones, sin ni siquiera procedimiento, ha hallado su justificación en la falta de entidad de estas sanciones en el sentido de que no provocan una afectación importante en la esfera jurídica del administrado. Autores como Sendín García afirman que exigir la tramitación completa del procedimiento para la imposición de sanciones leves convertirían al derecho disciplinario en «un instrumento inoperante en la realidad práctica, privándolo de su sentido propio»[209] y que, por ello, será más eficaz llevar a cabo una simplificación en sus trámites. A mi juicio, es un razonamiento lógico, pero siempre y cuando esa simplificación no provoque indefensión alguna al investigado.

Sin embargo, a mi juicio, no considero que el fundamento de esta reducción o simplificación —si se prefiere— del procedimiento se encuentre en la escasa entidad de las sanciones leves. No por calificarse como leve la sanción carece de importancia. En el ámbito disciplinario académico, con la nueva Ley de Convivencia Universitaria, las sanciones previstas para las faltas leves son de escasa relevancia, sí —la amonestación privada en todos los casos—, pero no deja de ser una consecuencia peyorativa en la esfera jurídica del estudiante; y máxime cuando la amonestación —aunque privada— sí llegará al conocimiento del resto de miembros de la comunidad universitaria, lo que puede suponer un perjuicio en el ámbito personal o del futuro laboral del sancionado.

Por tanto, en la actualidad no existen dudas de que todo tipo de sanción deberá ser impuesta sobre el estudiante tras el desarrollo del procedimiento disciplinario previsto, ya sea simplificado en el caso de que la sanción que pudiera imponerse sea leve, ya sea el general para las menos graves y graves.

En el ámbito que ocupa a este trabajo se encuentran varios ejemplos en la jurisprudencia relacionada sobre la imposición de sanciones de plano, naturalmente dejadas sin efecto por los órganos jurisdiccionales:

209. Así lo expresa en Sendín García, M.Á., ob. cit. 2015, pág. 538.

1. El Juzgado de lo Contencioso-Administrativo núm. 1 de Santander en la Sentencia 174/2019, de 1 de octubre[210] declaró que no podía acogerse la legalidad de una sanción impuesta sin seguir procedimiento alguno, toda vez que caducado el primero, se inició otro que consistió únicamente en el acuerdo de incoación y la resolución, aduciendo la universidad que al mismo se había incorporado todo lo tramitado en el primero.
2. El Tribunal Superior de Justicia de Madrid en la STSJ de 19 de mayo de 2015[211] anuló la sanción de expulsión impuesta a ocho colegiales del Colegio Mayor Universitario Jorge Juan al no haberse tramitado procedimiento alguno. En concreto, no hubo acuerdo de incoación, sino directamente propuesta de resolución.
3. También el Tribunal Superior de Justicia de Madrid en la STSJ de 18 de julio de 2011[212] anuló una medida cautelar consistente en la prohibición de asistir a las clases al considerar que se trataba de una auténtica sanción que había sido adoptada sin el corsé de un procedimiento.

Dada la escasa regulación del procedimiento disciplinario que se contiene en la Ley de Convivencia Universitaria, al que sólo dedica un artículo, sus vacíos deberán ser llenados con la aplicación de las leyes 39/2015 y 40/2015. Antes de entrar a describir el desarrollo del procedimiento disciplinario sobre los estudiantes, expondré todos los derechos y garantías, ya sean sustantivos o instrumentales, que se reconocen en todas las normas de aplicación.

I. Los derechos sustantivos del estudiante

Además de los derechos reseñados, el art. 53 de la Ley 39/2015 menciona como derechos del inculpado dos de carácter sustantivo, esto es, que van más allá en importancia:

1. El derecho a ser notificado de todos los extremos de la imputación

La letra a) del art. 53.2 de la Ley 39/2015 recoge una relación de derechos que en cuanto investigado tendrá el estudiante en el procedimiento administrativo disciplinario y que se relacionan con la necesidad que establece el art.

---

210. SJCA núm. 1 de Santander, 174/2019, de 1 de octubre (tit. Varea Orbea).

211. STSJ de Madrid, Sala de lo Contencioso, secc. 10.ª, 364/2015, de 19 de mayo (pon. Villafáñez Gallego, F.J. 2.º).

212. STSJ de Madrid, Sala de lo Contencioso, secc. 8.ª, 632/2011, de 18 de julio (pon. Rodríguez Rodrigo, F.J. 3.º *in fine*).

24.2 de la Constitución Española de que el inculpado tenga conocimiento de la acusación en todos sus extremos: «A ser notificado de los hechos que se le imputen, de las infracciones que tales hechos puedan constituir y de las sanciones que, en su caso, se les pudieran imponer, así como de la identidad del instructor, de la autoridad competente para imponer la sanción y de la norma que atribuya tal competencia». A este respecto, el Tribunal Constitucional ha tenido ocasión de manifestar que este derecho fundamental, propio del Derecho penal, es también trasladable al ámbito del Derecho administrativo disciplinario[213].

El conocimiento de los términos de la imputación resulta una exigencia elemental si se pone en relación con el derecho defensa, del que es instrumental, tal y como ha venido sosteniendo el Tribunal Constitucional[214]. Asimismo, y como como señala Díaz Fraile[215], el derecho a ser notificado de todos los aspectos de la acusación es una garantía inherente a un procedimiento justo.

La materialización de este derecho tendrá lugar en dos momentos del procedimiento disciplinario: en el acuerdo de incoación y en la propuesta de resolución. La Ley 39/2015 prevé en el art. 64.2.b), y la Ley de Convivencia Universitaria en el art. 19.a), que el primero deberá contener: los presuntos hechos cometidos, la calificación provisional de los mismos y la sanción que pudiera corresponder, sin perjuicio de la conclusión a que la Administración llegue tras la instrucción. Asimismo, el art. 89.3 y el art. 19.e) de estas normas, respectivamente, prevén para la propuesta de resolución que ésta deberá estar acompañada de la fijación de los hechos, de la calificación jurídica de los mismos y de la sanción que pudiera imponérsele al inculpado. Esto último resultará esencial para que el estudiante, *in extremis* del procedimiento, pueda hacer valer su argumentario exculpatorio con el mayor conocimiento posible.

---

213. A título de ejemplo se encuentran las SSTC, Sala Segunda, 9/2018, de 5 de febrero (pon. Valdés Dal-Ré, F.J. 2.º); Sala Segunda, 117/2002, de 20 de mayo (pon. Cachón Villar, F.J. 5.º); Sala Primera, 3/1999, de 26 de enero (pon. Cruz Villalón, F.J. 4.º); Sala Primera, 7/1998, de 13 de enero (pon. Cruz Villalón, F.J. 5.º); y Sala Primera, 44/1983, de 24 de mayo (pon. Latorre Segura, F.J. 3.º).
También el Tribunal Supremo se ha pronunciado al respecto. Sirva la cita de las SSTS, Sala de lo Militar, secc. 1.ª, 69/2017, de 20 de junio (pon. Pignatelli Meca, F.J. 10.º); Sala de lo Contencioso, secc. 3.ª, de 1 de abril de 2008, rec. núm. 3324/2005 (pon. Bandrés Sánchez-Cruzat, F.J. 4.º); secc. 4.ª, de 27 de enero de 2003, rec. núm. 494/1999 (pon. Xiol Ríos, F.J .2.º); secc. 1.ª, de 23 de enero de 1997, rec. núm. 516/1994 (pon. Hernando Santiago, F.J. 3.º); y secc. 1.ª, de 10 de marzo de 1992 (pon. Sanz Bayón, F.J. 4.º).

214. Pueden citarse al respecto las SSTC, Sala Segunda, 17/1988, de 16 de febrero (pon. López Guerra, F.J. 4.º); y Sala Primera, 141/1986, de 12 de noviembre (pon. Díez-Picazo y Ponce de León, F.J. 1.º).

215. Díaz Fraile, F.: *Derecho administrativo sancionador: Análisis a la luz de la jurisprudencia del Tribunal Constitucional y del Tribunal Europeo de Derechos Humanos*. Atelier, 2016, pág. 217.

El contenido esencial de este derecho del art. 24.2 de la Constitución Española lo conforman el derecho del inculpado a conocer todos los cargos por lo que está siendo investigado y el derecho a la inalterabilidad de los hechos objeto de la investigación[216].

1. El primero de estos derechos implica que el estudiante deba conocer el hecho o hechos imputados, su calificación jurídica y, en su caso, la posible sanción. Esta información es la esencial, sin que resulte limitativa o excluyente de otro tipo de informaciones que puedan ponerse a disposición del alumno inculpado[217].
2. El segundo de ellos, en cambio, supone que los hechos, la calificación jurídica o la sanción enunciada, no podrá ser susceptible de alterarse a lo largo de la tramitación del procedimiento, salvo en la forma permitida por la norma y la doctrina de los tribunales, cuestión que se abordará en los epígrafes siguientes.

I. El derecho a conocer los hechos objeto del procedimiento y a su inalterabilidad

El estudiante deberá conocer cuáles son los aspectos fácticos que resultan el objeto del procedimiento. El Tribunal Constitucional ha declarado que este contenido es fundamental en cuanto al derecho a ser informado de la acusación[218]. En este sentido, la jurisprudencia ha venido exigiendo una exquisita diligencia a la hora de concretar los hechos supuestamente constitutivos de la falta, concreción de la que únicamente se podrá prescindir cuando efectivamente con ello no se provoque una indefensión material en el estudiante. Lo que se exige, en definitiva, es que del relato fáctico el alumno pueda conocer con claridad y sin lagunas cuál es el motivo por el que está siendo expedientado. En palabras del Tribunal Supremo en la STS de 15 de abril de

216. Este contenido esencial ha sido declarado reiteradamente por el Tribunal Constitucional. Por todas puede citarse la STC, Sala Segunda, 23/2007, de 12 de febrero (pon. Pérez Vera, F.J. 4.º). También la doctrina administrativista se ha pronunciado en tal sentido: Díaz Fraile, F., ob. cit. 2016, pág. 217; Garberí Llobregat, J. y Buitrón Ramírez, G., ob. cit. 2016, pág. 1.060; y Alarcón Sotomayor, L.: «En especial, el derecho fundamental a la presunción de inocencia» en AA.VV.: *Derecho administrativo sancionador*. Lex Nova, 2010, pág. 560. En cambio, no resultará inalterable la calificación jurídica de los hechos ni la posible sanción que se realice en el acuerdo de iniciación o en la propuesta de resolución.

217. Como explica la STS, Sala de lo Contencioso, de 10 de mayo de 2001, rec. núm. 3626/1994 (pon. Menéndez Pérez, F.J. 5.º). Del propio tenor literal de la Ley 39/2015 se desprende que en el acuerdo de iniciación o en la propuesta de resolución se contendrá otro tipo de información además de la aquí mencionada, como pudiera ser las medidas provisionales que, en su caso, se adoptasen (art. 89.3 de la Ley 39/2015).

218. Por todas, la STC, Sala Segunda, 95/1995, de 19 de junio (pon. González Campos): «En relación con lo anterior ha de recordarse que desde la STC 12/1981 hemos señalado que el contenido esencial del derecho constitucional a ser informado de la acusación se refiere a "los hechos considerados punibles que se imputan al acusado"» (F.J. 3.ºA).

2006: «no se exige que se detallen de forma exhaustiva los hechos objeto de acusación, sino que resulta suficiente con que el pliego contenga los hechos relevantes y esenciales para efectuar una calificación jurídica e integrar la infracción de que se trate» (F.J. 6.º)[219].

En cuanto a qué debe entenderse por aspectos fácticos, GARBERÍ LLOBREGAT y BUITRÓN RAMÍREZ consideran que se trata únicamente de los hechos constitutivos de la infracción, esto es, la propia «dinámica comitiva» del tipo infractor[220]. En el acuerdo de incoación estos hechos serán aquellos que motivan la incoación del expediente disciplinario; mientras que en la propuesta de resolución se tratará de los hechos que se declaren probados por el instructor. Asimismo, deberán trasladarse al expedientado las circunstancias agravantes de su responsabilidad y los hechos determinantes de la forma de participación del estudiante. ALARCÓN SOTOMAYOR incluye también como elemento necesario el grado de perfeccionamiento de la infracción, pese a lo extraño que resulta para el Derecho administrativo sancionador la tipificación de conductas en grado de tentativa, lo que no significa que la previsión de la autora no sea más que deseable[221].

Los hechos no podrán ser alterados ni en la propuesta de resolución con respecto al acuerdo de incoación, ni en la resolución con respecto a la propuesta. Lo contrario sería desvirtuar totalmente la garantía de su inalterabilidad. En este sentido, el art. 90.2 de la Ley 39/2015 establece que en la resolución no se podrán aceptar hechos diferentes a los protagonistas del curso del procedimiento: «En la resolución no se podrán aceptar hechos distintos de los determinados en el curso del procedimiento, con independencia de su diferente valoración jurídica». La Ley de Convivencia Universitaria nada dice al respecto. Por tanto, únicamente será posible que los declarados como probados en la propuesta de resolución no coincidan plenamente con los descritos en el acuerdo de incoación, pues resulta obvio que será con la actividad probatoria de la instrucción cuando se determinen qué hechos son finalmente objeto de imputación. Esto último no puede considerarse como una facultad de alteración del instructor con respecto a lo manifestado por el iniciador, sino sencillamente como una determinación final y causal de los hechos que se han considerado probados y que deberán mantener una correlación con los que fueron objeto del acuerdo de incoación. Asimismo,

---

219. STS, Sala de lo Contencioso, de 15 de abril de 2006, rec. núm. 2259/2013 (pon. Espín Templado, F.J. 6.º). Ejemplo de esto también resulta la STS, Sala de lo Contencioso, de 13 de noviembre de 2015, rec. núm. 2628/2013 (pon. del Riego Valledor) en la que el Tribunal afirma que «pueden considerarse hechos de cargo nuevos que se hayan traducido en indefensión material, esto es, en un perjuicio real y efectivo, nunca potencial y abstracto, de las posibilidades de defensa de la parte recurrente en el expediente administrativo» (F.J. 6.º).

220. GARBERÍ LLOBREGAT, J. y BUITRÓN RAMÍREZ, G., ob. cit. 2016, págs. 1.074 y ss.

221. ALARCÓN SOTOMAYOR, L., ob. cit. 2007, pág. 112.

cuando se hayan practicado las actuaciones complementarias a las que hace referencia el art. 19.e) de la Ley de Convivencia Universitaria, es posible también alterar los hechos recogidos en la resolución con respecto a la propuesta[222].

Ahora bien, es preciso comentar la SAN de 31 de mayo de 2019[223]. Una alumna de la Universidad Nacional de Educación a Distancia había sido sancionada por la universidad por «haber sido sorprendida con material no autorizado correspondiente a la asignatura». La alumna acudió a la jurisdicción alegando que no era cierta tal afirmación, pues lo cierto y verdad es que nunca fue sorprendida, sino que la catedrática examinadora advirtió posteriormente al examen que éste contenía párrafos literales del manual casi en toda su extensión. Así se recogió en el acta de incoación y con esa creencia se realizó la instrucción, que llevó al órgano a tal convencimiento, sancionándola, aunque haciendo referencia a que fue sorprendida. Aunque en primera instancia se estima la pretensión anulatoria de la estudiante, la Audiencia estima el recurso de la Abogacía del Estado al considerar que con ello no se produjo indefensión alguna, pues la sancionada conoció en todo momento los hechos por los que realmente estaba siendo expedientada. No es suficiente entonces para declarar la invalidez de la sanción que el resolutor yerre a la hora de redactar los hechos probados, máxime cuando la calificación y consecuencia jurídica de los mismos es idéntica.

La consecuencia de la omisión o la indeterminación en la descripción de este relato puede suponer la invalidez de la sanción por vulnerar el derecho de defensa del inculpado, pero siempre y cuando se dé la meritada indefensión material.

II. El derecho a conocer la calificación jurídica de los hechos

En cuanto a la calificación jurídica de los hechos, esto no es otra cosa que conocer las infracciones en que pueden subsumirse los hechos que se le imputan al estudiante. Este extremo resulta elemental para ejercitar adecuadamente el derecho de defensa. Ante la posibilidad de que un mismo hecho pueda enmarcarse en varios tipos infractores, tendrá el inculpado la necesidad de saber cuál de ellos se le imputa. Hay que tener en cuenta que cada falta está conformada por elementos del injusto diferentes. Será precisamente sobre estos elementos sobre los que el expedientado tendrá que

222. La Audiencia Nacional ha tenido ocasión de pronunciarse en tal sentido, pero con respecto al art. 87 de la Ley 39/2015 en las SSAN, Sala de lo Contencioso, secc. 3.ª, de 11 de enero de 2018, rec. núm. 1/2016 (pon. García García-Blanco, F.J. 3.º); y secc. 3.ª, de 15 de diciembre de 2014, rec. núm. 87/2014 (pon. García García-Blanco, F.J. 6.º), al considerar que podrá el resolutor alterar los hechos contenidos en la propuesta de resolución cuando éste haya acordado la práctica de actuaciones complementarias.

223. SAN, Sala de lo Contencioso, secc. 6.ª, de 31 de mayo de 2019, rec. núm. 12/2017 (pon. Guerrero Zaplana).

alegar lo que a su derecho convenga con tal de desvirtuarlos. En consecuencia, le será determinante saber de qué infracción se trata y, a partir de ahí, promover la defensa más eficaz[224].

La calificación jurídica que se realice no deberá ser tan precisa como la exigida para el relato fáctico, tal y como ha venido considerando la jurisprudencia. Puede afirmarse que este extremo no es parte del contenido esencial del derecho. Por todas pueden citarse la STC 23/2007, de 12 de febrero[225], que no lo considera infringido cuando a pesar de que la propuesta de resolución adolecía de inconcreción, la recurrente supo en todo momento qué tipos infractores se consideraban infringidos. El tribunal concluyó que la recurrente conocía en profundidad la calificación jurídica por la claridad del acta de la Inspección de Trabajo y Seguridad Social, pudiéndose también deducir su conocimiento de las alegaciones que realizó a la misma; y la STC 57/1998, de 16 de marzo[226], en la que se declaró que no resultó vulnerado el derecho a ser informado de la calificación jurídica de los hechos al no citarse el artículo de la ley estatal que daba la cobertura necesaria a la norma autonómica que contenía la infracción cometida cuando esta última sí había sido comunicada.

Como la calificación jurídica no se considera contenido esencial del derecho a conocer todos los extremos de la imputación, no tendrá naturaleza inmutable. Ello implica que el órgano decisor podrá modificar la calificación realizada por el instructor. Sin embargo, la Ley 39/2015 en su art. 90.2 establece dos límites a esta posibilidad de cambio: que no agrave la naturaleza de la infracción o la cuantía de la posible sanción. En estos casos será preciso dar traslado al estudiante para que éste vuelva a tener la posibilidad de formular alegaciones. Esto supone, por un lado, que el resolutor no podrá imponer una sanción grave o muy grave cuando el instructor hubiera propuesto, respectivamente, leve o grave; y, por otro lado, que dentro de la misma graduación del castigo, no se amplíe el mismo. Por ejemplo, que la sanción del art. 14.4.a) de la Ley de Convivencia Universitaria que contempla la expulsión del centro hasta durante un mes sea propuesta por una semana por parte del instructor e impuesta por dos semanas por el resolutor.

Sí podrá alterarse la calificación que haga la propuesta de resolución con respecto a la posible calificación que se contenía en el acuerdo de iniciación. Como ocurría con los hechos, ello no atenta contra la inalterabilidad de los mismos, pues el contenido del acuerdo es indiciario, mientras que el de la propuesta de resolución, toda vez que ha sido practicada la prueba, determina con mayor exactitud la extensión de los hechos ya probados.

224. En este sentido se pronuncia ALARCÓN SOTOMAYOR, L., ob. cit. 2007, págs. 115 y 116.

225. STC, Sala Segunda, 23/2007, de 12 de febrero (pon. Pérez Vera, F.J. 5.º).

226. STC, Sala Segunda, 57/1998, de 16 de marzo (pon. Gabaldón López, F.J. 5.º).

III. El derecho a conocer la posible sanción que corresponda

En último lugar, el estudiante investigado tendrá derecho a conocer la sanción que, en su caso, podría imponérsele. La jurisprudencia, aunque se ha mostrado más flexible en este aspecto que en los derechos objeto de los anteriores epígrafes, sí que exige que la identificación de la sanción se realice de la manera más concreta posible. Tal es así que su omisión o una mala concreción podría suponer la invalidez de la resolución sancionadora.

El derecho del estudiante a conocer la sanción posible no opera de la misma manera en el acuerdo de incoación que en la propuesta de resolución. En el primero, la práctica habitual es indicar qué elenco de sanciones podrían imponerse, sin que no identificar la sanción concreta pueda resultar motivo suficiente de invalidez, como afirma Alarcón Sotomayor[227]. En la segunda, en cambio, sí que es necesario especificar con claridad cuál es el concreto castigo propuesto por el instructor.

En cuanto a la capacidad de alteración de la propuesta de resolución con respecto al acuerdo de iniciación, no hay nada que impida la variación de la establecida en éste. Las razones resultan evidentes. Al no existir aún hechos probados ni una calificación jurídica cierta de los mismos, será complicado delimitar tan prematuramente la sanción que se vaya a imponer. En este sentido, debe señalarse lo ya comentado en el párrafo anterior. Bastará sencillamente con una mención al catálogo de sanciones que pudieran imponerse para dar cumplimiento a las exigencias del derecho.

Mayores problemas plantea el hecho de que se modifique la sanción impuesta en la resolución con respecto a su propuesta. No parece haber problema en cuanto a que el decisor reduzca la sanción propuesta. Tanto es así, que podría llegar hasta el punto, incluso, de no imponer ninguna sanción. Como acertadamente afirman Garberí Llobregat y Buitrón Ramírez, lo contrario supondría que sería el órgano instructor el auténtico facultado para ejercer la potestad disciplinaria[228].

Sin embargo, como ocurría con la calificación jurídica, el órgano decisor también podrá imponer una sanción mayor que la propuesta, bien en cuanto a su gravedad, bien en cuanto a su extensión. Para ello, no obstante, deberá estarse a lo dispuesto en los arts. 90.2 de la Ley 39/2015 y 19.e) de la Ley de Convivencia Universitaria, que exigen dar traslado al inculpado para que alegue lo que a su derecho convenga en el plazo de quince días[229].

---

227. Alarcón Sotomayor, L., ob. cit. 2007, pág. 120.

228. Así lo consideran en Garberí Llobregat, J. y Buitrón Ramírez, G., ob. cit. 2016, pág. 1.087.

229. Una cuestión diferente y, que por su curiosidad creo oportuno mencionar, es la que se suscitó en la STSJ de Castilla la Mancha, Sala de lo Contencioso, Albacete, secc. 2.ª, 324/2017, de 30 de junio (pon. Estévez Goytre, F.J. 2.º *in fine*), en el que tras recurrirse en reposición una sanción de carácter grave, el órgano resolutor decidió modificar los hechos

2. El derecho a la presunción de no existencia de responsabilidad disciplinaria, o, dicho de otro modo: el derecho fundamental a la presunción de inocencia

La presunción de inocencia se recoge con carácter general en el art. 24.2 de la Constitución Española. Aunque literalmente referido al ámbito del Derecho penal, el Tribunal Constitucional ha reiterado la aplicación de este derecho propio de la jurisdicción penal al procedimiento administrativo sancionador[230]. En lo que respecta a la Ley 39/2015, haciendo eco de lo que ya establecía la anterior Ley 30/1992, de 26 de noviembre, de Régimen Jurídico de las Administraciones públicas y del Procedimiento Administrativo Común, reconoce en el art. 53.2.b) el derecho a la presunción de no existencia de responsabilidad administrativa mientras no se demuestre lo contrario en el procedimiento administrativo sancionador. La Ley de Convivencia Universitaria, aunque no reconoce expresamente la aplicación de este derecho —de presencia indiscutible, en cualquier caso, en el procedimiento disciplinario sobre los estudiantes universitarios—, sí que hace siempre mención a «la persona presuntamente responsable» (arts. 8.3.b, 18.c, 18.d, 19.a, 19.b y 19.d).

La presunción de inocencia es, por tanto, la garantía central de todos los inculpados en el expediente y en este sentido de ella se dice que tiene dos manifestaciones: una primera relativa a la valoración de la prueba (regla de juicio), y una segunda referente al tratamiento del inculpado (regla de trata-

---

y entender que la sanción únicamente posible tenía carácter leve. Ante aquello, el sancionado consideró que se había vulnerado su derecho a ser oído en cuanto a la sanción leve. El tribunal aceptó su tesis y declaró nula la sanción.

230. Es el caso de las SSTC, Pleno, 133/2018, de 13 de diciembre (pon. Conde-Pumpido Tourón, F.J. 5.°); Sala Segunda, 9/2018, de 5 de febrero (pon. Valdés Dal-Ré, F.J. 2.°), en la que el tribunal reiteró la aplicabilidad de los principios inspiradores del procedimiento penal al administrativo en materia disciplinaria, aunque con pequeñas matizaciones, como el hecho de que la separación entre la fase instructora y la de enjuiciamiento, cuando no suponga indefensión, no sea susceptible de amparo constitucional; Sala Segunda, 157/2007, de 3 de agosto (pon. Conde Martín de Hijas, F.J. 6.°); Sala Segunda, 131/2003, de 30 de julio (pon. Vives Antón): «la presunción de inocencia, que rige sin excepción en el ordenamiento sancionador, garantiza el derecho a no sufrir sanción que no tenga fundamento en una previa actividad probatoria sobre la cual el órgano competente pueda fundamentar un juicio razonable de culpabilidad» (F.J. 7.°); Pleno, 76/1990, de 26 de abril (pon. Leguina Villa): «la presunción de inocencia rige sin excepciones en el ordenamiento sancionador y ha de ser respetada en la imposición de cualesquiera sanciones, sean penales, sean administrativas (...), pues el ejercicio del ius puniendi en sus diversas manifestaciones está condicionado por el art. 24.2 de la Constitución al juego de la prueba y a un procedimiento contradictorio en el que puedan defenderse las propias posiciones» (F.J. 8.°B); y Sala Primera, 2/1987, de 21 de enero (pon. Rodríguez-Piñero y Bravo-Ferrer, F.J. 6.°).

miento)[231]. En lo que respecta a la primera, resulta muy ilustrativo el pronunciamiento que realiza el Tribunal Constitucional en la STC 76/1990, de 26 de abril[232]:

> «En tal sentido, el derecho a la presunción de inocencia comporta: que la sanción esté basada en actos o medios probatorios de cargo o incriminadores de la conducta reprochada; que la carga de la prueba corresponda a quien acusa, sin que nadie esté obligado a probar su propia inocencia; y que cualquier insuficiencia en el resultado de las pruebas practicadas, libremente valorado por el órgano sancionador, debe traducirse en un pronunciamiento absolutorio» (F.J. 8.º).

De este pronunciamiento se desprenden tres garantías para el estudiante inculpado:

1. Que la sanción que se le imponga encuentre su justificación en una actividad probatoria suficiente que así le incrimine. Como afirma Díaz Fraile, será necesario que exista un «acervo probatorio» bastante para el dictado de la resolución[233].
2. Que la carga de la prueba le corresponde a la universidad, sin que deba el estudiante probar su inocencia. La carga de la prueba recaerá tanto sobre los hechos ilícitos presuntamente cometidos, como sobre la existencia de culpabilidad del alumno y su grado de participación. En la tramitación del expediente disciplinario la presunción de inocencia del estudiante únicamente podrá ser desvirtuada mediante la denuncia que se formule, las actas que tengan presunción de veracidad (presunción que únicamente operará *iuris tantum*, admitiendo prueba en contrario, y no *iure et de iure*, en cuyo caso sería inconstitucional)[234] o mediante pruebas indiciarias que

---

231. Tal y como ha afirmado tradicionalmente el Tribunal Constitucional en las SSTC, Sala Segunda, 107/1997, de 4 de julio (pon. Gabaldón López, F.J. 2.º); Sala Primera, 109/1986, de 24 de septiembre (pon. Díez-Picazo y Ponce de León, F.J. 1.º); y Sala Segunda, 66/1984, de 6 de junio (pon. Arozamena Sierra): «En lo que se refiere al primer punto, es conocido que la disposición que declara —dentro de las garantías contenidas en el art. 24.2 de la Constitución— que todos tienen derecho a la presunción de inocencia, contiene una regla del juicio con relevancia en lo que atañe a la prueba, y, además, una regla de tratamiento del imputado —en el proceso penal— o del sometido a procedimiento sancionador» (F.J. 2.º).
Estos pronunciamientos han sido recogidos y tratados ampliamente por la doctrina. Pueden citarse al respecto Díaz Fraile, F., ob. cit. 2016, pág. 277; y Alarcón Sotomayor, L., ob. cit. 2010, págs. 629 y ss., quien hace un magnífico estudio de ambas manifestaciones.

232. STC, Pleno, 76/1990, de 26 de abril (pon. Leguina Villa).

233. Díaz Fraile, F., ob. cit. 2016, págs. 277 y 278.

234. En este sentido se expresa, aunque con respecto al ámbito criminal, el Tribunal Constitucional de una manera muy clara: STC, Pleno, 185/2014, de 4 de diciembre (pon. Valdés Dal-Ré): «sea con una presunción iuris tantum, que supone una traslación o inversión de la carga de la prueba irreconciliable con el art. 24.2 CE (ya en STC 105/1988, de 8 de junio,

reúnan los requisitos establecidos, por todas, en la STC 116/2007, de 21 de mayo[235]: que sean indicios indubitados, que el estudio de los indicios conforme a las reglas de la sana crítica desvirtúe indudablemente la presunción y que el juicio de inferencia que lleve al órgano a dictar su resolución sea adecuado. Con respecto a esto último, el juicio de inferencia resulta muy interesante el pronunciamiento en el ámbito del derecho disciplinario sobre los estudiantes que hace la STS de 7 de marzo de 2002[236]. En esta sentencia el tribunal estudió el recurso de casación formulado por un estudiante de la Universidad de Sevilla sancionado por permitir que un tercero desconocido se presentase a los exámenes en su nombre. Los juzgadores de primera instancia y apelación habían considerado que, aplicando las reglas de la sana crítica, se infería fácilmente que no haber hecho nada ante algo como que un desconocido estaba realizando los exámenes por él, era una deducción razonable que desvirtuaba la presunción de inocencia y permitía acreditar su culpabilidad. El Tribunal Supremo corroboró que esta actitud por parte del estudiante era suficiente para desvirtuar la presunción de inocencia, confirmando así la resolución recurrida.

3. Que, en caso de duda, la interpretación que se realice por el órgano encargado de sancionar deberá ser favorable al estudiante. ALARCÓN SOTOMAYOR mantiene que la presunción de inocencia impide a la Administración que en caso de existir dudas sobre la tipicidad, antijuridicidad o culpabilidad pueda imponer la sanción pretendida[237].

En lo que se refiere a la regla del tratamiento del inculpado, es decir, la segunda manifestación de derecho a la presunción de inocencia, la jurisprudencia obliga a tratarle como inocente durante la tramitación de todo el expediente disciplinario. Esta regla supone que no pueda perjudicársele de ninguna manera sin que se haya probado mediante resolución motivada su culpabilidad[238]. Dentro del procedimiento sancionador existen dos momen-

FJ 3), sea con una presunción iuris et de iure, ilícita en el ámbito penal desde la perspectiva constitucional por cuanto prohíbe la prueba en contrario de lo presumido, con los efectos vulneradores de la presunción de inocencia de descargar de la prueba a quien acusa y de impedir probar la tesis opuesta a quien se defiende» (F.J. 3.º). Se hace eco de esta idea DÍAZ FRAILE, F., ob. cit. 2016, pág. 279.

235. STC, Sala Primera, 116/2007, de 21 de mayo (pon. Pérez Tremps, F.J. 4.º).

236. STS, Sala de lo Contencioso, de 7 de marzo de 2002, rec. núm. 7023/1994 (pon. Trillo Torres, F.J. 3.º).

237. ALARCÓN SOTOMAYOR, L., ob. cit. 2010, pág. 673.

238. En lo que se refiere a esta segunda regla de tratamiento resultan muy interesantes la STC, Sala Segunda, 25/2003, de 5 de marzo (pon. Pérez Vera, F.J. 3.º); y la STS, Sala de lo Contencioso, secc. 4.ª, de 21 de octubre de 2003, rec. núm. 3642/2000 (pon. Xiol Ríos): «Como ha declarado en reiteradas ocasiones el Tribunal Constitucional, la presunción de

tos en que esta regla de tratamiento puede suscitar controversia: por un lado, en el establecimiento de medidas provisionales; y, por otro lado, durante la ejecutividad de las sanciones administrativas. El Tribunal Supremo y el Tribunal Constitucional han descartado que ninguna de estas figuras perjudique la presunción de inocencia del inculpado.

La primera, por la exigencia de que las medidas provisionales han de dictarse respetándose una serie de presupuestos legales; la segunda, porque el ejercicio de la potestad sancionadora va precedido de la existencia de un procedimiento sancionador en que se ha practicado la prueba suficiente para desvirtuar esta presunción[239].

Al tratarse de un derecho fundamental, su protección estará mejor garantizada que la de los derechos anteriormente descritos. En la vía jurisdiccional ordinaria, y en virtud de lo dispuesto en el art. 88.2.i) de la Ley 29/1998, de 13 de julio, reguladora de la Jurisdicción Contencioso-administrativa, su vulneración podrá acceder al Tribunal Supremo por medio del recurso de casación; y además podrá ser objeto del procedimiento preferente y sumario que se regula en los arts. 114 y ss. de esta norma rituaria. También en el ámbito constitucional, su vulneración podrá ser denunciada en recurso de amparo.

II. Los derechos instrumentales del estudiante

En este derecho al procedimiento se encuentran ínsitas diversas garantías[240]. El art. 53 de la Ley 39/2015 realiza un listado de los derechos instrumentales que asistirán al inculpado a lo largo del desarrollo del expediente:

---

inocencia, además de constituir un principio o criterio informador del ordenamiento procesal penal, es ante todo un derecho fundamental en cuya virtud una persona acusada de una infracción no puede ser considerada culpable hasta que así se declare en sentencia condenatoria» (F.J. 8.º).

239. Con respecto a las medidas provisionales se ha pronunciado la STS, Sala de lo Contencioso, secc. 4.ª, 994/2017, de 5 de junio (pon. Teso Gamella, F.J. 6.º), al afirmar que únicamente será contrario a la presunción de inocencia la imposición de medidas provisionales sin cumplir con los presupuestos legales establecidos que permiten el establecimiento de las mismas. Interesa también la cita de Rebollo Puig, M.: «Las medidas provisionales en el procedimiento administrativo sancionador» en AA.VV.: *Derecho administrativo sancionador*. Lex Nova, 2010, págs. 537 y 538.
En lo concerniente a la ejecutividad de las sanciones puede citarse la STC 66/1984, de 6 de junio (pon. Arozamena Sierra, F.J. 2.º), donde el tribunal afirma que no puede vulnerar la presunción de inocencia la ejecución de una sanción impuesta tras el oportuno procedimiento. Esta tesis es acogida por Izquierdo Carrasco, M.: «La ejecución de las sanciones» en AA.VV.: *Derecho administrativo sancionador*. Lex Nova, 2010, págs. 891 y ss.; y al respecto puede leerse también a Alarcón Sotomayor, L., ob. cit. 2007, págs. 455 y ss.

240. Como afirma Gallardo Castillo, M.J., ob. cit. 2016, pág. 180.

1. El derecho a elegir el modo de relacionarse con la universidad

En primer lugar, hablaré de este derecho, que no se reconoce en el art. 53 de la Ley 39/2015 pero sí en el art. 14 de la misma norma. Este precepto establece que las personas físicas podrán elegir la forma en que se relacionarán con la Administración pública y que podrán hacerlo en cualquier momento durante la tramitación del expediente y también modificarlo. Por tanto, el estudiante elegirá de qué manera quiere relacionarse con la universidad durante la tramitación del procedimiento disciplinario.

Existen, en cambio, determinados colectivos que estarán obligados a relacionarse electrónicamente. En lo que interesa al procedimiento disciplinario sobre los estudiantes, deberán relacionarse de esta forma aquellos que «ejerzan una actividad profesional para la que se requiera colegiación obligatoria, para los trámites y actuaciones que realicen con las Administraciones públicas en ejercicio de dicha actividad profesional». Serán entonces los abogados que asuman en sede administrativa la defensa de los estudiantes quienes deban hacerlo de esta manera[241].

Ahora bien, el apartado tercero del art. 14 establece que de forma reglamentaria las Administraciones podrán establecer la obligación de relacionarse con ellas por vía electrónica, siempre y cuando esta obligación se imponga a un colectivo al que se le presuma que tiene acceso a los medios electrónicos necesarios. Considero que, dada esta premisa legal, unida a la autonomía universitaria, se permite a las universidades públicas exigir —previo establecimiento reglamentario— a sus estudiantes que se relacionen por medios electrónicos. A fin de cuentas, los estudiantes tienen la capacidad necesaria para acceder a estos medios y si no dispusiera de los mismos, las universidades los facilitan de distinta forma.

Como muestra de ello señalo el Reglamento por el que se regula el uso y funcionamiento del Registro Electrónico General de la Universidad Pablo de Olavide[242], que en su art. 4.1.f) establece la obligación que tienen los estudiantes de relacionarse con la universidad de manera electrónica. En la actualidad casi la totalidad de las universidades públicas españolas han establecido la obligación para sus estudiantes de relacionarse electrónicamente con ellas.

La obligación de relacionarse electrónicamente con la administración no está exenta de crítica, máxime cuando la experiencia ha acreditado que no siempre las sedes electrónicas permiten al obligado realizar el trámite sin dificultades[243].

241. Establece esta obligación de colegiación el art. 4.1 del Real Decreto 135/2021, de 2 de marzo, por el que se aprueba el Estatuto General de la Abogacía Española.

242. Aprobado por Acuerdo del Consejo de Gobierno de 29 de abril de 2022.

243. Se han mostrado críticos al respecto Gamero Casado, E. y Fernández Ramos, S.: *Manual básico de Derecho administrativo*. Tecnos, 2023, págs. 427 y 428.

2. El derecho de acceso al expediente

Entre los derechos del estudiante se encuentra el derecho de acceso al expediente[244], que se consagra en el art. 53.1.a) de la Ley 39/2015. Este derecho es heredero del principio de acceso permanente que establecía el art. 3 del derogado Real Decreto 1398/1993, de 4 de agosto, por el que se aprueba el Reglamento del Procedimiento para el Ejercicio de la Potestad Sancionadora. El derecho de acceso consiste en la facultad del interesado de conocer el estado del procedimiento, de acceder a los documentos en él obrantes y de obtener las copias que desee[245].

Este derecho de acceso al expediente no es predicable a todos los sujetos. Para que el estudiante acceda al expediente deberán darse dos presupuestos: en primer lugar, se exigirá que ostente la consideración de interesado; y, en segundo lugar, que el procedimiento esté iniciado. En sentido negativo, el estudiante no tendrá derecho a acceder a las actuaciones previas que se estén desarrollando, aunque vaya a ostentar la condición de interesado en el procedimiento que se inicie[246]; e igualmente, no podrá cualquier tercero ajeno al procedimiento acceder a su contenido[247].

El art. 4 de la Ley 39/2015 establece quienes se considerarán interesados en el procedimiento administrativo. Tratándose éste del procedimiento

---

244. Sobre este derecho, intereso la lectura de FERNÁNDEZ RAMOS, S. y PÉREZ MONGUIÓ, J.M.: *El derecho de acceso a la información pública en España*. Aranzadi, 2020, págs. 101 y ss. Los autores realizan un magnífico recorrido por los antecedentes históricos del mismo y su contenido.

245. Así lo entienden GARBERÍ LLOBREGAT, J. y BUITRÓN RAMÍREZ, G., ob. cit. 2016, págs. 1.517 y ss.; y FERNÁNDEZ RAMOS, S. y PÉREZ MONGUIÓ, J.M., ob. cit. 2020, pág. 110.

246. La STS, Sala de lo Contencioso, secc. 3.ª, de 25 de febrero de 2016, rec. núm. 3847/2012 (pon. Calvo Rojas, F.J. 4.º) determina que sólo en caso de que la norma de aplicación prevea que el investigado pueda tener acceso a la información contenida en las actuaciones previas, estará obligada la administración actuante a permitir su derecho de acceso en dicha instancia. En el supuesto de autos a una empresa se le aperturó una información reservada por parte de la Comisión Nacional del Mercado y la Competencia. La empresa interesó copia de la denuncia, lo que le fue denegado. Recurrió entonces al considerar que se había vulnerado su derecho de defensa cuando le fue requerida información en las actuaciones previas sin que se le diera copia de la denuncia que se había formulado. El tribunal consideró que, al preverlo la norma, debió haberle sido trasladada la denuncia junto con el requerimiento de información. Si bien esto no se hizo, la recurrente no acreditó suficientemente la causa y alcance de la supuesta indefensión, por lo que el recurso fue desestimado.

247. Es interesante el debate existente en cuanto a si, en virtud del derecho de acceso a la información pública reconocido en el art. 12 de Ley 19/2013, de 9 de diciembre, de transparencia, acceso a la información pública y buen gobierno, terceros no interesados podrían acceder al expediente después de su finalización. A este respecto pueden citarse GUICHOT REINA, E. y BARRERO RODRÍGUEZ, C.: *El derecho de acceso a la información pública*. Tirant lo Blanch, 2023, págs. 771 y ss.; y FERNÁNDEZ RAMOS, S. y PÉREZ MONGUIÓ, J.M., ob. cit. 2020, págs.

sancionador, debe centrarse el interés en la letra b) del párrafo primero. Se refiere a las personas que, no habiendo iniciado el procedimiento, tienen derechos que pueden resultar afectados por la decisión que recaiga tras la tramitación del procedimiento. Dos sujetos se encontrarían en esta situación:

1. El estudiante inculpado, que es sin duda el principal interesado del procedimiento disciplinario. Como dicen Garberí Llobregat y Buitrón Ramírez, el inculpado es el «interesado por excelencia»[248]. La resolución que se dicte no sólo afectará a sus derechos como estudiante: asistencia a clase, examinarse de una asignatura, permanencia en la universidad; sino también a sus derechos fundamentales: presunción de inocencia, defensa, ser oído en el expediente sancionador, etc.

2. Además del estudiante inculpado, es posible que un tercero pueda resultar interesado por tener también un derecho subjetivo afectado por la resolución que eventualmente se dicte. Determinarlo es más complicado, sin duda. La doctrina más especializada se ha encargado de enunciar qué tipo de derechos deben resultar afectados para considerar a su titular como interesado en el procedimiento. A este respecto se concluye que serán interesados los que tengan derechos de tipo personal que pueden ser afectados; *sensu contrario*, no así los que los tengan de tipo patrimonial. Se encontraría en este supuesto el alumno al que la anulación de una prueba de evaluación realizada a través de fraude le haría situarse en una posición más beneficiosa a la hora de optar a determinados beneficios escolares —becas o matrículas de honor, por ejemplo—. En este sentido, debe decirse que la Ley de Convivencia Universitaria contempla en el art. 19.i) que el título oficial emitido cuando se haya cometido fraude será anulado siguiendo el oportuno procedimiento de revisión. Por contra, el afectado patrimonialmente por la comisión de un ilícito administrativo tendrá expedita la vía jurisdiccional civil, pero en ningún caso podrá ser resarcido a través de la resolución del expediente sancionador. A modo de ejemplo, podría excluirse como interesado al residente de un colegio mayor al que, víctima de una novatada, rompen algún objeto personal.

Relacionada con la figura del interesado se encuentra la del denunciante. El art. 62.5 de la Ley 39/2015 establece que la sola presentación de la denuncia no confiere a quien la formula la condición de interesado. En este sentido, a éste únicamente deberá serle comunicado el acuerdo de iniciación el expediente *ex* art. 64.1 de la Ley 39/2015. En el ámbito disciplinario universitario la cuestión del denunciante interesado resulta trascendente.

248. Garberí Llobregat, J y Buitrón Ramírez, G., ob. cit. 2016, pág. 1.512.

No obstante, según lo dispuesto en las letras b) y c) del art. 4 de la Ley 39/2015 antes comentado, sí será interesado el denunciante cuando la resolución pudiera afectarle a un derecho subjetivo propio. Siguiendo el ejemplo antes expresado, el estudiante que no obtiene una beca al otorgársela al inculpado que la obtuvo mediante acreditaciones fraudulentas.

Siguiendo la opinión de Garberí Llobregat y Buitrón Ramírez, el principio de información permanente tiene tres manifestaciones principales: el derecho a conocer el estado de tramitación del expediente, el derecho a acceder a los documentos que conforman el expediente y el derecho a la obtención de copias[249]:

1. El derecho a conocer el estado de tramitación del expediente. Los interesados en el procedimiento sancionador tendrán derecho a saber en qué situación se encuentra el expediente administrativo. Esto cumple una doble finalidad. Por un lado, que el estudiante investigado u otros interesados puedan conocer el estado del procedimiento sancionador. Esto no es una cuestión menor. El conocimiento del estado de las cosas genera mayor sosiego en el afectado, especialmente si se tiene en cuenta la gravedad de las consecuencias que puede tener para un estudiante la resolución sancionadora. Por otro lado, se les da a los inculpados la posibilidad de advertir a la universidad las posibles dilaciones no imputables a los primeros que tengan lugar y cuyo mantenimiento pudiera perjudicarle. Por ejemplo, la solicitud del libramiento de un oficio o la práctica de una prueba que nunca tiene lugar.

   El conocimiento del estado del expediente podrá tener lugar por vía electrónica en la sede electrónica de la universidad o presencialmente en el lugar en que se encuentre el expediente disciplinario, a decisión del estudiante, siempre y cuando actúe personalmente o representado por quien no esté obligado a relacionarse por medios electrónicos con la Administración.

   Como norma general, el acceso se materializará tras la personación del estudiante ante el instructor o el funcionario que se encargue de la custodia del expediente o, en caso de que exista, ante el servicio de inspección.

2. El derecho a acceder a los documentos que conforman el expediente. El estudiante podrá también acudir al lugar en que se custodie el expediente o acceder a la sede electrónica de la universidad para tener conocimiento de los documentos que forman parte del expediente disciplinario. Si bien el art. 70.2 de la Ley 39/2015 establece que el expediente es electrónico, dado que el estudiante no tiene la obligación de relacionarse de esta manera con la universidad, el acceso a sus documentos podrá tener lugar de manera presencial. No

249. Garberí Llobregat, J. y Buitrón Ramírez, G., ob. cit. 2016, págs. 1.517 y ss.

obstante, si estuviera obligado a relacionarse electrónicamente con la universidad, igualmente tendrá el derecho de acceder al expediente de esta forma, según dispone el art. 53.1.a) *in fine* de la Ley 39/2015.

Se hace necesario hablar de cuáles son los documentos que completan el expediente administrativo. El art. 70.1 de la Ley 39/2015 señala que el expediente es: «el conjunto ordenado de documentos y actuaciones que sirven de antecedente y fundamento a la resolución administrativa». Esta definición puede resultar un poco ambigua y, a pesar de que el párrafo cuarto concreta señalando determinados elementos que no se considerarán parte del expediente, puede generar enormes dudas a los interesados a la hora de acceder de manera íntegra a la documentación obrante en el legajo de la Administración. En este sentido, puede ser importante tener acceso a determinados documentos como opiniones o juicios de valor emitidos por el instructor y que, sin embargo, su acceso resulte imposible. Estando en juego el derecho de defensa del estudiante frente al poder punitivo de la universidad, cualquier mejora en las garantías del inculpado puede serle útil. Por ello, considero que al expediente administrativo debería adicionársele toda aquella documentación que de una manera u otra haya sido valorada por el instructor a la hora de tomar cada decisión sobre el procedimiento. No existe inconveniente en aportar comunicaciones, por someras que pudieran parecer, que el instructor hubiera podido tener con otros miembros del servicio de inspección o notas que éste tome en la práctica de alguna prueba, por ejemplo.

Con carácter general, según el art. 70.2 de la Ley 39/2015, pueden considerarse como parte del expediente los «documentos, pruebas, dictámenes, informes, acuerdos, notificaciones y demás diligencias (...), así como un índice numerado de todos los documentos que contenga cuando se remita». En sentido contrario, y tal y como dispone el párrafo cuarto, no lo formará:

> «[L]a información que tenga carácter auxiliar o de apoyo, como la contenida en aplicaciones, ficheros y bases de datos informáticas, notas, borradores, opiniones, resúmenes, comunicaciones e informes internos o entre órganos o entidades administrativas, así como los juicios de valor emitidos por las Administraciones públicas, salvo que se trate de informes, preceptivos y facultativos, solicitados antes de la resolución administrativa que ponga fin al procedimiento».

3. El derecho a la obtención de copias de los documentos que integren el expediente disciplinario. Los estudiantes podrán obtener copia de todos los documentos que obren en el expediente disciplinario. Si éste está digitalizado y a disposición de forma electrónica, podrán descargarse los archivos desde la sede electrónica. En caso de no poder hacerlo, bien por no estar a disposición del estudiante de tal forma,

bien por existir algún tipo de imposibilidad de carácter técnico, bastará con acudir al lugar donde se custodie y solicitarlo. Estas copias serán costeadas por la institución académica, salvo que se haya establecido una tasa para ello por la Comunidad Autónoma en las respectivas leyes de establecimiento de precios públicos y tasas de las universidades.

En cuanto a la validez de las copias de estos documentos, debe quedar garantizada la identidad del órgano que ha realizado la copia y su contenido, a través de los presupuestos establecidos en el art. 27.3 de la Ley 39/2015.

En cualquier caso, dado el sentido del derecho de acceso permanente, los responsables de la universidad deberán facilitar la obtención de copias. Cualquier obstáculo en el ejercicio de esto derecho debe estar debidamente motivado, sin que el encargado de custodiar el expediente pueda negar la obtención de las copias alegando motivos baladíes o fácilmente removibles.

El ejercicio del derecho de acceso al expediente en cualquiera de sus manifestaciones deberá tener lugar garantizándose el funcionamiento correcto del servicio público[250]. Los interesados deberán entender que el acceso presencial al expediente para conocer su estado, analizar los documentos que lo conforman u obtener copia de los mismos podrá ser limitado por cuestiones de organización del servicio en que se custodie. Es posible que por estas razones se establezca un horario de atención o que el acceso se realice previa cita. También puede ocurrir que se exija al estudiante la presentación de una solicitud de acceso al expediente. En cualquier caso, la universidad deberá proveer la petición del estudiante permitiendo el ejercicio de su derecho, siempre que se cumpla con los requisitos mencionados en los párrafos anteriores. En caso de que la universidad rechazara el acceso, el estudiante verá expedita su posibilidad de interponer el recurso administrativo que corresponda, dado que la privación podría provocar un perjuicio en su derecho de defensa.

3. El derecho a identificar a las autoridades y al personal responsable del procedimiento: el régimen de abstención y recusación

El art. 53.1.b) de la Ley 39/2015 reconoce al estudiante investigado el derecho a conocer quiénes son las autoridades y las personas al cargo de la tramitación del procedimiento. Con anterioridad a que comience el desarrollo de su actuación, el estudiante deberá saber quiénes se encargarán de instruir

250. Tal y como afirman García de Enterría, E. y Fernández Rodríguez, T-R., ob. cit. 2013. pág. 490.

y resolver el expediente. No bastará con que el inculpado pueda identificar el órgano o los órganos administrativos que intervendrán en la tramitación del expediente disciplinario, sino que deberá conocer la identidad personal de los funcionarios que integren estos órganos.

La razón de este derecho se encuentra en la posibilidad que tiene el estudiante de promover la recusación de la persona o personas actuantes. La recusación se efectuará conforme a lo dispuesto en el art. 24 de la Ley 40/2015 cuando concurra alguno de los supuestos tasados en el art. 23.2 de la misma norma:

> «a) Tener interés personal en el asunto de que se trate o en otro en cuya resolución pudiera influir la de aquél (...) o tener cuestión litigiosa pendiente con algún interesado.
>
> b) Tener un vínculo matrimonial o situación de hecho asimilable y el parentesco de consanguinidad dentro del cuarto grado o de afinidad dentro del segundo, con cualquiera de los interesados (...) y también con los asesores, representantes legales o mandatarios que intervengan en el procedimiento, así como compartir despacho profesional o estar asociado con éstos para el asesoramiento, la representación o el mandato.
>
> c) Tener amistad íntima o enemistad manifiesta con alguna de las personas mencionadas en el apartado anterior.
>
> d) Haber intervenido como perito o como testigo en el procedimiento de que se trate.
>
> e) Tener relación de servicio con persona natural o jurídica interesada directamente en el asunto, o haberle prestado en los dos últimos años servicios profesionales de cualquier tipo y en cualquier circunstancia o lugar».

Por estas mismas causas también podrá el funcionario afectado por alguna *motu proprio* abstenerse de la tramitación o resolución del expediente disciplinario.

Conforme establece el art. 24 de la Ley 40/2015, cuando el estudiante formule la recusación, el recusado informará en el día inmediatamente hábil posterior sobre la concurrencia o no de la causa alegada a su superior. Dado que la instrucción se encomienda al servicio de inspección de la universidad, siendo así que el superior del instructor —vocal o inspector— será el director o jefe del servicio. En caso de aceptarse por el recusado la existencia de algún motivo suficiente, el superior ordenará su sustitución; *sensu contrario*, si el primero no lo hiciere, el segundo resolverá en el plazo de tres días lo que estime oportuno. Contra la resolución no podrá formularse recurso; sin perjuicio de que el estudiante lo formule contra la resolución del expediente, donde podrá alegar la existencia de alguna de las causas del art. 23.2 de la Ley 40/2015 y de cómo el no apartamiento del funcionario ha podido perjudicarle. A este respecto, el art. 23.4 de la Ley 40/2015 establece que el hecho de que en el funcionario concurra alguna causa de abstención no significa que el acto adoptado no produzca efecto.

Junto a la identificación del presunto responsable en el acuerdo de iniciación del expediente disciplinario se mencionará el derecho que tiene el estudiante de formular la recusación. De no ser así y existir causas que pudieran llevar a la parcialidad de las personas encargadas del desarrollo del procedimiento, se produciría una situación de indefensión en el estudiante que podrían conllevar a la nulidad del expediente[251]. En caso de que por omisión no aparezca más que el órgano y no la identidad de sus miembros, el Tribunal Supremo ha establecido que con ello no se produce ningún perjuicio en el derecho de defensa del inculpado[252]. En este sentido, el estudiante podrá obtener información adicional sobre la concreta identidad de las personas encargadas. Esto podrá hacerlo acudiendo a la página web de la institución, donde habitualmente se identifican a los responsables de la inspección de servicios; o bien, si por la razón que fuere ello no fuera posible, podría acudir al boletín oficial de la universidad y ver el nombramiento del funcionario.

Por ello, es preciso aclarar que la falta de identificación de los responsables o del derecho del inculpado a recusarles únicamente podrá ser causa suficiente de indefensión cuando concurran motivos que debieron llevar al apartamiento del expediente de esta persona. Dicho de otra manera, cuando no se identifique a los sujetos encargados de instruir y resolver el expediente o no se le informe al inculpado en el acuerdo de iniciación de su derecho a formular la recusación de estas personas, no tiene porqué producirse indefensión[253].

---

251. El Tribunal Supremo en la STS, Sala de lo Contencioso, secc. 3.ª, de 26 de junio de 2012, rec. núm. 6447/2008 (pon. Espín Templado), ha declarado que el ofrecimiento al inculpado de la posibilidad de recusar al personal nombrado supone «no una formalidad más, sino una exigencia tributaria del derecho de defensa» (F.J. 4.º). En el asunto de autos, sobre una sanción en materia de ayudas públicas a la vivienda, declaró la nulidad del expediente sancionador al tomar conciencia el tribunal de que existían dudas razonables acerca de la imparcialidad de la instructora y que no se especificó en el acuerdo de inicio del expediente sancionador la posibilidad de recusar a esta persona.

252. Tal y como ocurrió en el supuesto enjuiciado en la STS, Sala de lo Contencioso, secc. 3.ª, de 13 de octubre de 2015, rec. núm. 714/2014 (pon. Calvo Rojas), donde el tribunal establece que la empresa inculpada, ante el defecto del acuerdo de inicio, bien pudo solicitar esta información. Lo hace así: «la entidad ahora recurrente bien pudo recabar entonces información sobre la identidad de persona física que materialmente llevaba a cabo la labor instructora; pero la recurrente no requirió esa información adicional cuando se le notifico el acuerdo de incoación. Así las cosas, no cabe reconocer eficacia invalidante el defecto procedimental que se denuncia, y, desde luego, ningún indicio hay de que el defecto alegado haya podido causar indefensión» (F.J. 3.º).

253. Al respecto puede citarse la STSJ de Valencia, Sala de lo Contencioso, secc. 1.ª, 395/2017, de 23 de mayo (pon. López Candela, F.J. 2.º), que establece que ninguna consecuencia tendrá que no se identifique al resolutor del procedimiento cuando no medie causa alguna de recusación. En sentido parecido la SJCA núm. 1 de Santander, 142/2016, de 8 de julio (tit. Varea Orbea, F.J. 6.º), que entendió que, aunque se exige la identificación con nombre y apellidos de los responsables, el hecho de que éstos no consten no genera indefensión. Según entiende el magistrado, será bastante que se haga referencia a jefe de sección

4. El derecho a no presentar documentos originales

En el marco del procedimiento sancionador y según lo dispuesto en la letra c) del art. 53.1 de la Ley 39/2015, el estudiante no estará obligado a presentar documentos originales. Ahora bien, el artículo excepciona: deberá hacerlo cuando la normativa aplicable establezca lo contrario, en cuyo caso recibirá una copia autenticada del documento presentado[254]. En el ámbito de la disciplina académica ninguna norma obliga a los estudiantes inculpados a presentar la documentación original. Por ello, se puede afirmar que en el procedimiento disciplinario universitario los estudiantes presentarán únicamente copias de los documentos interesados, siempre y cuando se trate de documentos que convengan a su defensa[255].

5. El derecho a no presentar datos y documentos que obren en poder de la universidad o hayan sido elaborados por ésta

Puede resultar que el instructor solicite del estudiante documentos que obren en poder la universidad; o puede ocurrir también que en fundamento de sus alegaciones sea el estudiante el que interese la incorporación de un documento del que ya disponga la institución académica. En ambos casos, y según establece el art. 53.1.d) de la Ley 39/2015, podrá el inculpado acogerse a este derecho, siendo el órgano instructor el que deberá librar oficio a la unidad administrativa custodia del documento para que lo remita y lo una al expediente sancionador.

No obstante, la jurisprudencia ha exigido en ocasiones que el inculpado facilite la búsqueda de la documentación a la Administración, por ejemplo, identificando el archivo en que se encuentra o, en el caso de que existan

---

como responsable de resolver, siempre y cuando no medie causa de recusación, en cuyo caso sí podría producirse indefensión en el inculpado.
Así se ha pronunciado también la doctrina administrativista. Pueden citarse a Gómez Tomillo, M. y Sanz Rubiales, Í., ob. cit. 2017, págs. 737 y ss.

254. Existen sentencias que sirven para reforzar este derecho instrumental del estudiante inculpado, *a priori* de escasa entidad. Al respecto, la SAN, Sala de lo Contencioso, secc. 6.ª, de 19 de marzo de 2018, rec. núm. 456/2016 (pon. Guerrero Zaplana), que establece que la obligación para el inculpado no opera como un «excesivo formalismo, sino una garantía» (F.J. 6.º).

255. Existen, en cambio, otros sectores del Derecho administrativo donde no aportar la documentación requerida en un determinado procedimiento puede considerarse infracción de obstrucción a las labores inspectoras. Sirvan de ejemplo el art. 203 de la Ley 58/2003, de 17 de diciembre, General Tributaria y el art. 50 del Real Decreto Legislativo 5/2000, de 4 de agosto, por el que se aprueba el texto refundido de la Ley sobre Infracciones y Sanciones en el Orden Social.

dudas acerca de la realidad de su existencia, aportando documentación justificativa de ésta[256].

6. El derecho de acceso universal

Tomo la definición del filósofo del Derecho DE ASÍS ROIG sobre la accesibilidad universal, que la define así: «la accesibilidad universal se presenta como una condición ineludible para el ejercicio de los derechos —en igualdad de oportunidades— por todos los individuos»[257]; y de manera similar lo expresa el art. 2.k) del Real Decreto Legislativo 1/2013, de 29 de noviembre, por el que se aprueba el Texto Refundido de la Ley General de derechos de las personas con discapacidad y de su inclusión social. La Ley de Convivencia Universitaria establece en su art. 4.4.a), referido a las normas de convivencia que deberán aprobar las universidades, que dentro del enfoque de género que deberán tener se «incorporará una perspectiva interseccional para asegurar los derechos de las personas con discapacidad».

El derecho de acceso o accesibilidad universal permite entonces situar a todos los estudiantes en igualdad de oportunidades a la hora de ejercer su derecho a la defensa dentro del expediente disciplinario. Por tanto, a la hora de que tenga lugar el desarrollo del expediente disciplinario la universidad deberá velar porque los estudiantes que cuenten con una discapacidad no se hallen por tal motivo en una posición desigual. Dos serían las barreras que podrían existir y que deben ser removidas:

1. En primer lugar, las barreras arquitectónicas. El estudiante puede presentar una discapacidad física que le impida acudir a un determinado sitio. La práctica de todas las pruebas tendrá lugar en un lugar donde no exista obstáculo para la asistencia del estudiante con discapacidad.
2. En segundo lugar, las barreras en la comunicación. Puede ocurrir que el estudiante investigado presente una discapacidad de tipo relacional que dificulte su comprensión de determinados aspectos que ocurran en el expediente disciplinario, por ejemplo, las indicaciones dadas por el instructor a la hora de tomarle declaración o el contenido de los actos administrativos. En la tramitación del procedimiento deberá velarse porque el estudiante conozca la situación en que se encuentra

256. En este sentido, la STS, Sala de lo Contencioso, secc. 4.ª, de 17 de noviembre de 2009, rec. núm. 4817/2007 (pon. Lecumberri Martí, F.J. 4.º). En los hechos enjuiciados una farmacéutica se negó a aportar su título de licenciada en farmacia en el marco de una solicitud de licencia de apertura de oficina de farmacia al disponer el departamento administrativo instructor del expediente de una copia del mismo. El tribunal aceptó la tesis y por dicho motivo, entre otros, rechazó el recurso de casación, que había sido presentado por otra farmacéutica interesada.

257. DE ASÍS ROIG, R.: *Sobre la accesibilidad universal en el derecho*. Dykinson, 2010, pág. 62.

y que comprenda la información que le es puesta a su disposición en toda su extensión.

Recover Balboa[258] propone que ante la Administración de Justicia las personas con discapacidad reciban explicaciones en términos que puedan comprender —en un lenguaje que les resulte accesible—; y si existiera algún problema en la visión, que los actos pudieran ser comunicados a través de lengua de signos, pictogramas o sistemas de ampliación de letras o de imágenes. Asimismo, aboga también por permitir que estas personas estén acompañadas por asistentes que le ayuden en su relación con el organismo judicial. Considero que estas propuestas pueden ser trasladadas también al ámbito disciplinario, pues suponen un avance en la igualdad en el ejercicio del derecho de defensa por parte de las personas con discapacidad.

7. El derecho a comparecer asistidos por asesor: mención especial al derecho a la defensa letrada

El art. 53.1.g) de la Ley 39/2015 reconoce el derecho del estudiante a actuar asistido de asesor cuando crea que es conveniente para su defensa. También se pronuncia así el art. 21.d) de la Ley de Convivencia Universitaria. El tenor literal de ambos artículos ampara la asistencia por cualquier persona. Lo natural será que, en caso de actuar así, lo haga asistido de abogado y/o, en su caso, por algún técnico cuando las circunstancias lo aconsejen.

En cuanto a la asistencia por medio de abogado, no cabe duda de que en el procedimiento penal este derecho alcanza los honores de derecho fundamental y que opera, incluso, como una obligación para el investigado/acusado[259]. Este derecho, con su tratamiento como fundamental, es trasladable al procedimiento administrativo. Así lo ha venido reconociendo reiteradamente el Tribunal Supremo[260]. Aceptando la tesis de la traslación, el art.

258. Recover Balboa, T.: «Acceso a la Justicia: ajustes de procedimiento para las personas con discapacidad» en *Anales de derecho y discapacidad. Revista científica de Derecho de la Discapacidad*, núm. especial, julio 2022, págs. 30 y ss.

259. Con excepción de los juicios por delito leve, donde la asistencia letrada es una opción, con la salvedad de que el delito leve enjuiciado lleve aparejada una pena de multa cuyo límite máximo sea de seis meses como mínimo. Todo esto según dispone el art. 967 del Real Decreto de 14 de septiembre de 1882 por el que se aprueba la Ley de Enjuiciamiento Criminal.

260. Por todas, las SSTS, Sala de lo Militar, secc. 1.ª, 17/2018, de 7 de febrero (pon. Pignatelli Meca, F.J. 6.º); Sala de lo Militar, secc. 1.ª, 12/2018, de 30 de enero (pon. Pignatelli Meca, F.J. 3.º); y Sala de lo Contencioso, secc. 7.ª, de 7 de mayo de 2008, rec. núm. 11205/2004 (pon. Maurandi Guillén, F.J. 4.º).
Hay autores, sin embargo, que rechazan esta traslación, reduciéndola únicamente al ámbito del Derecho disciplinario militar y penitenciario. Es el caso de Alarcón Sotomayor, L., ob. cit. 2007, págs. 252 y ss. y «El derecho fundamental a la asistencia letrada» en AA. VV.: *Derecho administrativo sancionador*. Lex Nova, 2010, págs. 611 y ss. La autora

53.1.g) de la Ley 39/2015 y el art. 21.d) de la Ley de Convivencia Universitaria son una manifestación ordinaria del reconocimiento constitucional.

El derecho fundamental en el caso de procedimiento administrativo sancionador opera exclusivamente como un derecho. Es decir, que la norma sancionadora no compele al estudiante a actuar asistido por medio de letrado, sino que los arts. 53.1.g) de la Ley 39/2015 y 21.d) de la Ley de Convivencia Universitaria sólo le facultan a ello. Tanto es así que no es infrecuente que el estudiante comparezca en el procedimiento sancionador por sí mismo. Se reconoce, en este sentido, el derecho a la autodefensa y, de manera no excluyente, a la asistencia letrada. *Sensu contrario*, en reiteradas ocasiones el Tribunal Constitucional ha confirmado que el hecho de que la norma no establezca la obligación de comparecer asistido por letrado no implica que el inculpado no tenga derecho a designar libremente un abogado que defienda sus intereses[261]. En el procedimiento disciplinario sobre los estudiantes universitarios la asistencia del abogado tendrá cuatro manifestaciones principales:

1. Despejará los interrogantes del estudiante sobre la situación que tiene ante sí: cómo se desarrolla el expediente disciplinario, cuáles pueden ser las más fatales consecuencias si se determina su responsabilidad, qué pruebas podrían servir de descargo a su cliente, etc.
2. Redactará los escritos necesarios para defender los intereses del estudiante, como las alegaciones, los recursos administrativos, la denuncia de causas de abstención o recusación, etc.
3. Le asistirá en los interrogatorios y declaraciones que se practiquen. Advertirá al estudiante acerca de la posición que debe adoptar en la práctica de estas diligencias, formulará preguntas al estudiante asistido, a los testigos y a los posibles peritos cuando se acuerde su declaración.
4. «Estará al tanto del desarrollo del procedimiento», según dispone el art. 21.d) de la Ley de Convivencia Universitaria. Desconozco a qué se refiere el legislador con esta previsión. Si pretende que se notifi-

considera, con apoyo jurisprudencial (SSTC, Sala Primera, 236/2002, de 9 de diciembre, rec. núm. 340/2001 (pon. Jiménez de Parga y Cabrera, F.J. 2.º); y Sala Primera, 27/2001, de 29 de enero, rec. núm. 4707/1999 (pon. Cruz Villalón, F.J. 8.º), que la razón se encuentra en la naturaleza de la sanción que puede imponerse a los inculpados en este tipo de procedimientos en los que, llegado el caso, podrá restringirse el derecho fundamental a la libertad.

261. En las SSTC Sala Primera, 262/2005, de 29 de noviembre (pon. Aragón Reyes, F.J. 2.º); Sala Segunda, 92/1996, de 27 de mayo (pon. Viver Pi-Sunyer, F.J. 3.º), en la que se otorgó amparo al recurrente en apelación que solicitó para su recurso la designación de procurador y letrado de oficio, lo que le fue denegado por el Juzgado; y Sala Primera, 18/1995, de 28 de febrero (pon. Gimeno Sendra, F.J. 2.ºB).

que también al asesor de todo lo que acontezca durante la instrucción para que dichos actos generen sus efectos o si sencillamente es una previsión vacía. Puede plantearse también si debe estar al tanto de la instrucción, pero no de la resolución definitiva, dado el tenor literal del artículo. Estas incógnitas, sin duda, están por despejar.

El estudiante que compareciera asistido por letrado podrá dejar de hacerlo en cualquier momento si esa es su voluntad. No necesitará comunicarlo a la universidad, sino sencillamente será él el que redacte los escritos oportunos o el que en solitario comparezca en las diligencias que se practiquen. No será necesario, si lo hubiera tenido antes, esperar a que éste designe otro letrado, pues ciertamente su intervención no es necesaria.

La asistencia por medio de letrado no podrá ser rechazada por la universidad. Por escrito no lo hará nunca, pues en definitivas cuentas, si el estudiante no otorga su representación al abogado, deberá seguir firmando los escritos que se presenten y recibiendo las notificaciones que se practiquen. Sin embargo, sí podrá ocurrir que los funcionarios encargados de la tramitación del expediente pongan algún inconveniente a la hora de que el abogado asista al estudiante en las actuaciones orales que se desarrollen. Sobre este particular ha tenido ocasión de pronunciarse la jurisprudencia, considerando que Administración no puede impedir al inculpado asistir defendido por letrado en ninguna de las diligencias que tengan lugar. Así, impedir al investigado valerse de letrado supone una ilegalidad manifiesta que podría incluso llegar a ser causa invalidante de la sanción[262], y ello en tanto que la obstrucción del ejercicio de su derecho fundamental puede dar lugar a una indefensión material[263]. Así lo ha puesto de manifiesto la jurisprudencia constitucional.

---

262. Es el caso de la STSJ de Valencia, Sala de lo Contencioso, secc. 2.ª, 115/2016, de 3 de marzo (pon. Millán Herrándiz, F.J. 7.º), en la que la Generalitat recurrió la decisión de primera instancia que anuló una sanción disciplinaria contra un funcionario por considerar que se vulneraron sus derechos como inculpado en sede de instrucción al haberle negado la práctica de la prueba asistido de abogado. El tribunal razonó que el expedientado podía valerse de letrado en todo momento, sin que de ninguna manera pueda la Administración impedir el ejercicio de sus funciones propias, entre ellas, la asistencia en actuaciones orales. La consecuencia de este impedimento, dijo el tribunal, podría llegar a ser la nulidad de la resolución, siempre y cuando se haya producido con esa limitación una situación de indefensión material.

263. En este sentido, Alarcón Sotomayor, L, ob. cit. 2007, pág. 265 considera que, al no tratarse de un derecho fundamental, sino instrumental del art. 53.1.g) de la Ley 39/2015, su vulneración no derivaría en la nulidad de la resolución, sino en su anulabilidad por incurrir en infracción del ordenamiento jurídico según dispone el art. 48.1 de la Ley 39/2015.
Bajo mi punto de vista, en cambio, el derecho a la asistencia letrada emana del propio derecho de defensa del art. 24 de la Constitución Española y, por tanto, su vulneración traería como consecuencia, en caso de producir una auténtica indefensión material, la nulidad de la resolución que se dictase en virtud de lo dispuesto en el art. 47.1.a) de la Ley 39/2015: se trata de un acto dictado lesionando un derecho susceptible de amparo constitucional.

Puede citarse al respecto la STC 74/2004, de 22 de abril[264]. En el supuesto de autos un guardia civil, tras la citación para audiencia de descargo en el marco de un procedimiento disciplinario por falta leve del art. 38 de la Ley Orgánica 11/1991, de 17 de junio, del régimen disciplinario de la Guardia Civil, acudió a la misma acompañado de una letrada. El teniente encargado de la práctica de la diligencia le negó la presencia de ésta. El guardia civil acabó siendo sancionado. No conforme con la resolución, acudió a la jurisdicción militar, donde el Tribunal Territorial le negó la razón al entender que, si bien para las faltas graves y menos graves sí se prevé la asistencia letrada, no es así para las leves y lo justificó al tener en cuenta el carácter rápido y flexible que deben tener los procedimientos disciplinarios por falta leve. Tras la desestimación de su pretensión, acudió en amparo al Tribunal Constitucional que, en cambio, concluyó que la restricción al derecho a la asistencia letrada sólo puede ampararse en que su ejercicio pueda resultar incompatible con el fin del expediente —esto es, que se utilice con intención dilatoria—, pero en este caso la letrada acompañó al investigado a la actuación para asistirle. Así, «la restricción al derecho a la asistencia letrada careció de justificación desde la perspectiva constitucional» (F.J. 6.° *in fine*), por lo que acordó la retroacción de las actuaciones «a fin de que se practique de forma respetuosa con su derecho a la asistencia letrada» (F.J. 9.°).

En conclusión: el estudiante siempre podrá ser asistido de letrado y de ninguna manera podrá la universidad rechazar la intervención de esta forma. Si lo hace, deberá atenerse a la espada de la indefensión, que podrá atacar a la resolución sancionadora dejándola sin efecto.

Finalmente, hay dos cuestiones menores a tratar al respecto:

1. El estudiante que confía en su autodefensa no podrá alegar *a posteriori* que de haber comparecido por medio de letrado el resultado le hubiera sido más favorable[265].
2. No será causa de indefensión no comunicar al inculpado la facultad de actuar asistido por un letrado, como aclara, por todas, la STS de 17 de marzo de 2014[266].

---

264. STC, Sala Segunda, 74/2004, de 22 de abril (pon. Gay Montalvo).

265. Como indica Domingo Vila, A.: «Derecho a la asistencia de letrado en el ejercicio por la Administración de potestades sancionadoras» en *Actualidad Administrativa*, núm. 35, 1991, págs. 444 y ss.

266. STS, Sala de lo Militar, de 17 de marzo de 2014, rec. núm. 6/2014 (pon. Calderón Cerezo, F.J. 1.°), que desestimó el recurso interpuesto por el cabo del Ejército del Aire y del Espacio que había sido sancionado por faltar el respeto a su superior, sin que se le hubiera comunicado la posibilidad de contar con defensa letrada en la tramitación del procedimiento.

8. El derecho a comparecer por medio de representante

El art. 5.1 de la Ley 39/2015 garantiza el derecho del estudiante de comparecer a través de representante. Esto significa que una persona hará las veces del estudiante: presentará los escritos en su nombre y recibirá de esta misma forma las notificaciones. No debe confundirse con la figura antes tratada: comparecer por medio de asesor. Mientras en aquel caso el estudiante debía *estar* personalmente: acudir a la práctica de la prueba, firmar por sí mismo los escritos o recibir las notificaciones del expediente; en la representación otra persona ocupa la posición del estudiante —en lo que no es de carácter personalísimo—.

El representante puede ser cualquier persona que el estudiante designe. No tiene que ser un técnico, ni un abogado, ni si quiera tiene porqué tener conocimiento alguno del expediente. Basta con que tenga capacidad de obrar, según dispone el art. 5.2 de la Ley 39/2015.

La asistencia por medio de representante no deberá ser acreditada por el estudiante cuando la actuación hecha se refiere a un acto o gestión de trámite; pero sí en caso de interposición de recurso administrativo. Esta representación se acreditará cualquier medio, según dispone el art. 5.4 de la Ley 39/2015. La práctica habitual confirma que se entenderá suficiente para ello que cualquiera de los escritos que se presenten vaya firmado por el representante del estudiante. No obstante, el artículo citado dispone que se acreditará mediante apoderamiento *apud acta* presencial o electrónico, por comparecencia en la sede electrónica o acreditando la inscripción del apoderamiento en el registro electrónico de apoderamientos[267].

Sobre el registro electrónico de apoderamientos el art. 6 de la Ley 39/2015 dispone que las administraciones territoriales deberán contar con un registro electrónico de apoderamientos en el que se inscribirán los apoderamientos que el interesado en el procedimiento administrativo realice en favor del representante que él designe. Lo que resulta una obligación para este tipo de administraciones, es una facultad para las universidades. En la actualidad, ninguna tiene un registro específico de este tipo. No obstante, ante la necesidad de que estos registros sean interoperables por todas las administraciones, la universidad podrá comprobar la validez de la representación otorgada en cualquiera de los registros existentes.

El estudiante podrá inscribir el poder en cualquier registro electrónico de apoderamientos el poder en favor de su representante, que podrá ser

267. En la actualidad existe el Convenio Marco de colaboración entre la Administración General del Estado y Crue Universidades Españolas para la prestación mutua de soluciones básicas de administración electrónica, de fecha 20 de julio de 2016. En él se incluye, apartado V, lo referente al Registro Electrónico de Apoderamientos. Esto podrán hacerlo los estudiantes y sus representantes a través de la herramienta Apodera.

una persona física o jurídica, siendo la más habitual la aplicación Apodera, dependiente de la Administración General del Estado. En el apoderamiento deberán constar los datos del poderdante, los del apoderado, la fecha de inscripción, el período por el que se otorga el poder y las facultades que en él se contienen. A los efectos de esto último, el poder podrá ser general, de tal forma que el representante podrá actuar ante cualquier administración y en cualquier tipo de trámite o específico que permita, bien la actuación ante una administración en concreto y para todo tipo de trámites, o bien para determinados tipos de trámites.

Todo esto hay que ponerlo en relación con el derecho a la asistencia por medio de letrado, si se tiene en cuenta que será lo más habitual a la hora de actuar por medio de representante. Con el otorgamiento e inscripción de este poder, la universidad no deberá poner en duda la realidad de éste, lo que sí puede ocurrir si el representante se limita a incorporar en sus escritos la firma del estudiante interesado. Supone, en definitiva, una herramienta totalmente facilitadora de la actuación por medio de representante[268].

9. El derecho de que el procedimiento se tramite en la lengua castellana y en la lengua cooficial de la Comunidad Autónoma en que tenga la sede la universidad

Existen en España cuatro lenguas cooficiales: el aranés, en el Valle de Arán (Lleida)[269]; el catalán, en Cataluña[270], Valencia[271] e Islas Baleares[272]; el euskera, en el País Vasco[273] y en la parte vascoparlante de Navarra[274]; y el gallego, en Galicia[275].

268. Como tienen a bien afirmar RIVERO ORTEGA, R. y FERNÁNDEZ NIETO, A.: «La Administración sin papel: registro, expediente, archivo electrónico, ¿estamos preparados?» en *Revista Vasca de Administración pública*, núm. 105, 2016, pág. 457.

269. Art. 6.5 de la Art. 6 de la Ley Orgánica 6/2006, de 19 de julio, de reforma del Estatuto de Autonomía de Cataluña.

270. Art. 6 de la Ley Orgánica 6/2006, de 19 de julio, de reforma del Estatuto de Autonomía de Cataluña.

271. Art. 6 de la Ley Orgánica 5/1982, de 1 de julio, de Estatuto de Autonomía de la Comunidad Valenciana.

272. Art. 4 de la Ley Orgánica 1/2007, de 28 de febrero, de reforma del Estatuto de Autonomía de las Illes Balears.

273. Art. 6 de la Ley Orgánica 3/1979, de 18 de diciembre, de Estatuto de Autonomía para el País Vasco.

274. Art. 9 de la Ley Orgánica 13/1982, de 10 de agosto, de reintegración y amejoramiento del Régimen Foral de Navarra.

275. Art. 5 de la Ley Orgánica 1/1981, de 6 de abril, de Estatuto de Autonomía para Galicia.

El art. 15 de la Ley 39/2015 establece en qué lenguas se tramitarán los procedimientos de la Administración General del Estado, de las Comunidades Autónomas y de las entidades locales; en cambio, prueba de la deficiente técnica legislativa es que no se hace referencia a la lengua rectora en los procedimientos tramitados por otras administraciones, como pueden ser las universidades.

El precepto establece que los procedimientos se tramitarán en castellano o, si en el territorio de su sede existe lengua cooficial, también se podrán tramitar en esta otra lengua, según disponga la normativa autonómica de aplicación. Será el interesado el que decida en qué lengua se tramitará. En caso de existir varios interesados o discrepancias acerca del idioma en que será tramitado, la lengua a usar será el castellano. Ahora bien, si un interesado solicitare algún documento en la lengua cooficial, tendrá derecho a ello.

Si se sigue la lógica del artículo, será razonable concluir que las universidades con sede en territorios donde exista la cooficialidad de una lengua con la castellana podrán tramitar sus expedientes disciplinarios en una u otra. La decisión sobre este particular le corresponderá al estudiante (con las limitaciones dadas en el párrafo anterior). Todas las normas autonómicas de aplicación así lo confirman. Esto es lo que el art. 33.1 de la Ley Orgánica 6/2006, de 19 de julio, de reforma del Estatuto de Autonomía de Cataluña denomina «derecho de opción lingüística». En apoyo de todo lo anterior sirve la cita del art. 13 de la Ley 39/2015, que reconoce el derecho de todas las personas a utilizar las lenguas oficiales de su Comunidad Autónoma.

En caso de que la universidad tramite el expediente en una lengua distinta a la solicitada por el estudiante —siempre que ésta sea el castellano o la cooficial— se podrá situar la resolución en una situación de irregularidad no invalidante. El razonamiento es sencillo. El castellano es la lengua oficial del estado, según dispone el art. 3 de la Constitución, y todos los españoles tienen el deber de conocerlo[276]. Si fuese al revés, si la tramitación se hubiera hecho en una lengua cooficial, la cita no sería del art. 3 de la Constitución sino el que correspondiera del estatuto de autonomía que resultara de aplicación. En uno y otro caso el defecto no invalidaría la actuación de la universidad.

Mayores dudas puede suscitar el hecho de que el estudiante inculpado sea extranjero y no tenga el conocimiento necesario de la lengua castellana. En los programas de movilidad internacional no siempre es necesario acreditar el conocimiento de la lengua del estado receptor. En estos casos, y dado que las normas de aplicación no establecen la necesidad de que las personas que desconozcan el español tengan derecho a la traducción de los documentos en su idioma, no parece aceptable considerar que deba la universidad

276. A este respecto puede ser citada la STSJ del País Vasco, Bilbao, secc. 1.ª, 708/2011, de 24 de octubre (pon. González Saiz, F.J. 2.º).

ponerle a su disposición los documentos en su idioma[277]. Todo esto, como no, sin perjuicio del derecho que tendrá este estudiante de actuar asistido de asesor, como pudiera ser un intérprete.

277. Avala esta opinión la STSJ de Canarias, Las Palmas de Gran Canaria, secc. 1.ª, 1148/2006, de 7 de diciembre (pon. Suárez Tejera, F.J. 3.º).

CAPÍTULO IX

CUESTIONES GENERALES DEL PROCEDIMIENTO: ESPECIAL REFERENCIA A SU NATURALEZA ELECTRÓNICA

La Ley 39/2015 trajo consigo la obligación de que los expedientes administrativos tengan naturaleza electrónica y que sean tramitados de la misma manera. La Exposición de Motivos de la ley indica que «la tramitación electrónica no puede ser todavía una forma especial de gestión de los procedimientos, sino que debe constituir la actuación habitual de las Administraciones». Los fundamentos que el legislador utiliza para ello son la eficacia, la eficiencia, el ahorro de costes y el refuerzo de las garantías de los administrados, en especial, de la seguridad jurídica[278].

La revolución electrónica de la Administración no es sencilla y, aunque la norma del procedimiento administrativo común la exige, lo cierto es que no todas las Administraciones públicas la han asumido al mismo compás. No son extrañas las ocasiones en que esta Administración 2.0 únicamente trae consigo trabas para el administrado, ya sea porque ella misma no dispone de los medios electrónicos oportunos para que esta relación *suprapapelera* que se pretende funcione adecuadamente; ya sea porque es el propio administrado el que no dispone de los medios o de la formación necesaria para relacionarse de esta forma con la Administración. En estos casos, es manifiesto que el respeto a principios en los que se ampara la norma queda en entredicho. La eficacia y la eficiencia anunciadas no sirven de nada si el administrado debe acudir a la oficina de Correos más cercana cuando no le funciona su certificado digital para presentar con urgencia un recurso; y lo que es más grave, la seguridad jurídica queda al albur de la suerte del administrado que decide comparecer en la sede electrónica de la administración notificante cuando no se le ha avisado de que existe una notificación pendiente. Creo

278. Sobre la Administración electrónica y las novedades que a este respecto traen consigo las Leyes 39/2015 y 40/2015, puede citarse a RIVERO ORTEGA, R.: «La administración electrónica en las leyes 39 y 40/2016» en *Cuadernos de Derecho Local*, núm. 41, 2016, págs. 72 a 85.

que puede afirmarse que se ha *electronizado* el procedimiento administrativo sin importar que se estén garantizando o no los derechos de los ciudadanos.

En lo que respecta a las universidades públicas españolas, no escapan de la aplicación de estas obligaciones de la Ley 39/2015. La naturaleza electrónica del procedimiento y su tramitación de esta manera tendrá un reflejo evidente en el régimen de notificaciones, en la implementación del registro electrónico y del registro electrónico de apoderamientos —ya tratados—, que las universidades deberán tener en cuenta a la hora de tramitar el expediente disciplinario sobre sus estudiantes.

I. El expediente administrativo electrónico

1. El concepto de expediente administrativo, ahora electrónico

El concepto de expediente administrativo tradicional se encontraba recogido el art. 164.1 del Reglamento de Organización, Funcionamiento y Régimen Jurídico de las Entidades Locales. Aquella norma lo definía como «el conjunto ordenado de documentos y actuaciones que sirven de antecedente y fundamento a la resolución administrativa, así como las diligencias encaminadas a ejecutarla». Por otro lado, el concepto de expediente administrativo electrónico se hallaba en el art. 32 de la Ley 11/2007, de 22 de junio, de acceso electrónico de los ciudadanos a los Servicios Públicos: «El expediente electrónico es el conjunto de documentos electrónicos correspondientes a un procedimiento administrativo, cualquiera que sea el tipo de información que contengan».

El art. 70 de la Ley 39/2015 aúna las definiciones hasta entonces existentes y establece que el expediente será «el conjunto ordenado de documentos y actuaciones que sirven de antecedente y fundamento a la resolución, así como las diligencias que posteriormente se encaminen a ejecutarla». Esta definición, según afirman Rivero Ortega y Fernández Nieto, resulta equívoca, pues mezcla las definiciones de las normas anteriores sin diferenciarlas claramente, de tal forma que incluye en el concepto documentos y diligencias: «vertiente documental» y la de «secuencia de trámites». Los autores proponen como definición que el expediente electrónico es «el conjunto de documentos electrónicos ordenados por la Administración sobre un asunto determinado», excluyendo del mismo los trámites en sentido estricto[279]. No obstante, tampoco es objeto de este epígrafe profundizar acerca de las diferentes posturas existentes acerca del concepto y contenido del expediente administrativo. Acertadísimas son desde luego las palabras de Gómez Tomi-

279. Rivero Ortega, R. y Fernández Nieto, A., ob. cit. 2016, pág. 459.

LLO y SANZ RUBIALES cuando dicen que «el expediente es la plasmación escrita del procedimiento»[280].

La jurisprudencia, por su parte, también ha tenido ocasión de pronunciarse en torno a la definición de expediente administrativo. El Tribunal Supremo, en la STS de 23 de abril de 1986[281] lo define como «una serie de actuaciones administrativas debidamente documentadas en lo que se llama y constituye el expediente el cual refleja el procedimiento de que el acto trae causa» (F.J. 2.º).

Otra de las novedades que a este respecto introduce la Ley 39/2015 en comparación con las normas anteriores se da en el párrafo cuarto del art. 70, donde se excluye del expediente administrativo los informes internos, las opiniones, borradores y, en definitiva, aquella documentación que tenga carácter auxiliar o de apoyo. En sentido parecido, aunque salvando las distancias existentes entre el derecho de acceso del art. 53.1 de la Ley 39/2015 y el derecho de acceso a la información pública, se pronuncia la Ley 19/2013, de 9 de diciembre, de transparencia, acceso a la información pública y buen gobierno en su art. 18.1.b) cuando excluye del ámbito de aplicación del derecho de acceso a la información pública «la información que tenga carácter auxiliar o de apoyo como la contenida en notas, borradores, opiniones, resúmenes, comunicaciones e informes internos o entre órganos o entidades administrativas», concepto más reducido que el recogido en la ley del procedimiento[282]. Este hecho puede suponer un grave perjuicio para el derecho de defensa y a la tutela judicial efectiva de los estudiantes, pues podría vetárseles el acceso a documentación que, según el caso, pudiera resultar fundamental para la defensa de sus intereses[283].

280. GÓMEZ TOMILLO, M. y SANZ RUBIALES, Í., ob. cit. 2017, pág. 701.

281. STS, Sala de lo Contencioso, secc. 1.ª, de 23 de abril de 1986, ID CENDOJ 28079130011986104246 (pon. González Navarro, I, F.J. 2.º). El concepto enunciado por esta sentencia ha sido sostenido por la jurisprudencia con posterioridad: STSJ de Galicia, Sala de lo Contencioso, A Coruña, secc. 3.ª, 376/2021, de 1 de octubre (pon. Fernández López, F.J. 4.º) y STS, Sala de lo Contencioso, secc. 1.ª, de 18 de julio de 2013, rec. núm. 11/2012 (pon. Enríquez Sancho, F.J. 1.º).

282. Como afirma el profesor FERNÁNDEZ RAMOS, S.: «Información de carácter auxiliar o de apoyo: ¿vuelta atrás a la exigencia de que la información conste en un expediente administrativo?» en *Revista Española de la Transparencia*, núm. 3, 2016, pág. 84.

283. Así lo afirma MARTÍNEZ GUTIÉRREZ, R.: *El régimen jurídico del nuevo procedimiento administrativo común*. Aranzadi, 2016, pág. 183, quien considera que esto podrá afectar al administrado en tanto que pueden existir informaciones contenidas en este tipo de documentos que le pudieran resultar interesantes de cara al examen de la resolución que recaiga. El Tribunal Supremo se ha pronunciado a este respecto desde una óptica garantista. Establece el ATS, Sala de lo Contencioso, secc. 3.ª, de 13 de junio de 2018, rec. núm. 698/2017 (pon. Arozamena Laso), que: «La previsión contenida en el apartado 4 de dicho precepto, que permite excluir del expediente la «información que tenga carácter auxiliar o de apoyo, debe recibir una interpretación restrictiva, evitando que datos y elementos relevantes que sirvieron para conformar la decisión administrativa queden fuera del expediente remitido al órgano judicial, impidiendo a los afectados conocer datos o actuaciones que limiten su derecho de defensa y, por tanto, puedan generar indefensión» (F.J. 2.º).

La trascendencia jurídica del concepto resulta fundamental y es que, entre otras cosas, las actuaciones que lo integren serán aquellas a las que el interesado tendrá acceso directo, pudiendo impugnarlas y siendo remitido, este expediente con posterioridad, a la jurisdicción contencioso-administrativa[284]. Este último aspecto tiene gran importancia, y es que ha de tenerse en cuenta que la prueba practicada en el expediente tiene valor probatorio en el expediente judicial. Pese a que un amplio sector de la doctrina procesalista viene rechazando la consideración de prueba de la practicada en la instrucción administrativa, calificándola de meros actos de averiguación únicamente tendentes a obtener la resolución más adecuada del procedimiento, lo cierto y verdad es que los juzgados y tribunales dan absoluto valor como medio de prueba a ésta[285].

2. Los principios de ordenación del expediente disciplinario sobre los estudiantes universitarios

La actividad de la universidad en la tramitación en sentido estricto de estos expedientes disciplinarios deberá estar regida por una serie de principios rectores. Son los principios de ordenación del procedimiento. Entre ellos se encuentran el de impulso, celeridad, orden en la tramitación, concentración y cumplimiento de trámites, resolución de las cuestiones incidentales y acumulación de procedimientos:

1. El art. 71.1 de la Ley 39/2015 reconoce el principio de impulso: «el procedimiento se impulsará de oficio en todos sus trámites y a través de medios electrónicos». Esto significa que la universidad deberá tramitar el expediente disciplinario sin que ningún interesado deba estar instándola a ello.

---

284. González Pérez, J.: «El expediente administrativo y el proceso administrativo» en AA.VV.: *Comentarios a la Ley de la Jurisdicción Contencioso-Administrativa*. Aranzadi, 2013, pág. 589 entiende que la falta de remisión del expediente administrativo puede generar una vulneración tal en el derecho de defensa del interesado que provoque la invalidez de las actuaciones. Sin embargo, el mismo autor matiza que deberá estarse a cada caso concreto, de tal forma que sólo en caso de que se produzca una indefensión absoluta, podrá razonarse la nulidad de lo actuado.

285. Aspecto tratado de forma excelente por el magistrado Tolosa Tribiño, C.: «El valor probatorio del expediente administrativo» en *Revista Jurídica de Castilla y León*, núm. 23, 2011, págs. 211 y ss. En cuanto a las sentencias tendentes a considerar por suficiente la prueba administrativa, por todas puede acudirse a la STC, Sala Primera, 181/2009, de 23 de julio (pon. Delgado Barrio), donde se afirma que: «el órgano judicial motivó perfectamente la inadmisión de la prueba testifical al señalar la irrelevancia de la misma para la resolución del pleito dada la relación que unía al recurrente con el testigo propuesto y la gran cantidad de documentos que obraban en el expediente y en el rollo, que hacía innecesario nuevas pruebas para esclarecer los hechos» (F.J. 8.°).

2. En cuanto a la celeridad, que reconoce el mismo artículo en los siguientes términos: «el procedimiento, sometido al principio de celeridad», se trata de aquél parejo al de impulso que evita que la tramitación del expediente se alargue indebidamente. El estudiante que se encuentra sometido a la tramitación de un expediente sancionador tiene derecho a que su responsabilidad se someta a la decisión del órgano resolutor sin demora. Pero es que además la propia universidad debe tener interés por la resolución de estos asuntos. No hay que dejar de lado que su misión es la formación y la investigación, aportando a la sociedad personas formadas y avances científicos. La indisciplina académica —ejemplificada ésta en el fraude en los exámenes— no puede verse reforzada por la prescripción que se gana cuando los expedientes se pierden en los cajones electrónicos de la Administración, cuando ésta afecta frontalmente a todo el conjunto de la ciudadanía.
3. Será también principio rector de la actuación administrativa que los expedientes disciplinarios sean tramitados siguiendo el orden de incoación, y no de manera aleatoria o arbitraria, salvo orden motivada del titular de la unidad administrativa. Así lo establece el art. 71.2 de la Ley 39/2015. La conculcación de esta obligación podrá acarrear la responsabilidad disciplinaria del funcionario que no lo haga de tal forma.
4. También resultará aplicable el principio de concentración de trámites, reconocido en el art. 72 de la Ley 39/2015. Éste hace referencia a la obligación de la universidad de acordar en un solo acto todos los trámites que admitan un impulso simultáneo. El fundamento se halla en el principio de simplificación administrativa.
5. El art. 73 de la Ley 39/2015 se destina al principio de cumplimiento de trámites. Este principio es corolario de la celeridad exigida en la tramitación del procedimiento. Consiste en obligar a los administrados a cumplir los requerimientos que se le hagan en el plazo máximo de diez días, salvo que la norma establezca otro. El ejemplo más habitual es la acreditación de la representación cuando sea necesario. Por ejemplo, si un abogado presenta en representación del estudiante un recurso de reposición contra la resolución sancionadora sin aportar documento acreditativo de esta representación, la universidad le requerirá para que subsane su escrito en este plazo de diez días.
6. Relacionada también con el principio de celeridad se encuentra la manifestación contenida en el art. 74 de la Ley 39/2015 con respecto a las cuestiones incidentales. De ellas se dice que no suspenderán la tramitación del procedimiento con una sola excepción, la recusación.

7. Finalmente, aunque sin perjuicio de que existan otros principios rectores de menor interés, se halla en el art. 57 de la Ley 39/2015 el principio de acumulación de procedimientos. La universidad podrá acumular en un solo procedimiento disciplinario varios con los que guarde identidad sustancial o íntima conexión, cuando los órganos competentes para instruir y resolver sean los mismos. A modo de ejemplo sirva el procedimiento disciplinario que se inicia cuando varios estudiantes están cometiendo la misma infracción, el fraude en la realización de una prueba de evaluación. Es importante manifestar, porque ha tenido protagonismo en la jurisprudencia[286], que no afectará al derecho al honor, a la intimidad o a la propia imagen del estudiante investigado el hecho de que otros estudiantes en su misma situación, por ser parte del procedimiento, puedan tener acceso a sus datos personales y a su situación disciplinaria.

La Ley de Convivencia Universitaria incluye entre los principios ordenadores del procedimiento disciplinario los de eficacia y economía procesal en el art. 18.c). El primero supone encaminar la actuación administrativa, como no puede ser de otra forma, a la consecución del fin perseguido en el ejercicio de la potestad. El segundo aglutinaría los principios de concentración de trámites, cumplimiento de trámites y acumulación de procedimientos.

También se refieren a estos principios de ordenación del procedimiento el art. 4.4.b) de la Ley de Convivencia Universitaria, cuando establece que se procederá siempre con la discreción necesaria en aras de proteger la intimidad y la dignidad de las personas involucradas. La letra c) de este artículo reconoce que las personas que intervengan en la tramitación del procedimiento disciplinario deberán guardar confidencialidad de todo lo que por ello conozcan. Asimismo, la letra d) hace una llamada a los principios de diligencia y celeridad, ya tratadas. La letra f) establece que tanto en la tramitación del expediente como una vez finalizado se adoptarán las medidas que resulten necesarias para proteger la identidad de los denunciantes y testigos, de tal forma que no puedan ser objeto de represalias. La Ley de Convivencia Universitaria contiene otros principios de ordenación en el art. 8.2, cuando añade que el instructor del expediente disciplinario actuará con sometimiento a los principios de independencia, autonomía y transparencia.

286. Sirva de ejemplo la cita de la STMC, secc. 1.ª, 140/2021, de 28 de septiembre (pon. Fernández Benito, F.J. 2.º). En el supuesto de autos una guardia civil había sido sancionada con la pérdida de doce días de haberes con la suspensión de funciones por haber emitido un parte de servicio que no se ajustaba a la realidad. En el expediente disciplinario fue también investigado otro guardia civil. La recurrente alegaba que se había vulnerado su derecho al honor, a la intimidad y a la propia imagen por tal razón. El tribunal rechaza la estimación de dicha alegación al considerar que la acumulación de los procedimientos está amparada por la norma y en ningún caso supone la vulneración de los derechos denunciados. En este sentido, también, la STS, Sala de lo Militar, secc. 1.ª, 150/2016, de 29 de noviembre (pon. Pignatelli Meca, F.J. 3.º).

3. La tramitación electrónica del expediente administrativo

Con la entrada en vigor de la Ley 39/2015 llegó la obligada tramitación electrónica de los expedientes administrativos. El expediente administrativo, que hasta entonces había sido en papel, tendría formato electrónico, según dispone el art. 70.2 de la Ley 39/2015. De esta naturaleza no existirá ya duda alguna, sin que sea posible en el plano formal la coexistencia de expedientes en papel y digitales[287].

Las universidades públicas, en cuanto que Administraciones Públicas, están obligadas como cualquier otra a tramitar electrónicamente sus expedientes, también si son expedientes disciplinarios, y ello con independencia de que los expedientados tengan o no obligación de acuerdo con el art. 14 de la Ley 39/2015 de establecer de forma electrónica sus relaciones con la universidad en cuestión. Esto conlleva varios desafíos, sobre todo desde el punto de vista de las nuevas posibles situaciones de invalidez con las que el expedientado puede encontrarse. En efecto, sin que las causas de anulabilidad o de nulidad de pleno Derecho hayan sido modificadas, la necesidad de montar un expediente donde todos los documentos sean electrónicos y deban cumplir con unos parámetros de validez propios, deriva en la necesidad de atender a la repercusión que no observarlos pueda tener en los actos a los que de soporte el documento electrónico[288].

En lo relativo al expediente administrativo, para garantizar la seguridad a la hora de su remisión, esta deberá hacerse de acuerdo con el Esquema Nacional de Interoperabilidad y las Normas Técnicas de Interoperabilidad, enviándose numerado, completo, foliado, autenticado y acompañado de un índice que garantice la inmutabilidad y la integridad del expediente. Esta cuestión facilita enormemente las cosas cuando la resolución es impugnada y se requiere por el órgano judicial la remisión del expediente administrativo. Los tradicionales legajos administrativos han sido sustituidos por archivos electrónicos que pueden ser fácilmente intercambiados en las aplicaciones de Justicia[289].

El formato electrónico facilitará el conocimiento por parte de los estudiantes del procedimiento, así como la realización de los trámites oportunos. Esto

287. Martínez Gutiérrez, R., ob. cit. 2016, pág. 182.

288. Sobre este particular, me remito in totum a Berning Prieto, A.D.: *Validez e invalidez de los actos administrativos en soporte electrónico*. Cizur Menor, Aranzadi, 2019.

289. Pese a las exigencias legales, son muchas las administraciones que aún no cuentan con el sistema necesario de gestión de expedientes. El Tribunal Supremo ha tenido ocasión de pronunciarse a este respecto dejando sentado que de esa forma no se cumple con los estándares digitales exigidos. Dice así la STS, Sala de lo Contencioso, secc. 4.ª, 616/2019, de 7 de mayo (pon. Picó Lorenzo): «En efecto así consta en el incompleto expediente administrativo (no digital sino mero escaneado de documentos que incumple lo ordenado en las normas de procedimiento administrativo ahora vigente, art. 70 de la Ley 39/2015, de 1 de octubre)» (F.J. 5.º).

lo harán mediante el acceso a la sede electrónica de la universidad, en la que se pondrán a disposición del estudiante las notificaciones referidas al procedimiento y en la que este podrá presentar los escritos oportunos. La sede electrónica garantizará mediante el sistema de autenticación la identidad del estudiante.

II. El registro electrónico

Las universidades estarán obligadas a tener un registro electrónico general, según dispone el art. 16 de la Ley 39/2015. El registro servirá como elemento receptor y de salida de cualquier documento que vaya a formar parte del procedimiento administrativo, de tal forma que pueda dejar constancia de las fechas de envío y recepción de estos documentos.

En la actualidad prácticamente todas las universidades tienen registro electrónico propio, lo que facilita enormemente las relaciones del estudiante con la universidad en el marco del procedimiento administrativo. Así, si el registro electrónico funciona correctamente, lo que no siempre ocurre, se garantiza la recepción y envío de la información de que se trate.

III. El régimen de notificaciones

1. Concepto y contenido

La notificación es el medio por el que el estudiante podrá tener noticia de los actos administrativos que van teniendo lugar en el expediente. Por ello, la notificación es un elemento fundamental en el ejercicio de la potestad disciplinaria de la universidad. Lo es por dos razones, la primera, porque garantiza el derecho fundamental de defensa[290]; y la segunda, porque responde

290. Dice la STS, Sala de lo Contencioso, secc. 4.ª, de 30 de abril de 1998, rec. núm. 4800/1992 (pon. Martí García) que «lo importante y transcendente de toda notificación es que llegue a conocimiento del interesado la actuación de la Administración y ello en condiciones tales que le permita conocer el contenido de la diligencia a fin de que pueda utilizar los medios de defensa oportunos» (F.J. 3.º), lo que ha sido mantenido por el tribunal: STS, Sala de lo Contencioso, secc. 2.ª, 513/2019, de 11 de abril (pon. Maurandi Guillén): «La notificación tiene suma relevancia para el ejercicio de los derechos y la defensa de los intereses que se quieran hacer valer frente a una determinada actuación administrativa» (F.J. 5.º). La importancia que la notificación tiene para el derecho de defensa ha sido reconocida también por el Tribunal Constitucional en numerosas sentencias, como las SSTC, Sala Segunda, 6/2017, de 16 de enero (pon. Asua Batarrita, F.J. 4.º); y Sala Segunda, 200/2016, de 28 de noviembre (pon. Valdés Dal-Ré, F.J. 4.º).
Así lo ha reconocido también la doctrina administrativista: Martínez Fernández, A-C.: «Algunas consideraciones sobre la práctica de la notificación en el procedimiento administrativo» en *Actualidad Administrativa*, núm. 4, 2022; Cotino Hueso, L.: La preocupante

al principio de eficacia que rige la actuación administrativa, en tanto que la notificación —o el intento de la misma— del acto administrativo le permitirá desplegar toda su eficacia y servirá asimismo de presupuesto para la validez de los actos posteriores[291].

Una cuestión elemental que debe regir el conocimiento del régimen de notificaciones es que ésta no debe entenderse como un acto formal exento de su sentido auténtico. No se trata de practicar los formalismos expuestos en la norma para que el acto despliegue sus efectos, sino que lo que se ha de pretender con la notificación es que llegue a su destinatario y que, en consecuencia, este tenga conocimiento material del acto que se notifica[292]. En este sentido, GAMERO CASADO defiende que la Administración tiene un deber de diligencia a la hora de realizar las notificaciones, especialmente cuando se trata de actos propios de un procedimiento sancionador[293].

---

falta de garantías constitucionales y administrativas en las notificaciones electrónicas en *Revista General de Derecho Administrativo*, núm. 57, 2021, pág. 7; y DE DIEGO DÍEZ, L.A.: *Garantías en la práctica de las notificaciones administrativas*. Bosch, 2008, págs. 21 y ss.

291. Lo explican así GAMERO CASADO, E. y FERNÁNDEZ RAMOS, S., ob. cit. 2023, pág. 559; REGO BLANCO, M.D.: «Registros, comunicaciones y notificaciones electrónicas» en AA.VV.: *La ley de administración electrónica: comentario sistemático a la Ley 11-2007, de 22 de junio, de acceso electrónico de los ciudadanos a los servicios públicos*. Thomson Reuters, Aranzadi, 2010; MARTÍN DELGADO, I.: *Las notificaciones electrónicas en el procedimiento administrativo*. Tirant lo Blanch, 2009, pág. 51; y DE DIEGO DÍEZ, L.A., ob. cit. 2008, pág. 25; también la doctrina administrativa más clásica se hace eco de la obediencia a este principio, MARTÍN-RETORTILLO, C.: «Notificación de la resolución administrativa» en *Revista de Estudios de la Vida Local*, núm. 59, 1951, pág. 683. La notificación se mueve también según el principio de eficacia, de tal manera que sólo la correcta notificación del acto le permite desplegar su eficacia —lo que es especialmente importante en el ámbito sancionador por los intereses que están en juego— y continuar la tramitación del procedimiento.

292. Puede citarse nuevamente por su interés y actualidad la STS, Sala de lo Contencioso, secc. 2.ª, 513/2019, de 11 de abril (pon. Maurandi Guillén): «Lo relevante para decidir la validez o no de una notificación será que, a través de ella, el destinatario de la misma haya tenido un real conocimiento del acto notificado» (F.J. 5.º).

293. En GAMERO CASADO, E., ob cit., 2023, pág. 610. El autor cita diversas sentencias. En lo relativo al deber de diligencia exigible en el procedimiento sancionador, la STC, Sala Primera, 84/2022, de 27 de junio (pon. González-Trevijano Sánchez, FF.JJ. 3.º y 4.º); y con carácter general, la STS, Sala de lo Contencioso, 2448/2016, de 16 de noviembre (pon. Montero Fernández), que, como el autor, extracto por su enorme claridad al respecto: «Con carácter general se ha entendido que lo relevante en las notificaciones no es tanto que se cumplan las previsiones legales sobre cómo se llevan a efecto las notificaciones, sino el hecho de que los administrados lleguen a tener conocimiento de ellas o haya podido tener conocimiento del acto notificado, en dicho sentido la sentencia del Tribunal Supremo de 7 de octubre de 2015, rec. cas. 680/2014 ; puesto que la finalidad constitucional, a la que antes se hacía mención, se manifiesta en que su finalidad material es llevar al conocimiento de sus destinatarios los actos y resoluciones al objeto de que éstos puedan adoptar la conducta procesal que consideren conveniente a la defensa de sus derechos e intereses y, por ello, constituyen elemento fundamental del núcleo de la tutela judicial efectiva sin indefensión garantizada en el art. 24.1 de la Constitución española (CE), sentencias del Tribunal Constitucional 59/1998, de 16 de marzo, FJ 3 , ó 221/2003, de 15 de

La regulación de las notificaciones en el marco del régimen disciplinario sobre los estudiantes se halla exclusivamente en la Ley 39/2015, concretamente en los arts. 40 a 44 y 46. La Ley de Convivencia Universitaria nada regula al respecto, más allá de supeditar el despliegue de eficacia de algunos actos a su notificación: el acuerdo de incoación, el pliego de cargos y la propuesta de resolución.

Sobre los actos que deben ser notificados, el art. 40.1 de la Ley 39/2015 indica que el órgano que dicte los actos administrativos los notificará a todos aquellos interesados que puedan ver afectados sus derechos e intereses legítimos afectados por los mismos. En el marco de un procedimiento administrativo disciplinario, considero que todos y cada uno de los actos administrativos que se dicten deberán ser notificados a todos los interesados, pues ciertamente todos ellos les afectarán. Es obvio que no a todos de la misma forma. No cabe duda de que el principal interesado, que es el estudiante investigado, tendrá más interés que otro estudiante interesado en que le sea notificada la propuesta de resolución, pero la misma no deja de afectar a ambos.

Sólo se me ocurren algunos actos que quizá y *a priori* sólo sean notificados a uno u otro interesado. Por ejemplo, aquellos relativos a la recusación del personal que tramite el expediente disciplinario. Aceptar o no la recusación del instructor en nada afectaría más allá que al interesado que la formuló. En el mismo sentido, no encuentro tampoco necesario notificar a otros interesados el requerimiento de subsanación de determinados escritos.

Ahora bien, decía *a priori* porque en el marco del procedimiento disciplinario hasta el defecto más inocente podría provocar la nulidad de la sanción. Si se piensa en la figura de un interesado no investigado, quizá le sea conveniente que se le dé traslado de la negativa del órgano a que el investigado sea asistido de un letrado y ello con el único objetivo de alegar que efectivamente no permitirle el ejercicio del derecho fundamental a la defensa letrada podría comportar la nulidad de la decisión sancionadora.

En definitiva, considero que deben ser notificados a todos los interesados todos los actos que se dicten en el seno de un procedimiento disciplinario académico. A fin de cuentas, de alguna manera u otra, su interés se verá siempre afectado por el mismo, ya sea en mayor o menor medida.

En cuanto al momento en que debe realizarse la notificación, dice el art. 40.2 de la Ley 39/2015 que las notificaciones serán cursadas en el término de diez días a partir de que se dicten los actos a notificar. Debe diferenciarse entre el verbo cursar y el verbo notificar. La ley del procedimiento no

diciembre, FJ 4 ; 55/2003, de 24 de marzo , FJ 2. Este es el foco que en definitiva debe alumbrar cualquier lectura que se haga de esta materia, lo que alcanza, sin duda, también a las notificaciones electrónicas» (F.J. 3.°).

está exigiendo que el acto se notifique en los diez días siguientes a su dictado, sino que se curse la notificación dentro de ese término[294]. Estos días serán hábiles, según dispone el art. 30.2 de la Ley 39/2015. La pregunta que surge necesariamente tras esta afirmación es la que sigue, ¿y qué ocurre si no es así, es decir, si la notificación se cursa pasados estos días?

La consecuencia no debe ser otra que el acto no desplegará sus efectos hasta que no se notifique, por tanto, puede afirmarse que no ocurrirá nada si la universidad no notifica al estudiante inculpado el acto que sea en este plazo. Así lo han dispuesto los tribunales[295] y así debe ser, pues ciertamente ningún perjuicio provoca esta dilación al estudiante. Más bien al contrario, pues ello operará sin perjuicio del transcurso del plazo de caducidad, que dada la inacción de la universidad hallará más cercana su preclusión. Cabría pensar que, si esta dilación provocara indefensión material en el estudiante, sí podría interesarse la nulidad del acto notificado tardíamente. Sin embargo, personalmente no se me ocurre ninguna posibilidad de indefensión en este sentido.

El art. 40.2 de la Ley 39/2015 establece que la notificación contendrá el texto íntegro del acto administrativo que se está notificando, indicando si éste pone fin o no a la vía administrativa, expresando los recursos que en su caso podrían proceder contra el mismo, así como el órgano ante quien deben presentarte y el plazo.

Añade el art. 40.3 de la norma que en caso de que la notificación adolezca de algunos de los requisitos anteriores, aun conteniendo el texto íntegro del acto, desplegará todos sus efectos si el interesado actúa dando pie a que conoce el contenido o alcance del acto. El ejemplo más habitual se da cuando el acto notificado omite hacer referencia a la posibilidad de ser impugnado mediante la interposición de un recurso. Por supuesto, el plazo para su interposición no nacerá, pero si el interesado actuara interponiéndolo, se entenderá que ha desplegado todos sus efectos íntegramente.

Dicho en sentido contrario y siguiendo la previsión del art. 40.4 de la Ley 39/2015, se entenderá suficiente la notificación que contenga la totalidad del acto que se notifica y es la idea que ha de regir la interpretación de una correcta práctica de la notificación es que se garantice, en definitiva, que el receptor pueda acceder a la misma. Por ello, no bastará con que se dé una mera irregularidad formal para que la notificación se entienda por defectuosa, y viceversa, tampoco siempre una notificación practicada según

294. Como indican Gamero Casado, E. y Fernández Ramos, S.: ob. cit. 2023, pág. 567; y Cantero Martínez, J.: «Notificación y publicación» en AA. VV.: *El procedimiento administrativo común*. Tirant lo Blanch, 2007, pág. 866.

295. Puede citarse la STSJ de Canarias, Santa Cruz de Tenerife, Sala de lo Contencioso, secc. 1.ª, 224/2021, de 23 de abril (pon. Alonso Sotorrio, F.J. 3.º B.4.º), que cita a su vez la jurisprudencia del Tribunal Supremo al respecto.

los presupuestos legales hará que el acto despliegue automáticamente sus efectos[296].

Los defectos en la notificación podrán apreciarse en su contenido, esto es, que falte total o parcialmente cualquiera de los elementos que ha de contener, o que el mismo sea erróneo, como puede ocurrir con el pie de recursos. Pues bien, en caso de que la misma no contenga la totalidad del acto que se pretende notificar, no podrá considerarse notificada, salvo que el estudiante actúe asumiendo el conocimiento completo del acto[297].

---

296. A mi juicio resulta importantísima la STS, Sala de lo Contencioso, secc. 2.ª, 2448/2016, de 16 de noviembre (pon. Montero Fernández), que dice: «Por ello, como este Tribunal ha dicho, lo relevante, pues, no es tanto que se cumplan las previsiones legales sobre cómo se llevan a efecto las notificaciones, sino el hecho de que los administrados lleguen a tener conocimiento de ellas. Todo lo cual lleva a concluir, en palabras del propio Tribunal Constitucional, que ni toda deficiencia en la práctica de la notificación implica necesariamente una vulneración del art. 24.1 CE , ni, al contrario, una notificación correctamente practicada en el plano formal supone que se alcance la finalidad que le es propia, es decir, que respete las garantías constitucionales que dicho precepto establece, sentencias del Tribunal Constitucional 126/1991, FJ 5 ; 290/1993, FJ 4 ; 149/1998, FJ 3 ; y 78/1999, de 26 de abril , FJ 2]» (F.J. 3.º). En el supuesto de autos, una empleada de la Mutualidad de la Abogacía recibió en la dirección electrónica habilitada una liquidación tributaria cuyas dos primeras páginas estaban prácticamente en blanco. En vez de revisar el resto de las páginas, consideró que se trataba de un error y no dio importancia a la notificación. La Agencia Estatal de Administración Tributaria la entendió por notificada y emitió providencia de apremio con el devengo de unos intereses importantes. El Tribunal Supremo entendió que, si bien la empleada no fue del todo diligente, pues debía haber revisado el contenido total del acto, tampoco lo fue la Agencia, quien debería haber velado porque la notificación no presentase ningún defecto que pudiera perjudicar, como perjudicó, al obligado. Así, ponderando una y otra circunstancia, concluye el Tribunal que prevalecerá el derecho de defensa de los administrados, que es el fin más elemental que tiene la notificación del acto.

    De gran interés resulta también la STS, Sala de lo Militar, 50/2019, de 10 de abril (pon. Menchén Herreros, F.J. 3.º). Un guardia civil había sido sancionado con la separación del servicio por haber sido condenado por delito doloso. El procedimiento sancionador se inició en fecha 19 de diciembre de 2016, y recayó resolución el 19 de junio del año siguiente. La norma de aplicación establecía un plazo máximo para resolver de seis meses. Pues bien, cuando le es notificada la resolución sancionadora el último día de plazo, esta está sólo impresa en sus páginas impares. El expedientado recurrió alegando, en primer lugar, la caducidad del expediente al considerar que caducó el día anterior —este motivo es rechazado por la sala— y, en segundo lugar, la caducidad por el defecto en la notificación. El Tribunal, con toda razón, estima el recurso al entender que no puede tenerse por válida la notificación en que faltan la mitad de sus páginas, aunque el expedientado recurra la misma por otra serie de motivos.

    En igual sentido la STS, Sala de lo Contencioso, secc. 2.ª, de 6 de junio de 2006, rec. núm. 2522/2001 (pon. Martínez Mico, F.J. 4.º). El Tribunal Supremo entendió que se tendrá por efectiva la notificación hecha en el centro de trabajo de un empleado de banca dirigida a la entidad en la que se hizo constar el nombre del empleado, sin los apellidos, y el Código de Identificación Fiscal de la empresa, así como la relación que les unía, al considerarse que ello era suficiente para reconocer la identidad de quien la recibía.

297. El Tribunal Supremo ha expresado que, en caso de no constar íntegramente el texto del acto a notificar, el interesado deberá comunicarlo inmediatamente al órgano y solicitar la

Más frecuente es que el acto administrativo no contenga el pie de recurso o, conteniéndolo, que éste esté incompleto o sea erróneo. Puede decirse que con carácter general ninguno de estos errores podrá perjudicar al estudiante. De lo contrario, se estaría generando una tremenda inseguridad jurídica, de tal manera que, ante el error de la universidad, ésta será la única afectada. Así, en caso de que el estudiante interponga el recurso procedente, se entenderá que la notificación ha sido convalidada, desplegando la misma todos los efectos. Ahora bien, si el estudiante erra en el recurso normativamente procedente, la notificación no desplegará efecto alguno. Así, no se producirá la preclusión del plazo para interponer el recurso correcto.

2. Los medios de notificación

La Ley 39/2015 reconoce la existencia de dos medios de notificación: la notificación en papel y la notificación a través de medios electrónicos. El art. 41.1 de la Ley 39/2015 establece que la notificación se efectuará preferentemente por medios electrónicos. Esto ha de llevar a la cuestión de si son preferibles estos medios o si lo son los convencionales. La respuesta dependerá del interés de cada administrado. Aunque buena parte de la doctrina se muestra a favor de la utilización de los medios telemáticos, lo cierto es que estos no siempre serán los más adecuados para garantizar la correcta puesta a disposición del acto. Resulta evidente que la notificación electrónica facilita enormemente el desarrollo del procedimiento administrativo, lo que sin duda responde al principio de eficacia. Sin embargo, no debe obviarse que en ocasiones esto puede perjudicar las garantías de algunos administrados. No todas las sedes electrónicas —y las de las universidades no son excepción— permiten a los ciudadanos acceder sin problemas a las notificaciones puestas a su disposición, cuando no, no se avisa a su destinatario de la presencia de éstas.

Considero que la notificación electrónica no siempre garantiza que su destinatario acceda a la misma. Pese a que los estudiantes no son un colectivo obligado a ser notificados por medios electrónicos, salvo que la universidad de que se trate les obligue *ex* art. 14.3 de la Ley 39/2015, puede decirse que se trata de un colectivo conocedor de las nuevas tecnologías, por lo que *a priori* la notificación electrónica no debería serles perjudicial. Sin embargo, bajo mi punto de vista, la problemática aquí no reside en la capacidad o no del estudiante de acceder a la sede donde se encuentre la notificación; sino que la sede tenga la calidad técnica suficiente como para no hacer imposible la correcta recepción de la misma. En este sentido, resulta habitual que una

subsanación de la misma, teniendo el administrado la carga de la prueba. De no hacerlo, se presumirá que la notificación contiene íntegramente el acto. En este sentido, la STS, Sala de lo Contencioso, secc. 2.ª, de 2 de marzo de 2016, rec. núm. 3643/2014 (pon. Montero Fernández, F.J. 3.º).

vez puesta la notificación a disposición del interesado no se genere ningún aviso que le anime a acudir a la sede, o que, una vez en la sede, no pueda acceder a la misma por problemas de índole informáticos.

Indudablemente hace más fácil para la Administración la notificación del acto, de tal forma que escasa relevancia tiene ya que el interesado se halle o no en su domicilio, por lo que se agiliza enormemente el procedimiento y se limitan las conductas fraudulentas por parte de los administrados para evitar la notificación. Sin embargo, en lo que se refiere a Derecho administrativo sancionador, el principio de eficacia de la actividad administrativa no puede anteponerse al derecho de defensa del inculpado. En consecuencia, considero que mientras que las sedes electrónicas no permitan a los destinatarios, en primer lugar, conocer la existencia de una notificación y, en segundo lugar, acceder a la misma sin dificultad, siempre será preferible la notificación domiciliaria.

I. La notificación en papel

La práctica de la notificación en papel se regula en el art. 42 de la Ley 39/2015. Este precepto comienza haciendo una llamada a que toda notificación, incluso hecha de esta forma, deberá estar puesta a disposición del interesado en la sede electrónica, lo que entronca necesariamente con el derecho de acceso al expediente del art. 53.1.a) de la misma norma.

Dice el art. 42.2 de la Ley 39/2015 que se harán en el domicilio del interesado —se entiende también que, de su representante, si estuviera representado y se hubiera designado su domicilio a efecto de notificaciones y siempre que éste no estuviera obligado a relacionarse electrónicamente con la universidad[298]—. Dado que el procedimiento disciplinario es un procedimiento iniciado de oficio, según el art. 41.4 de la Ley 39/2015 la universidad recabará el domicilio del estudiante de las fuentes necesarias —generalmente, la suya propia, pues el estudiante habrá debido identificar en su matrícula tanto su domicilio como su lugar de residencia durante el curso—.

Por tanto, conocido el domicilio, el acuerdo de incoación se intentará notificar en el mismo. Si la persona encargada de notificar —generalmente el personal de la Sociedad Estatal Correos y Telégrafos, S.A., S.M.E (en adelante, Correos)— no pudiera notificar a nadie por no hallarse en el domicilio, lo hará constar e intentará nuevamente la notificación en hora diferente a lo largo de los tres días siguientes. Así, si el primer intento se produjo antes de las tres de la tarde, el segundo deberá practicarse después de esa hora, y viceversa, y, en cualquier caso, mediando más de tres horas de diferencia entre un intento y otro. Tras el segundo intento infructuoso, dejará un aviso

298. En este sentido es preciso recordar que según dispone el art. 14.2.c) de la Ley 39/2015 entre los obligados a relacionarse electrónicamente con la Administración se encuentran los profesionales que se hallen colegiados, como son los abogados, representantes habituales de los estudiantes investigados.

de llegada al destinatario de la notificación, que deberá acudir a la oficina de Correos más cercana para ser notificado. En caso de que transcurra el plazo de recogida de la notificación, la misma deberá entenderse como infructuosa, cuya consecuencia luego se verá.

Cabe plantearse qué ocurre en caso de que el estudiante haya cambiado su domicilio sin haberlo comunicado a la universidad, es decir, si ello supondría que la notificación debe entenderse como infructuosa o no. La Ley 39/2015 no da respuesta a dicho interrogante, por lo que hay que acudir a la jurisprudencia, que establece que, dado que el administrado tiene la obligación de comunicar cualquier cambio en su domicilio a la Administración, no puede beneficiarse del desconocimiento que ésta tenga del mismo, aun obrando su nuevo domicilio en los registros de otras administraciones[299].

Será también infructuosa la notificación sobre la que el personal de Correos advierta que el domicilio del destinatario sea incorrecto o que el mismo no exista. En todos estos casos, deberá estarse a lo dispuesto en el art. 44 de la Ley 39/2015.

En cuanto a las personas que pueden hacerse cargo de la notificación, en caso de que el estudiante o su representante no se encuentren presentes en el domicilio, la notificación podrá ser atendida por cualquier persona mayor de catorce años que haga constar su identidad[300]. Otorgar validez a la notificación no efectuada al inculpado o a su representante responde al principio de eficacia administrativa, tal y como ha ido manifestando reiteradamente el Tribunal Supremo, pero esto puede llegar a colisionar con el derecho de

---

299. Así lo establece, por ejemplo, la STSJ de Castilla y León, Burgos, Sala de lo Contencioso, secc. 2.ª, 127/2012, de 9 de marzo (pon. García Vicario): «A mayor abundamiento, no puede entenderse que la Jefatura de Tráfico conociese la situación concreta en la que se encontraba la actora, y si se había cambiado o no de domicilio, o si ésta había designado otro distinto ante otra Administración, pues aún en ese supuesto, tratándose de Administraciones distintas, en cualquier caso, la obligación de comunicar el cambio de domicilio que incumbía a la actora, no se puede ver sustituida ni siquiera por el hecho de que el nuevo domicilio pudiese constar en otros Registros u órganos administrativos, pues como señaló el Tribunal Supremo en Sentencia de 9 de octubre de 2001 (a propósito de las notificaciones tributarias) recaída en recurso de casación en interés de ley, el cambio de domicilio declarado a otros efectos administrativos (sea el padrón de habitantes u otro registro administrativo) no sustituye la declaración tributaria expresa de cambio de domicilio fiscal» (F.J. 6.º).

300. La línea jurisprudencial ha sido inequívoca a la hora de imponer requisitos adicionales al antiguo art. 59.2 de la Ley 30/1992, de 26 de noviembre, de Régimen Jurídico de las Administraciones públicas y del Procedimiento Administrativo Común, de tal manera que ha de aplicarse también esta interpretación al art. 42.2 de la norma de procedimiento actual. Así, la STS, Sala de lo Contencioso, secc. 2.ª, de 30 de octubre de 2009, rec. núm. 7914/2003 (pon. Frías Ponce) dice que: «hay que interpretar la norma teniendo en cuenta la finalidad que cumple la notificación de los actos administrativos, que no es otra que asegurar que se ha producido el conocimiento por el interesado, consustancial al derecho de defensa, por lo que la referencia a la identificación del receptor ha de entenderse en un sentido amplio, de forma que se exija una identificación completa, que incluya una referencia a la relación con el destinatario. Sólo de esta forma cabe que, sin merma de las garantías

defensa del estudiante si la persona receptora no destinataria no la pone a su disposición[301].

En caso de rechazar el interesado o su representante la notificación, se hará constar en el expediente, que continuará su curso, según dispone el art. 41.5 de la Ley 39/2015.

II. La práctica de la notificación a través de medios electrónicos

La práctica de la notificación a través de medios electrónicos es, sin duda, la preferida por la Ley 39/2015. Gamero Casado considera que, si bien estas reducen los costes y aumentan la eficacia de la labor administrativa, deben llevarse a cabo respetando las garantías de los administrados[302]. Las notificaciones por medios electrónicos tendrán lugar a través de la comparecencia en la sede electrónica del estudiante o de su representante, previo aviso de puesta a disposición mediante correo electrónico o mensaje de texto al dispositivo móvil ex art. 41.1.6 de la Ley 39/2015[303], ya sea en la propia de la universidad o en la dirección electrónica habilitada única (DEHú), identificándose debidamente por medio de cualquiera de los medios dispuestos. La notificación se entenderá practicada desde el momento en que se accede a su contenido. En caso de que el estudiante esté obligado a relacionarse

del administrado, se considere válida una notificación entregada a persona diferente de aquél» (F.J. 3.º).

Considero que la dicción de la norma no es suficiente, y que bien podría haberla completado el legislador en el sentido expuesto por la doctrina. A mi parecer, es también necesario obligar a la persona que entrega la notificación a hacer un juicio acerca de la capacidad que tiene la persona que la recibe, siendo siempre preferible la no entrega cuando existan dudas de que ésta vaya a llegar correctamente a su destinatario. Existe un pronunciamiento judicial acertadísimo bajo mi punto de vista, y es la STSJ de Andalucía, Sala de lo Contencioso, secc. 2.ª, 779/2010 de 22 de noviembre (pon. Santandreu Montero). En ella el tribunal razonó que es necesario observar la concurrencia de dos elementos en el receptor: la voluntad y la capacidad, voluntad para entregar la notificación a su destinatario; y capacidad para ser consciente del acto jurídico de que se trata. De no concurrir cualquiera de estos elementos, extremo que ha de probar el destinatario, la notificación del acto podría ponerse en cuestión.

301. Sirva de ejemplo la STS, Sala de lo Contencioso, de 12 de febrero de 1996, rec. núm. 11352/1991 (pon. Hernando Santiago, F.J. 3.º). En aquellos autos no pudo acreditarse la identidad de la persona receptora de la notificación practicada por no aparecer sus datos junto a su firma, que no era reconocida por la empresa sancionada. El Tribunal Supremo consideró que el principio de eficacia no puede sobrepasar el derecho de defensa y que, en consecuencia, debía retrotraerse la actuación administrativa al momento en que se produjo la indefensión: el momento en que un desconocido, pese a estar en el domicilio de la mercantil, recibió la notificación del pliego de cargos.

302. En Gamero Casado, E., ob. cit. 2023, pág. 617.

303. Aunque sobre el aviso como presupuesto de validez de la notificación, el Tribunal Supremo ha establecido que su inexistencia no perjudica que ésta despliegue sus efectos. Puede citarse en dicho sentido la STS, Sala de lo Contencioso, 610/2022, de 25 de mayo (pon. Bandrés Sánchez-Cruzat, F.J. 3.º).

electrónicamente con la universidad o haya optado por este medio, deberá acceder a la notificación en los diez días naturales siguientes a su puesta a disposición. De no hacerlo, se entenderá rechazada. Asimismo, como ocurre con la notificación en papel, en caso de ser rechazada la notificación, se continuará con el procedimiento.

Puede plantearse qué ocurre si el estudiante que estuviera obligado a relacionarse electrónicamente con la universidad fuera notificado en papel. En dicho caso, la notificación desplegaría todos sus efectos[304].

Finalmente, aunque resultarán extrañas en el marco del procedimiento disciplinario de los estudiantes universitarios, el art. 41.2 de la Ley 39/2015 establece que no podrán practicarse por medios electrónicos aquellas en que el acto a notificar se acompañe de elementos no susceptibles de conversión en formato electrónico; así como las que contengan medios de pago a favor de los interesados.

La notificación a través de medios electrónicos se prevé como la preferida cada vez por más universidades[305]. Sirva como ejemplo la cita del Reglamento por el que se regula el uso y funcionamiento del Registro Electrónico General de la Universidad Pablo de Olavide[306], que establece en su Disposición Adicional Segunda que la universidad «impulsará la implantación de los sistemas necesarios para que las notificaciones administrativas puedan ser realizadas asimismo por medios electrónicos».

---

304. Como defiende GAMERO CASADO, E., ob cit. 2023 y confirma la jurisprudencia, por todas, la STS, Sala de lo Contencioso, 1065/2022, de 20 de julio (pon. Calvo Rojas, F.J. 6.º).

305. En este sentido, a principios de 2024, trece universidades están adheridas a la Dirección Electrónica Habilitada Única (Universidad de Burgos, Universidad Carlos III, Universidad de Castilla La-Mancha, Universidad de Huelva, Universidad Internacional de Andalucía, Universidad de Las Palmas de Gran Canaria, Universidad Miguel Hernández de Elche, Universidad Nacional de Educación a Distancia, Universidad de Oviedo, Universidad Pablo de Olavide, Universidad Politécnica de Cartagena, Universidad de Sevilla y Universidad de Zaragoza); cuando en 2021 eran nueve, según los datos publicados por la misma plataforma.

306. Aprobado por Acuerdo del Consejo de Gobierno de 29 de abril de 2022.

CAPÍTULO X

DOS CUESTIONES ANTERIORES A LA INICIACIÓN DEL PROCEDIMIENTO DISCIPLINARIO SOBRE LOS ESTUDIANTES

I. Las actuaciones previas

En el marco de la facultad conferida por el art. 55 de la Ley 39/2015, antes de la incoación del expediente disciplinario las universidades podrán realizar las actuaciones previas que crean necesarias. Estas actuaciones, también denominadas diligencias preliminares o información reservada, irán encaminadas a determinar si la conducta es susceptible de ser constitutiva de infracción y, en consecuencia, encontrar al posible responsable y determinar las circunstancias que rodeen al actor y a los hechos cometidos. Las actuaciones previas son una herramienta de la universidad dirigida a asegurar un ejercicio eficaz de la potestad disciplinaria, de tal forma que tras su práctica el órgano tenga un mayor convencimiento en iniciar el procedimiento sancionador, o bien entienda que no existen elementos suficientes que motiven la iniciación del mismo. En palabras de GALLARDO CASTILLO[307], las actuaciones previas están encaminadas a reforzar la seriedad de la incoación del expediente, cuya prosecución no se llevará a cabo en caso de no tener elementos de juicio suficientes para fundamentar la iniciación del procedimiento. Y en sentido parecido, dicen GÓMEZ TOMILLO y SANZ RUBIALES que las actuaciones previas son una suerte de «filtro» para la Administración, que a la par que consiguen mejorar el *tiro* de la universidad, previenen que el posible estudiante se vea inmerso en un procedimiento sancionador —con los perjuicios que ello conlleva— para que finalmente acabe declarado inocente[308]. Los fines de estas actuaciones los describe con certeza la Ley Orgánica 12/2007, de 22 de octubre, del régimen disciplinario de la Guardia Civil en su art. 39.5:

307. GALLARDO CASTILLO, M.J., ob. cit. 2016, pág. 186.

308. GÓMEZ TOMILLO, M. y SANZ RUBIALES, Í.: ob. cit. 2017, pág. 789.

«el esclarecimiento de los hechos, la determinación de sus presuntos responsables y la procedencia de iniciar o no el procedimiento sancionador».

Las actuaciones previas deberán ser practicadas por el órgano que tenga atribuidas las funciones de investigación, averiguación e inspección sobre los hechos. Este concepto puede resultar problemático, y es que la Ley 39/2015 piensa en aquellas administraciones que tienen constituido un servicio propio de inspección, lo que no siempre es el caso de las universidades. Tan sólo un tercio de las universidades tienen constituido un servicio de inspección encargado, entre otras cosas, de efectuar estas investigaciones preliminares[309].

Ahora bien, la propia norma prevé la posibilidad de que, en defecto de estos órganos especializados, el competente para iniciar o resolver pueda atribuir estas funciones a la persona u órgano que considere. La casuística es enorme, y el hecho de que no exista una previsión normativa hace que la solución sea diferente en cada centro.

Ya en el derogado Reglamento de Disciplina Académica se contemplaban una suerte de actuaciones previas en el art. 14.2. En este precepto se establecía que el órgano encargado de iniciar el procedimiento tomaría declaración al estudiante y practicaría las averiguaciones necesarias para el esclarecimiento de los hechos. Como corolario a lo anterior, este órgano formularía o no el pliego de cargos con el que se iniciaría el procedimiento. No cabe duda de que estas actividades anteriores al inicio del expediente podían ser consideradas actuaciones previas en el sentido dicho en este epígrafe. La moderna Ley de Convivencia Universitaria nada dice al respecto de estas actuaciones.

309. No obstante, es preciso indicar que la mayor parte de estos servicios de inspección únicamente se encargan de la tramitación de los expedientes disciplinarios abiertos sobre el personal docente, investigador y de administración y servicios. Excepciones a esta regla son la Universidad de Murcia, art. 1.4 del Reglamento, aprobado por Resolución del Rector de 9 de mayo de 2016; Universidad Nacional de Educación a Distancia, art. 3.e) del Reglamento de su Servicio de Inspección, aprobado por Acuerdo del Consejo de Gobierno de 7 de marzo de 2011; Granada, art. 1.3 del Reglamento del Servicio, aprobado por Acuerdo del Consejo de Gobierno de 13 de enero de 2009; y también la Universidad de Castilla-La Mancha, art. 16.1 del reglamento de su servicio, aprobado por Acuerdo de la Junta de Gobierno de 8 de mayo de 1996. Sin embargo, nada se dice sobre los estudiantes en los reglamentos de la inspección de servicios de la Universidad de Málaga, que regula su inspección de servicios en el Reglamento 8/2021, de 16 de julio, de la Universidad de Málaga; ni en el de Navarra, aprobado por Acuerdo del Consejo de Gobierno de 24 de marzo de 2020; ni el de la Universidad de León, aprobado por Acuerdo del Consejo de Gobierno de 19 de julio de 2017; tampoco el de la Universidad Burgos, aprobado por Acuerdo de Consejo de Gobierno de 16 de diciembre de 2010; ni el de la Universidad de Alcalá, aprobado por Acuerdo de Consejo de Gobierno de 27 de enero de 2005; ni el de la Universidad Autónoma de Madrid, que contiene su régimen en sus estatutos, aprobados por Real Decreto 2174/2003 de 16 de octubre; tampoco el de la Universidad del País Vasco, aprobado por Acuerdo de la Junta de Gobierno de 3 de febrero de 1999.

Las actuaciones previas deberán ser siempre idóneas y necesarias para su fin investigatorio, de tal forma que tras su realización sólo le quepa al órgano archivarlas sin más trámite o incoar el procedimiento sancionador. Aunque estas informaciones reservadas se practicarán en la mayoría de las ocasiones *inaudita parte*, es decir, sin que el estudiante tenga conocimiento de las mismas, en el momento en que éste tenga conocimiento y a pesar de tener lugar antes del inicio del expediente, tendrán que respetarse unas garantías mínimas. Así lo ha ido estableciendo la jurisprudencia constitucional, que ha exigido que no se constriña el principio de proporcionalidad, de tal forma que su realización no deberá afectar a los derechos fundamentales del estudiante, en especial, al de la presunción de inocencia y al de no confesarse culpable ni declarar contra sí mismo[310]. Ha de tenerse en cuenta que en las actuaciones previas el estudiante tendrá ya la consideración de investigado o denunciado, por lo que la garantía de estos derechos resulta necesaria desde ese momento, pues de la práctica de las mismas podría derivarse una primera imputación de responsabilidad al alumno.

Ahora bien, es preciso también relativizar la importancia que de cara a la posible instrucción del expediente disciplinario pudiera tener la información reservada. Por ello, aunque no cabe hablar de una relajación en la salvaguarda de las garantías del estudiante, sí que hay que analizar hasta qué punto determinadas irregularidades de estas actuaciones afectan o no al procedimiento que eventualmente se aperture. El Tribunal Supremo ha manifestado en múltiples ocasiones que, aunque han de seguirse con todas las garantías, no hay que pasar por alto que la sanción se impondrá, no por lo practicado en las actuaciones preliminares, sino por lo practicado en el expediente sancionador seguido con todas las garantías. Por ello, no cualquier vicio cometido durante el desarrollo de la información reservada es susceptible de anular la sanción[311].

---

310. Tal y como afirma implícitamente la STC, Sala Primera, 142/2009, de 15 de junio (pon. Casas Baamonde, F.J. 6.º), que extiende los derechos propios del procedimiento penal y del administrativo sancionador a las actuaciones previas, aunque modulando su aplicación. El Tribunal sigue así la estela dejada por sentencias anteriores: STC, Sala Segunda, 70/2008, de 23 de junio (pon. Rodríguez Arribas, F.J. 4.º) y STC, Sala Primera, 272/2006, de 25 de septiembre (pon. Aragón Reyes, F.J. 2.º), entre otras.

311. Lo ha afirmado así en la STS, Sala de lo Militar, secc. 1.ª, de 17 de septiembre de 2015, rec. núm. 25/2015 (pon. Pignatelli Meca): «ni se dirige contra persona alguna, ni sustituye al expediente que debe instruirse para deducir aquellas responsabilidades, por lo que también hemos dicho reiteradamente que la expresada información no está sometida al régimen de garantías que deben observarse en el seguimiento de un expediente de aquella naturaleza» (F.J. 4.º), y por dicho motivo afirmó el tribunal que las pruebas obtenidas en la información reservada carecen de eficacia probatoria, de tal suerte que las de cargo deben producirse una vez iniciado el expediente. En este caso, se estimó el recurso formulado por un guardia civil sancionado por trabajar como carretillero mientras se encontraba de baja en su labor militar. Previa a la iniciación del procedimiento, fue sometido a un segui-

Su desarrollo variará en función de los hechos investigados. En algunas ocasiones podrá limitarse a reuniones de los estudiantes con el servicio de inspección y el decano o director, así como, en su caso, terceros relacionados con los hechos; en otras, como por ejemplo averiguar la autoría de una infracción de naturaleza electrónica, exigirá de los servicios de algún técnico informático. En cualquier caso, tendrán un carácter antiformalista, primando en ellas las actuaciones verbales[312].

La utilidad de estas actuaciones previas resulta fundamental para algunas universidades. Ejemplo claro es la Universidad Carlos III, donde se realizaron informaciones previas en diecinueve de los treinta y dos procedimientos incoados entre 2014 y 2017, considerando que no procedía incoar expediente disciplinario en siete de aquellos.

Las actuaciones previas tienen lugar extramuros del procedimiento administrativo y a los solos efectos de investigar el alcance que pudieran tener los presuntos hechos sancionables. Esta cuestión resulta de enorme importancia en tanto que incoación de actuaciones previas no afectará, como norma general, a la prescripción de la infracción ni a la caducidad del procedimiento.

A este respecto, el art. 30.2 de la Ley 40/2015 establece que interrumpirá la prescripción la incoación de un procedimiento sancionador con conocimiento del inculpado —nada dice la Ley de Convivencia Universitaria al respecto—. Al no haberse iniciado propiamente el procedimiento, no cabe hablar entonces de interrupción de la prescripción durante el desarrollo de las actuaciones previas, aun cuando el estudiante tenga conocimiento o sea partícipe directo en estas diligencias[313].

---

miento, comprobándose que de madrugada salía del acuartelamiento donde residía para ir a su puesto de trabajo.

Interesante es a este respecto la STS, Sala de lo Contencioso, secc. 6.ª, de 6 de mayo de 2011, rec. núm. 5225/2007 (pon. Trillo Alonso, F.J. 6.º). En el supuesto de autos una empresa había sido sancionada por la Agencia Española de Protección de Datos. Adujo la sancionada que todas las pruebas de cargo que llevaron a la sanción fueron obtenidas durante la información reservada. El tribunal admitió tal manifestación, pero consideró que con ello no se vulneró ningún derecho fundamental. La recurrente conocía el objeto de estas investigaciones, por lo que pudo prever sus posibles consecuencias y negarse a facilitar documentación alguna. El Tribunal Supremo consideró que las actuaciones practicadas cumplían con todos los requisitos objetivos y subjetivos necesarios para tenerlas por válidas y confirmó la validez de la resolución.

312. Así lo considera Rebollo Puig, M.: «Actuaciones previas al procedimiento administrativo sancionador» en AA.VV.: *Derecho administrativo sancionador*. Lex Nova, 2010.

313. Sin embargo, existen discrepancias en la doctrina. Mientras que autores como Garberí Llobregat, J. y Buitrón Ramírez, G., ob. cit. 2016, pág. 1.532 afirman la imposibilidad de que la prescripción sea interrumpida antes de la iniciación del procedimiento; otros, como Gallardo Castillo, M.J., ob. cit. 2016, pág. 186 consideran que la prescripción podrá interrumpirse en fase de actuaciones previas cuando el interesado tenga conoci-

En cuanto a la caducidad del procedimiento, este plazo tiene su *dies a quo* con la iniciación del procedimiento, como indica el art. 21.3.a) de la Ley 39/2015, por lo que la realización de actuaciones previas no supondrá *a priori* el inicio del cómputo de la caducidad[314]. Sin embargo, la jurisprudencia ha ido admitiendo la caducidad del procedimiento en aquellos supuestos en los que la Administración actúa de forma negligente, retrasando injustificadamente la iniciación del procedimiento y con ello perturbando la seguridad jurídica que debe garantizarse al investigado. Así, los tribunales consideran que tiene lugar la caducidad del procedimiento si durante un período de tres meses en el marco de las actuaciones previas la Administración no actúa iniciando el procedimiento sancionador[315]. Son muchos los autores que critican duramente que la Administración pueda hacer un uso fraudulento de las actuaciones previas con la única intención de evitar que, iniciado el expediente, se pueda producir la caducidad del mismo[316].

---

miento de la existencia de las mismas, siempre y cuando éstas queden reflejadas documentalmente en el expediente.

A mi juicio, considero más adecuada la primera de las tesis por dos razones. La primera, por la aplicación extensiva del principio *pro reo*. Aun no habiéndose formulado imputación alguna, la sola posibilidad de que ello ocurra ha de investir al estudiante de esta garantía. Y la segunda de ellas, porque una interpretación literal de la norma, cuyo tenor no es otro que sólo interrumpirá la prescripción la iniciación del procedimiento, lleva a esta conclusión.

314. Como han recordado las SSTS, Sala de lo Contencioso, secc. 3.ª, 2418/2016, de 11 de noviembre (pon. del Riego Valledor, F.J. 6.º); y Sala de lo Contencioso, secc. 5.ª, de 30 de noviembre de 2010, rec. núm 418/2007 (pon. Fernández Valverde, F.J. 3.º), que consideró que no había caducado el expediente sancionador incoado contra una empresa por infracciones relacionadas con el dominio público-hidráulico dado que no entra en el cómputo de la caducidad el período de información previa.

315. Como exponen Gallardo Castillo, M.J., ob. cit. 2016, pág. 187 y Montoya Martín, E.: «Consideraciones sobre las actuaciones previas y su incidencia en el procedimiento administrativo sancionador y en las garantías del administrado» en *Documentación Administrativa*, núm. 280-281, 2008, pág. 216, es abundante la jurisprudencia en este sentido. Por todas, la STS, Sala de lo Contencioso, secc. 4.ª, de 6 de noviembre de 2012, rec. núm. 3558/2011 (pon. Menéndez Pérez, F.J. 3.º). No obstante, existen bastantes y recientes pronunciamientos que refuerzan el hecho de que la Administración, si la norma de aplicación no se lo impide, alargue en el tiempo las actuaciones previas: SAN, Sala de lo Contencioso, secc. 1.ª, de 2 de abril de 2019, rec. núm. 813/2016 (pon. Buisán García, F.J. 5.º); y STSJ de las Islas Baleares, Palma de Mallorca, Sala de lo Contencioso, secc. 1.ª, 22/2019, de 11 de enero (pon. Ortuño Rodríguez, FF.JJ. 1.º y 4.º).

316. Sirva la cita de Gómez Tomillo, M. y Sanz Rubiales, Í., ob. cit. 2017, pág. 790 y Santamaría Pastor, J. A.: «Caducidad del procedimiento (art. 44.2 LRJAP)» en *Revista de Administración pública*, núm. 168, 2005, págs. 32 a 34. Como dice el segundo autor, al que se adhieren los primeros, este fraude tiene dos vertientes. Por una parte, se vulnera el instituto de la caducidad y, con ello, una de las principales garantías del inculpado; y de otra, hace que el procedimiento pierda una buena parte de su objetivo: la investigación de los posibles hechos infractores, que ya tiene lugar extramuros del expediente.

Por ello, el efecto principal que tendrán las actuaciones previas será el de fundamentar la incoación del procedimiento sancionador, sin que ningún efecto produzcan sobre los institutos de la prescripción, que no se interrumpirá; ni, como norma general, sobre la caducidad del procedimiento, cuyo cómputo aún no se habrá iniciado[317]. En conclusión, lo practicado en esta fase únicamente desplegará un efecto probatorio, que podrá ser tenido en cuenta por la universidad para justificar la procedencia de incoar el expediente disciplinario, así como para imponer la sanción tras la instrucción del mismo[318]. Los elementos de juicio que se obtengan tras la práctica de las actuaciones previas podrán ser suficiente para motivar la imposición de la sanción, sin necesidad que deba reiterarse la práctica de esta prueba en sede de instrucción. Si bien es cierto que la obtención de prueba que se realice previamente a la iniciación del procedimiento no tiene todas las garantías ínsitas en el expediente sancionador, esto no ha de suponer que lo obtenido carezca de valor probatorio alguno[319].

II. Las medidas provisionalísimas

El art. 21 de la Ley de Convivencia Universitaria contiene la regulación de estas medidas, y de la misma forma el art. 56.2 de la Ley 39/2015. Son las medidas conocidas comúnmente como provisionalísimas o cautelerísimas. Estas medidas podrán ser adoptadas antes de la iniciación del procedimiento y tendrán como objetivo proteger los intereses implicados, de tal forma que, de no adoptarse con urgencia, éstos podrían verse dañados. Con ellas lo que se pretende en definitiva es que se asegure el buen fin de la investigación, impidiendo además que el acto ilícito se prolongue en el tiempo provocando mayores perjuicios[320].

---

317. Con la salvedad manifestada en cuanto a las dilaciones injustificadas en relación a la caducidad. Así lo considera Montoya Martín, E., ob. cit. 2008, págs. 214 y ss.; y en este sentido se han pronunciado los tribunales: SAN, Sala de lo Contencioso, secc. 3.ª, de 12 de septiembre de 2017, rec. núm. 305/2016 (pon. Sangüeso Cabezudo, F.J. 6.º), con respecto a la prescripción; y SAN, Sala de lo Contencioso, secc. 1.ª, de 18 de junio de 2009, rec. núm. 579/2008 (pon. Buisán García, F.J. 2.º), con respecto a la caducidad.

318. Ejemplo arquetipo de este valor probatorio son las actas levantadas por la Inspección de Trabajo y Seguridad Social, como dice Álvarez Feijóo, M.: «Valor probatorio de las actas e informes de la inspección de trabajo en el proceso penal» en *Actualidad Jurídica*, Uría & Menéndez, núm. 23, 2009, págs. 45 y ss.

319. En este sentido, Díaz Fraile, F., ob. cit. 2016, pág. 278; y puede leerse, por lo didáctica que es a este respecto la STS, Sala de lo Militar, secc. 1.ª, 16/2022, de 10 de febrero (pon. Pignatelli Meca, F.J. 3.º).

320. Como reconocen Gómez Tomillo, M. y Sanz Rubiales, Í., ob. cit. 2017, pág. 690; Garberí Llobregat, J. y Buitrón Ramírez, G., ob. cit. 2016, págs. 1.569 y ss.; y Rebollo Puig, M.: «La actividad inspectora» en *VIII Congreso de la Asociación Española de Profesores de Derecho Administrativo*, 2013, pág. 9.

La adopción de estas medidas le corresponderá al rector, que podrá hacerlo bien de oficio, bien a petición de un interesado, y siempre de manera motivada, de tal forma que se justifique su necesidad con respecto al fin propio de estas medidas. En cuanto a los interesados, ya anuncié en el epígrafe destinado al derecho de acceso al expediente administrativo, que en el ámbito de la disciplina sobre los estudiantes dos sujetos resultarán interesados: el propio estudiante inculpado, que sería extraño que solicitase la adopción de alguna medida; y un tercero al que la resolución que se dictare podría afectarle en su esfera personal (como ejemplo de esto señalaba al estudiante al que la anulación de una prueba de evaluación realizada a través de fraude le haría situarse en una posición más beneficiosa a la hora de optar a determinados beneficios escolares).

Su naturaleza extraprocedimental y limitativa de derechos hace que deban adoptarse bajo un criterio restrictivo y procurando todas las garantías posibles para el investigado. Tanto es así que el art. 56.4 de la Ley 39/2015 establece que estas medidas no podrán adoptarse si pudieran causar un perjuicio de difícil o imposible reparación o si supusieran una violación de los derechos del estudiante.

El art. 56 de la Ley 39/2015 enumera una serie de medidas que podrán ser adoptadas. Sin embargo, el último de sus apartados supone un *numerus apertus* en toda regla, permitiendo al órgano adoptar todas aquellas medidas que estime necesarias para proteger los intereses implicados. En el ámbito de la disciplina académica estas medidas podrían consistir en expulsar al alumno del aula en caso de que esté perturbando el orden académico, retirarle el examen, si se aprecia que está utilizando medios fraudulentos para su realización, o no evaluar provisionalmente el trabajo académico si se observa que éste es susceptible de plagio. Bien podría la Ley de Convivencia Universitaria haber previsto un catálogo de medidas que habilitase a la universidad a tomar decisiones sin correr el riesgo de extralimitarse.

En cualquier caso, estas medidas deberán tener una duración máxima de quince días hábiles, debiendo en este período dictarse el acuerdo de iniciación que las confirme, modifique o elimine; teniéndose por levantadas si en dicho plazo no se inicia el procedimiento o si el acto de iniciación no contiene un pronunciamiento acerca de las mismas.

Una cuestión a tener en cuenta es que las medidas provisionalísimas no podrán prejuzgar el fondo del asunto. La Ley de Convivencia Universitaria se preocupa de hacer mención a ello, lo que no hace la Ley 39/2015. Esto es importante, especialmente en la proyección que las medidas provisionales tienen hacia el exterior, es decir, hacia el resto de la comunidad universitaria. Por ello, considero que en cumplimiento del principio de proporcionalidad las medidas provisionalísimas deben adoptarse y llevarse a cumplimiento de manera reservada, evitando en la medida de lo posible la exposición pública del asunto.

En el ámbito disciplinario universitario las medidas provisionalísimas suelen ser adoptadas con excesiva contundencia, sin motivación alguna, y sin la preceptiva intervención del órgano competente para iniciar el procedimiento. El supuesto más habitual tiene lugar cuando el profesor advierte que un alumno está valiéndose de medios fraudulentos durante la realización de una prueba de evaluación, procediendo de forma automática a su expulsión del aula.

El carácter de medida provisionalísima que podría atribuírsele a estas actuaciones llevarían a la necesidad de que el profesor, al observar la utilización de medios fraudulentos, tuviese que levantar acta de lo ocurrido, describiendo con detalle los hechos, incorporando a este acta los elementos de juicio oportunos, permitiendo al alumno continuar con el examen, y dando traslado tras su finalización al órgano competente para la adopción de estas medidas, quién decidirá acerca de no calificar cautelarmente al alumno o no.

Sirva de ejemplo lo dispuesto en la derogada normativa disciplinaria de la Universidad Rey Juan Carlos, que en el art. 7 establecía la facultad del profesor de expulsar al estudiante del aula en caso de advertirle conductas contrarias al orden académico. El propio artículo contemplaba la posibilidad del profesor de acudir a los servicios de seguridad de la universidad, quienes procederían a la expulsión del alumno. La validez de este artículo podía resultar dudosa y es que con él se facultaba a un profesor a tomar una decisión que podía afectar a los derechos del estudiante, que no tendría siquiera posibilidad de réplica y sin que la decisión del docente pudiera ser fiscalizada *a posteriori*.

También la Universidad de La Rioja, art. 15.2 del Reglamento de Evaluación de los Estudiantes[321], establece que la realización de un examen utilizando medios fraudulentos comportará de forma automática la calificación como suspenso, sin perjuicio del procedimiento disciplinario que se incoe. No se hace referencia alguna a las garantías del estudiante, cuyo examen resultará suspenso sin posibilidad de defensa alguna.

De manera menos reactiva, la Universidad Nacional de Educación a Distancia contempla en el art. 39 del Reglamento de Pruebas Presenciales[322] que el profesor que observe una conducta fraudulenta durante la realización de un examen expulsará al alumno del aula una vez levante acta de lo ocurrido, requise el material fraudulento, que incorporará al acta, donde se describirán los hechos, dando posteriormente traslado a la Inspección de Servicios.

El protocolo establecido por la Universidad Nacional de Educación a Distancia puede ser el más acertado y el más garantista con el estudiante. No hay que pasar por alto la gravedad que supone que a un alumno le sea reti-

321. Aprobado por Acuerdo del Consejo de Gobierno de 15 de diciembre de 2011.

322. Aprobado por Acuerdo del Consejo de Gobierno de 28 de junio de 2011.

rado de plano un examen sólo a criterio de uno o varios profesores que se encuentren vigilando la realización de la prueba. Habrá ocasiones en que el fraude es evidente —por ejemplo, con la presencia de un pinganillo visible—, pero en otras la sola creencia de que existe una conducta infractora no puede ser considerada suficiente como para optar por esta vía de hecho. De existir indicios suficientes, motivadamente el profesor deberá levantar acta en la que decida de forma provisional retirar el examen al alumno, tramitándose posteriormente lo establecido en los artículos de aplicación.

CAPÍTULO XI

LA IMPORTANCIA DEL TRANSCURSO DEL TIEMPO EN EL EJERCICIO DE LA POTESTAD DISCIPLINARIA SOBRE LOS ESTUDIANTES: LA PRESCRIPCIÓN Y LA CADUCIDAD[323]

I. El plazo para la exigencia de responsabilidad: la prescripción de la infracción

1. La naturaleza jurídica, regulación y efectos

La prescripción es una forma de extinción de la responsabilidad disciplinaria. Su naturaleza jurídica es material y responde al principio de legalidad penal del art. 25 de la Constitución Española. Esto tiene tres consecuencias fundamentales: la retroactividad de la reducción del plazo de prescripción en favor del responsable, el hecho de que deba ser apreciada de oficio y la susceptibilidad de amparo constitucional[324].

323. Sobre la importancia del transcurso del tiempo y sus consecuencias jurídicas en el procedimiento administrativo interesa la cita de GONSÁLBEZ PEQUEÑO, H.: *Términos y plazos administrativos*. Bosch, 2012, págs. 7 y 8.

324. Esta afirmación no ha estado exenta de polémica, como tratan GÓMEZ TOMILLO, M. y SANZ RUBIALES, Í., ob. cit. 2017, págs. 614 a 617. El propio Tribunal Constitucional se ha mostrado vacilante acerca de la naturaleza de la prescripción, otorgándole en ocasiones un carácter formal que impedía, por ejemplo, el amparo constitucional: STC, Sala Primera, 152/1987, de 7 de octubre (pon. Rodríguez-Piñero y Bravo-Ferrer, F.J. 3.º). No obstante, actualmente el tribunal ha asentado ya su carácter material. Puede citarse al respecto la STC, Sala Segunda, 63/2005, de 14 de marzo (pon. Gay Montalbo, F.J. 5.º).

Así, el mero transcurso del tiempo desde que se comete la infracción sin que exista una persecución por parte de la universidad hará que el estudiante se vea libre del peso del *ius puniendi* de la institución académica. Esto responde a dos finalidades, una para el estudiante, y otra para la universidad. Para el estudiante la prescripción le otorga la seguridad jurídica necesaria para conocer cuándo la responsabilidad disciplinaria por la comisión de la infracción se ha extinguido. Y para la universidad responde al principio de eficacia administrativa, y es que la prescripción permite a la universidad dejar de perseguir aquellas infracciones de las que ha tenido conocimiento tardíamente. No existe necesidad de perseguir algo que ya no afecta a la disciplina académica, bien porque el estudiante haya abandonado ya la universidad, bien porque los perjuicios a la esfera jurídica de un tercero han sido reparados por el transcurso del tiempo.

La Ley de Convivencia Universitaria suple el vacío que al respecto tenía el Reglamento de Disciplina Académica, lo que provocaba que la regulación de la prescripción debiera situarse en la Ley 40/2015[325]. En este sentido, la norma sectorial establece en el art. 8.3.e) como principio de la potestad disciplinaria el de prescripción de las faltas y de las sanciones; y en el art. 17.1.b) contempla como causa de extinción de la responsabilidad del estudiante la prescripción de la falta o de la sanción. Decía que suple el vacío porque la norma derogada no establecía los plazos de prescripción aplicables. Esta nueva norma sí lo hace en su art. 20.2, aunque en el mismo tenor que el art. 30.1 de la Ley 40/2015: prescribirán a los tres años las faltas muy graves, a los dos años las graves y a los seis meses las leves[326]. Nada ha cambiado a este respecto para los estudiantes universitarios.

2. El *dies a quo* o el cuándo comienza a contar la prescripción

La Ley de Convivencia Universitaria establece en su art. 17.3 que el cómputo del plazo de prescripción se iniciará desde el momento en que la infrac-

325. Y anteriormente a la entrada en vigor de la Ley 30/1992, el plazo de prescripción, ante el silencio del Reglamento de Disciplina Académica, se suplía con el art. 113 del Código Penal en su redacción anterior a la importante reforma operada en 1995, que establecía la prescripción de las faltas en dos meses. Así lo menciona, en el ámbito de la disciplina académica sobre los estudiantes la STSJ de Madrid, secc. 9.ª, 882/2001, de 9 de octubre (pon. Santillán Pedrosa, F.J. 4.º).

326. Esto no es extraño. Como norma general, los plazos de prescripción establecidos en las normas sectoriales son idénticos a los de la Ley 40/2015. Es el caso, a modo de ejemplo, del art. 97.1 del Real Decreto Legislativo 5/2015, de 30 de octubre, por el que se aprueba el texto refundido de la Ley del Estatuto Básico del Empleado Público; del art. 21 de la Ley Orgánica 12/2007, de 22 de octubre, del régimen disciplinario de la Guardia Civil; y del art. 258 del Real Decreto 190/1996, de 9 de febrero, por el que se aprueba el Reglamento Penitenciario.

ción hubiese sido cometida, si esta fuese instantánea; o desde el día que cesa su comisión, si tuviera carácter continuado. La importancia entonces de este momento resulta elemental. Es preciso indicar que la carga de la prueba sobre el mismo le corresponde al estudiante. Éste deberá acreditar cuándo cometió la infracción o cuándo dejó de cometerla. De no querer o no poder hacerlo, se entenderá que el *dies a quo* comienza cuando la universidad tenga constancia de la existencia de la infracción[327].

Aunque la mayor parte de las faltas que puedan cometer los estudiantes serán de carácter instantáneo, es cierto que estas pueden tener un carácter más complejo que implique que el *dies a quo* de su prescripción tenga lugar en otro momento. Pese a que la doctrina se ha ido encargando de establecer y analizar diferentes modalidades de infracciones (infracciones de estado, de pluralidad de actos o complejas, de hábito)[328], con carácter general, los tribunales únicamente han venido diferenciando entre las continuadas y las permanentes[329].

i. Las infracciones continuadas

Siguiendo con la definición dada por el art. 29.6 de la Ley 40/2015, las infracciones continuadas son aquellas en las que el estudiante realiza una pluralidad de acciones u omisiones con la que se infringe el mismo o semejantes preceptos y que responden a la ejecución de un plan preconcebido o se producen aprovechando idéntica ocasión. Es importante el matiz, deben

327. Lo entienden así Nuño Jiménez, I. y Puerta Seguido, F.: «Derecho administrativo sancionador. Principios de la potestad sancionadora» en *Gabilex*, núm. 5, 2016, pág. 171; y este criterio es el mantenido por la jurisprudencia. Por todas la STS, Sala de lo Contencioso, secc. 5.ª, de 8 de julio de 1996, rec. núm. 8179/1991 (pon. Sanz Bayón, F.J. 4.º), de la que se nutren sentencias más actuales, como la STSJ de Andalucía, Sala de lo Contencioso, Málaga, secc. 2.ª, 731/2018, de 11 de abril (pon. Macho Macho): «la carga de la prueba de la prescripción no la soporta la Administración sino el administrado que voluntariamente se ha colocado en una situación de clandestinidad y que por tanto ha creado la dificultad para el conocimiento del "dies a quo" en el plazo que se examina, por ello el principio de la buena fe, plenamente operante en el campo procesal impide, que el que crea una situación de ilegalidad pueda obtener ventaja de las dificultades probatorias originadas por esa ilegalidad» (F.J. 6.º).

328. Recomiendo la lectura al respecto de de Diego Díez, L.A.: *Los infartos de la Administración. Prescripción de infracciones y sanciones*. Colex, 2019, págs. 83 y ss. y de Diego Díez, L.A.: *Prescripción y caducidad en el Derecho administrativo sancionador*. Bosch, 2009, págs. 72 y ss. He decidido no tratarlas en este trabajo por su escasa relevancia en el ámbito de la disciplina académica sobre los estudiantes.

329. La STSJ de Aragón, Sala de lo Contencioso, secc. 3.ª, 157/2016, de 18 de marzo (pon. Seoane Prado) lo expresa así: «Han llegado a ser señaladas las siguientes modalidades: a) infracciones instantáneas; b) infracciones permanentes; c) infracciones de estado; d) infracciones continuadas; e) infracciones de pluralidad de actos o complejas; f) infracciones de hábito. Sin tanta variedad, y a los efectos que ahora interesan, la jurisprudencia ha diferenciado entre las categorías de infracciones permanentes y las continuadas» (F.J. 2.º).

responder a un mismo «proceso psicológico y material»[330]. Esto impediría calificar como infracción continuada el hecho de que en un curso académico un estudiante circunstancialmente realice fraude en algunos exámenes. Sirva de ejemplo la STS de 9 de julio de 2001[331] que, pese a que la universidad consideraba continuada la infracción consistente en que un alumno presentara en dos ocasiones en un mismo curso académico un examen del que no había sido autor, rechazó dicha tesis asumiendo que «el actor infractor agotó su comisión en el hecho de haber entregado el examen del que el alumno no era autor» (F.J. 3.º).

Sí consideró como continuada la infracción analizada en la STSJ de Madrid de 21 de noviembre de 2019[332]. En aquel caso —que no corresponde al de una universidad pública, pero en que se aplicó el derogado Reglamento de Disciplina Académica por remisión— el tribunal consideró que la conducta consistente en sustraer el formulario de respuestas que había cumplimentado durante el examen para luego falsificarlo y solicitar posteriormente la modificación obtenida tenía la naturaleza de continuada. La razón que da el Tribunal Superior de Justicia de Madrid es la ya indicada. Responde a un plan preconcebido en el que una acción se inicia con la otra.

Fue también continuada la infracción cuyo castigó confirmó la SJCA núm. 2 de Bilbao de 11 de julio de 2013[333]. En esta ocasión, el estudiante sancionado, entre otras cosas, había enviado infinidad de mensajes telefónicos y hechas otras tantas llamadas a varios compañeros del máster. Esta actitud de hostigamiento, dado que se prolongó en el tiempo, se consideró como continuada.

En este tipo de infracciones el *dies a quo* se iniciará cuando cese la conducta infractora. Así lo establece la norma sectorial de aplicación en el art. 17.3 y la Ley 40/2015 en el art. 29.6, y así se ha pronunciado el Tribunal Supremo en multitud de sentencias, como la STS de 8 de febrero de 2021[334].

---

330. Como dice DE DIEGO DÍEZ, L.A., ob. cit. 2019, pág. 92.

331. STS, Sala de lo Contencioso, secc. 7.ª, de 9 de julio de 2001, rec. núm. 4556/1994 (pon. Trillo Torres).

332. STSJ de Madrid, Sala de lo Contencioso, secc. 10.ª, 953/2019, de 21 de noviembre (pon. Yanguas Montero, F.J. 4.º).

333. SJCA núm. 2 de Bilbao, 163/2013, de 11 de julio (tit. Lutgarda Pita Rasilla, F.J. 3.º).

334. STS, Sala de lo Contencioso, secc. 3.ª, 157/2021, de 8 de febrero (pon. del Riego Valledor, F.J. 3.º). Y a este respecto muy clara resulta también la STS, Sala de lo Contencioso, secc. 4.ª, de 21 de marzo de 2014, rec. núm. 539/2012 (pon. Teso Gamella): «no puede apreciarse la prescripción si la falta es de carácter continuado, al menos mientras se persista en la acción» (F.J. 3.º). En aquel supuesto se castigaban una serie de conductas sobre las que se consideraba que existía una conexión esencial: derivación de aguas, alumbramiento de aguas subterráneas y su almacenamiento mediante la construcción de una presa en el dominio público. Resultó evidente que todas estas acciones respondían a un mismo *iter* infractor, lo que las convirtió en una infracción continuada.

ii. Las infracciones permanentes

A diferencia de la infracción continuada que exige pluralidad de acciones que infrinjan el mismo precepto, y por ello constituye un concurso real de ilícitos, la infracción permanente no requiere un concurso de ilícitos, sino una única acción de carácter duradero, cuyo contenido antijurídico se prolonga a lo largo del tiempo, en tanto el estudiante no decida cesar en la realización de su conducta. Las leyes de aplicación nada dicen al respecto de este tipo de infracciones, por lo que ha sido la jurisprudencia la que las ha ido dotando de contenido[335]. Este tipo infracciones podrán darse también en el ámbito universitario, aunque son menos frecuentes. Sabotear el campus virtual para que los alumnos tengan acceso a material no puesto a su disposición, podría considerarse infracción permanente, a título de ejemplo.

El plazo de prescripción tendrá su *dies a quo* cuando el estudiante cese en la comisión de la infracción y con ello, siguiendo el criterio del Tribunal Supremo en la STS de 29 de mayo de 2019[336], cuando «cese la situación lesiva para los bienes jurídicos protegidos» (F.J. 2.º). Así lo establece expresamente el art. 30.2 de la Ley 40/2015. La Ley de Convivencia Universitaria nada dice al respecto.

3. La interrupción del plazo de prescripción de la infracción

Iniciado el cómputo del plazo, la prescripción se interrumpirá en cuanto el estudiante presuntamente responsable tenga el conocimiento fehaciente de que se ha iniciado un procedimiento disciplinario. Esta previsión se encuentra en el art. 30.2 de la Ley 40/2015, sin que la Ley de Convivencia Universitaria se pronuncie al respecto. Cabe plantearse si se exige que tenga lugar la notificación del acuerdo de incoación o si basta el solo conocimiento por parte del estudiante. El Tribunal Supremo considera que es posible que se produzca la interrupción del plazo de prescripción cuando aún no ha sido notificado el acuerdo de incoación pero existe «la razonable convicción de que ese conocimiento efectivamente tuvo lugar»[337]. A mi juicio, esto supone

335. Al respecto pueden citarse las SSTS, Sala de lo Contencioso, secc. 5.ª, 75/2022, de 27 de enero (pon. Román García, F.J. 5.º); Sala de lo Contencioso, secc. 3.ª, 1526/2020, de 17 de noviembre (pon. Perello Domenech), que hace un profundo análisis de estas infracciones en el F.J. 6.º; y Sala de lo Contencioso, secc. 5.ª, de 20 septiembre de 2012, rec. núm. 4482/2009 (pon. Calvo Rojas, F.J. 5.º) y la SAN, Sala de lo Contencioso, secc. 1.ª, de 18 de julio de 2017, rec. núm. 140/2016 (pon. Sanz Calvo, F.J. 5.º), entre otras muchas.

336. STS, Sala de lo Contencioso, secc. 3.ª, 713/2019, de 29 de mayo (pon. Bandres Sánchez-Cruzat).

337. La STS, Sala de lo Contencioso, secc. 7.ª, de 28 de febrero de 2013, rec. núm. 5469/2011 (pon. Maurandi Guillén), se pronuncia en los siguientes términos: «debe subrayarse que

una vulneración evidente de la seguridad jurídica que garantiza la figura de la prescripción. Cuestión diferente será que, intentada la notificación del acuerdo conforme los trámites legales establecidos, ésta haya resultado infructuosa y que deba seguirse el procedimiento por todos sus trámites.

No obstante, el artículo 30.2 de la Ley 40/2015 establece que la interrupción del plazo de prescripción no será *sine die*, sino que podrá *reiniciarse*[338] el cómputo cuando durante un mes el procedimiento esté paralizado por causa no imputable al estudiante. Este reinicio del cómputo del plazo supone comenzar de nuevo con la cuenta como si no hubiera transcurrido el tiempo, de tal forma que no beneficiará al estudiante la prescripción ganada.

Creo oportuno tratar la relación entre el inicio de un procedimiento penal y la prescripción de la infracción disciplinaria. Esto es, qué ocurre si, cometida una falta, actúa antes la jurisdicción penal que la universidad. La respuesta se halla en el propio art. 30.2 de la Ley 40/2015. El precepto expresa con claridad que el cómputo de la prescripción únicamente se interrumpirá cuando se inicie un procedimiento administrativo de naturaleza sancionadora. Así que el inicio de un procedimiento penal, independientemente de su resultado, no es óbice a que la infracción disciplinaria prescriba. No obstante, hay leyes sectoriales que establecen lo contrario[339].

---

ese conocimiento podrá tener lugar bien a través de la notificación formal y personal de la actuación interruptora a todos esos miembros (que será el instrumento más idóneo y seguro), bien a través de cualquier otro hecho o circunstancia que permita formar la razonable convicción de que ese conocimiento efectivamente tuvo lugar. Así lo impone la especial ponderación del sacrificio del valor justicia que toda prescripción extintiva conlleva en aras de la seguridad jurídica, y así lo viene a confirmar el artículo 132 (apartados 2 y 3) de la Ley 30/1992, de 26 de noviembre, de Régimen Jurídico de las Administraciones públicas y del Procedimiento Común [LRJ/PAC], que, en orden a la interrupción de las infracciones administrativas y sus sanciones, se refiere únicamente al "conocimiento del interesado"» (F.J. 8.º).

338. Llamo la atención con la cursiva porque han existido controversias acerca de la interpretación que debe dársele a este verbo: si se trata de iniciar el cómputo desde el momento cero o si se trata de continuar el cómputo desde el momento en que quedó interrumpido. Sirva la cita de la STSJ de Andalucía, Sala de lo Contencioso, Granada, secc. 1.ª, 826/2019, de 11 de abril (pon. Pardo Castillo), que explica este fenómeno de la siguiente manera: «En cuanto al cómputo de dicho plazo en caso de sucesivas paralizaciones del procedimiento administrativo tras la interrupción de la prescripción por una actuación de la Administración, ha de destacarse que no se produce la suma del plazo de prescripción transcurrido hasta la incoación del procedimiento y del transcurrido después de cesar el efecto suspensivo, sino que se reiniciaría el cómputo del plazo de prescripción, todo ello según reiterada jurisprudencia (sentencias del Tribunal Supremo de 18 de junio de 1999 y de 21 de mayo de 1987)» (F.J. 4.º *in fine*).

339. Es el caso de la Ley Orgánica 12/2007, de 22 de octubre, de Régimen Disciplinario de la Guardia Civil, que en su art. 21.4 establece que se interrumpirá el cómputo del plazo de prescripción cuando los mismos hechos estén siendo objeto de un procedimiento criminal. Así lo ha aceptado el Tribunal Supremo en la STS, Sala de lo Militar, secc. 1.ª, 49/2019, de 10 de abril (pon. Menchen Herreros, F.J. 2.º). En el supuesto de autos el recurrente

Cosa diferente será que ya esté iniciado el procedimiento disciplinario cuando se remitan las actuaciones a la jurisdicción penal por existir indicios de delito. Establece la Ley de Convivencia Universitaria en su art. 8.4 que «Cuando de la instrucción de un procedimiento disciplinario se considerase que el hecho podría ser constitutivo de delito, se suspenderá su tramitación poniéndolo en conocimiento del Ministerio Fiscal». Ese supuesto no ha de suponer de ninguna manera que la prescripción queda interrumpida *sine die*, hasta que se pronuncia el órgano jurisdiccional. De aceptar la tesis contraria, se situaría al estudiante en una situación de incertidumbre total que no responde a la finalidad de esta figura. Por ello, debe aceptarse que, remitidos los hechos al conocimiento de los juzgados de instrucción o del Ministerio Fiscal, el período de prescripción podrá reiniciarse. Así lo ha confirmado el Tribunal Supremo en la STS de 28 de febrero de 2017[340].

---

alegaba que había transcurrido ampliamente el plazo desde que se cometió la infracción hasta la notificación del acuerdo de iniciación del expediente disciplinario, y es que de por medio había tenido lugar un procedimiento penal. El criterio de la administración sancionadora, que fue confirmado por el Tribunal Supremo, era que el hecho de que se hubiese iniciado actuaciones penales había interrumpido la prescripción de la infracción, aunque no se hubiera iniciado procedimiento disciplinario alguno, por lo que la infracción cometida continuaba siendo perseguible.

340. STS, Sala de lo Contencioso, secc. 2.ª, de 28 de febrero de 2017, rec. num. 413/2016 (pon. Montero Fernández). En el supuesto de autos la Administración tributaria inició la actividad inspectora contra una empresa. Ante la presencia de un posible delito se remitieron las actuaciones a la fiscalía, donde quedaron paralizadas durante años, sin que nada supiera la empresa. Tanto tiempo pasó hasta que se dirigieron contra ella las actuaciones, que el delito ya había prescrito, por lo que se dictó auto de sobreseimiento. Ante eso, la Administración inició el procedimiento sancionador. El Tribunal Supremo rechazó el criterio de la Administración con estas palabras: «En el caso concreto que nos ocupa, el alcance interruptivo de la prescripción venía conformado en función del fin al que sirve y cuyo objeto concreto determinó la remisión a la jurisdicción penal y paralización del expediente tributario. A lo que cabe añadir que nos encontramos con significativas lagunas, como se pone de manifiesto en el propio auto de sobreseimiento, indicándose en el mismo que «De la documentación aportada en la reconstrucción del procedimiento no resulta actuación alguna por la que se dirigiera el procedimiento contra Marcelino...», y siendo la responsabilidad exigible a la entidad recurrente derivada de la relación de esta con aquel, habrá de convenirse que desde que se remiten las actuaciones al Ministerio Fiscal hasta el momento en que presta aquella declaración como imputado, en 27 de julio de 2006, había transcurrido en exceso el plazo de prescripción. Pues bien, la inactividad en el proceso penal determinante de la prescripción del delito frustró la finalidad pretendida por el legislador. En esta situación habrá de convenirse que la interrupción de la prescripción se produce por la remisión en forma del expediente al Ministerio Fiscal, a partir de cuyo instante el plazo vuelve a correr de forma que si el procedimiento se paraliza por causa de la inactividad ajena al interesado, el transcurso del plazo abocará a la prescripción para, en su caso, sancionar y —por así disponerse— para liquidar, y, parafraseando lo dicho en ocasiones precedentes por este Tribunal, «sin que la circunstancia de haber permanecido bajo la competencia de un Tribunal (tanto propio o administrativo como impropio o jurisdiccional) obste a que el instituto de la prescripción entre en juego», por así exigirlo el principio de seguridad jurídica que impone la necesidad de establecer un momento temporal a partir del cual debe desaparecer para el obligado tributario la situación de incertidumbre» (F.J. 2.º *in fine*).

II. El plazo máximo para resolver el procedimiento disciplinario: la caducidad

1. La naturaleza jurídica, regulación y efectos

La universidad está obligada a resolver expresamente los procedimientos que inicia y para ello dispone de un plazo. En caso de que transcurra este plazo, entra en juego la garantía en favor del estudiante de la declaración de la caducidad o perención del procedimiento, su archivo. El expediente disciplinario no puede estar tramitándose para siempre, pues ello afectaría frontalmente a la seguridad jurídica del estudiante[341]. Piénsese en el estudiante sobre el que pende un expediente disciplinario que podría llevarle a la expulsión de la universidad por varios años. ¿En qué situación se encontraría si la tramitación de ese expediente pudiera alargarse ilimitadamente en el tiempo? Pero como ocurría con la prescripción, la existencia de la caducidad también afecta de manera favorable a la defensa de los intereses generales que debe pretender la universidad con el ejercicio de la potestad disciplinaria. Tiene una finalidad que obedece al principio de eficacia, y es que por causa de la caducidad la Administración deberá de fijarse un plazo máximo de tramitación del procedimiento, de tal forma que no deje el mismo al arbitrio de los funcionarios actuantes y que cuando recaiga la sanción ésta haya dejado de ser eficaz.

La caducidad se regula con carácter general en los arts. 25 y 95 de la Ley 39/2015. La Ley de Convivencia Universitaria guarda silencio sobre el plazo máximo para resolver y sus efectos. En cuanto a sus efectos, en caso de que transcurra el plazo legalmente establecido para la terminación sin que se haya notificado la resolución al estudiante, se producirá la caducidad del procedimiento y con ella el archivo de las actuaciones. Así lo dispone con claridad el art. 25.1.b) de la Ley 39/2015.

Ahora bien, la caducidad sólo supone la muerte del procedimiento disciplinario, pero no de la responsabilidad del estudiante. Por ello, siempre que la infracción cometida no hubiera prescrito, la universidad podrá iniciar de nuevo otro procedimiento. Así lo dispone el art. 95.3 de la Ley 39/2015. Mientras que la prescripción es una causa de extinción de la responsabilidad, la caducidad es un modo de terminación del procedimiento por el transcurso del plazo para resolver[342].

---

341. Así lo ha manifestado el Tribunal Supremo reiteradamente: SSTS, Sala de lo Contencioso, secc. 3.ª, 441/2019, de 1 de abril (pon. Arozamena Laso, F.J. 2.ºB); y Sala de lo Contencioso, secc. 3.ª, 436/2018, de 19 de marzo (pon. Córdoba Castroverde, F.J. 3.º), entre otras muchas.

342. Como afirma la STS, Sala de lo Contencioso, de 16 febrero 2012, rec. núm. 1810/2009 (pon. Calvo Rojas, F.J. 6.º).

Al respecto de la prescripción, el tiempo transcurrido durante la tramitación del expediente disciplinario habrá de tenerse en cuenta para el cálculo del plazo de prescripción. Esto significa que aun cuando la prescripción quedó interrumpida con la notificación del inicio de las actuaciones, la caducidad de éstas podría provocar que la falta ya no fuera perseguible. Muy claro es a este respecto el *in fine* del ya citado art. 95.3 de la Ley 39/2015: «los procedimientos caducados no interrumpirán el plazo de prescripción»[343]. No aceptarlo así, supondría someter al estudiante inculpado a un castigo eterno, pues ante un procedimiento caducado, la universidad abriría otro.

La universidad entonces estará totalmente facultada a iniciar un nuevo procedimiento cuando no haya prescrito la infracción perseguida. Pero ello no significa que pueda partir de lo ya practicado en el anterior. El nuevo expediente disciplinario deberá seguir los trámites exigidos por la norma: notificación del acuerdo de inicio, ofrecimiento para la formulación de alegaciones, proposición de prueba y audiencia al estudiante, etc. De ninguna manera podrá prescindirse de ellos por haber sido realizados con anterioridad. No obstante, en virtud de lo establecido en el art. 95.3 de la Ley 39/2015, sí podrán incorporarse a este nuevo procedimiento todos los actos y trámites cuyo contenido se hubiera mantenido igual de no haberse producido la caducidad[344]. La STSJ de Cantabria de 12 de mayo de 2020[345] hace una importante exégesis de este artículo en aplicación al régimen disciplinario sobre los estudiantes universitarios.

---

343. La STS, Sala de lo Contencioso, secc. 4.ª, de 29 de octubre de 2001, rec. núm. 27/2000 (pon. Xiol Ríos) señala que: «Debe entenderse que si la reanudación el procedimiento, por caducidad del anterior, se produce una vez prescrita la infracción, debe aplicarse la prescripción, la cual no resulta interrumpida por los procedimientos caducados» (F.J. 3.° *in fine*). Esta cuestión ha sido tratada también por sentencias posteriores: SSTS, Sala de lo Contencioso, secc. 5.ª, 324/2018, de 1 de marzo de 2018 (pon. Tolosa Tribiño, F.J. 2.°); y Sala de lo Contencioso, secc. 3.ª, 2274/2016, de 24 de octubre (pon. Perello Domenech, F.J. 3.°).

344. Así lo expresan GARBERÍ LLOBREGAT, J. y BUITRÓN RAMÍREZ, G. ob. cit. 2016, págs. 1.699 y 1.670.
El Tribunal Supremo tiene declarado en STS, Sala de lo Militar, secc. 1.ª, 17/2019, de 14 de febrero (pon. Barja de Quiroga López) que, en caso de caducidad, deberá repetirse toda la prueba practicada en el expediente caducado, salvo la documental: «Hemos dicho en nuestra STS. 5.ª, 136/2016; de 10 de noviembre que "la declaración de caducidad de un expediente es expresiva de la ineficacia de la Administración y ya que se admite que ésta vuelva a iniciar el expediente, —lo que se acerca peligrosamente a la violación del principio *non bis in idem* en su vertiente procesal, esto es, la prohibición de someter dos veces a persecución a la misma persona por los mismos hechos y, recuerda la denostada absolución en la instancia—, cuando menos debe exigirse que en el nuevo expediente que se incoe se practique la prueba necesaria y no quepa aceptar como pruebas —salvo la documental— lo practicado en un expediente caducado, cuya declaración conduce como dispone la ley al archivo de las actuaciones» (F.J. 3.°).

345. STSJ de Cantabria, Santander, Sala de lo Contencioso, 141/2020, de 12 de mayo (pon. López Carcamo FF.JJ. 3.° y 4.°).

En favor de la seguridad jurídica de todos los interesados, el art. 25.1.b) *in fine* de la Ley 39/2015 obliga a las universidades a dictar resolución que declare la caducidad del procedimiento. Esta declaración deberá de contener exclusivamente la voluntad del órgano de tenerlo por caducado, de tal forma que no puedan incluirse en ella extremos que pudieran perjudicar de alguna forma al estudiante hasta entonces investigado. El efecto declarativo de la caducidad implica además que opere de oficio, sin que la perención deba tener como presupuesto escrito del estudiante interesado solicitando que se declare.

En cuanto al plazo máximo para resolver, dado que la Ley de Convivencia Universitaria guarda silencio al respecto, se hace necesario acudir a la Ley 39/2015, que en el art. 21.3 y para los procedimientos iniciados de oficio fija un plazo máximo para resolver de tres meses desde que se dicta el acuerdo de iniciación[346]. No obstante, las normas sectoriales podrán fijar una duración mayor del plazo, que nunca podrá exceder de seis meses, salvo que sea una ley la que lo fije o así venga previsto en el Derecho de la Unión Europea. En este sentido, son muchas las universidades que en desarrollo de la Ley de Convivencia Universitaria han ampliado el plazo de caducidad a seis meses[347].

Relacionado con la suspensión del plazo de caducidad se encuentra el art. 30.2 *in fine* de la Ley 40/2015, donde se fija que en caso de que el expediente se paralice durante más de un mes por causa no imputable al presunto responsable, se reiniciará el cómputo de la prescripción[348]. A este respecto, la suspensión acordada por alguna de las causas tasadas no afectará al instituto de la prescripción. El sentido del artículo, como ha manifestado el Tri-

346. Y no desde que se notifica al estudiante, como ha reiterado la jurisprudencia en múltiples ocasiones. Por todas, la STS, Sala de lo Contencioso, secc. 6.ª, de 27 de enero de 2009, rec núm. 9722/2004 (pon. Herrero Pina, F.J. 2.º).
Ahora bien, diferentes normativas sectoriales sí posibilitan que el plazo de caducidad comience antes de la iniciación del expediente sancionador. Ejemplo de esto es el art. 52.1.a) del Real Decreto Legislativo 5/2000, de 4 de agosto, por el que se aprueba el texto refundido de la Ley sobre Infracciones y Sanciones en el Orden Social, que establece que se iniciará con el acta de la Inspección de Trabajo y de la Seguridad Social.

347. Es el caso de Universidad de Las Palmas de Gran Canaria (Reglamento 6/2023, de convivencia, así como de las medidas de prevención y de respuesta frente a la violencia, la discriminación y el acoso, aprobado por el Consejo de Gobierno de la Universidad de Las Palmas de Gran Canaria), de Valladolid (Normas de convivencia de la Universidad de Valladolid, aprobados por el Consejo de Gobierno en sesión de 27 de abril de 2023) y Rey Juan Carlos (Normativa de Convivencia de la Universidad Rey Juan Carlos de desarrollo de la Ley 3/2022, de 24 de febrero de Convivencia Universitaria, aprobada por Acuerdo de 30 de marzo de 2023, del Consejo de Gobierno de la Universidad).

348. El término reiniciar no es casual en la Ley 40/2015. Con él se pone fin a las dudas que generaba la reanudación a la que hacía referencia la anterior Ley 30/1992. Puede así afirmarse que la prescripción tendrá su *dies a quo* desde el momento cero, tal y como lo explican Nuño Jiménez, I. y Puerta Seguido, F.E.: ob. cit. 2016, págs. 172 y ss.

bunal Supremo, va dirigido a proteger al investigado de un comportamiento negligente de la Administración[349].

Llama la atención la escasa duración que por no pronunciarse la Ley de Convivencia Universitaria —como tampoco lo hacía el derogado Reglamento de Disciplina Académica— tiene el plazo de caducidad del procedimiento disciplinario sobre los estudiantes universitarios. Se da así la situación de que en apenas tres meses la universidad deberá resolver y notificar un procedimiento que, como norma general, no estará entre sus habituales y en el que por su naturaleza sancionadora deberá actuar con las mayores cautelas a la hora de tomar decisiones. Es cierto que, por el propio carácter temporal de los cursos académicos, alargar en exceso el plazo de caducidad podría hacer inoperante la eventual sanción que se impusiera y tampoco hay que dejar de lado el perjuicio que la sola existencia del expediente genera en el estudiante inculpado, pero verdad es también que el plazo de tres meses puede resultar escaso.

Hay que tener en cuenta que las universidades no siempre van a contar con los medios materiales y humanos necesarios para resolver el procedimiento en el plazo determinado. Además, los medios de que disponen los estudiantes para cometer las infracciones son cada vez más sofisticados, lo que puede dificultar la investigación hasta el punto de hacerla imposible. La instrucción de una infracción consistente en los insultos en clase de un alumno contra un docente será sencilla. En cambio, no lo será tanto cuando deba instruirse una suplantación de identidad a través de medios informáticos cuando el estudiante se ha valido de los medios necesarios para no poder ser identificado con facilidad.

Por ello, las universidades deberán servirse de todos los recursos a su disposición para, en la medida de lo posible alargar este plazo de resolución, siempre que concurran los presupuestos legales para ello. Son tres los institutos de los que podría servirse. En primer lugar, de las actuaciones previas. El tiempo transcurrido durante la tramitación de estas actuaciones, como se indicó en el apartado correspondiente, no computa a los efectos de la caducidad[350]. En segundo lugar, podrá suspender el cómputo del plazo cuando concurran los supuestos establecidos en el art. 22 de la Ley 39/2015. Y, en

349. La STS, Sala de lo Contencioso, 753/1995, de 18 de enero, F.J. 5.° establecía a este respecto que la prescripción de la infracción se fundamenta en la objetiva inactividad del órgano. De esta forma, el hecho de que el procedimiento se alargue por una necesidad específica que justifica su suspensión no podrá determinar el reinicio de la prescripción.

350. Y así lo ha manifestado el Tribunal Supremo. Por todas puede citarse la STS, Sala de lo Contencioso, secc. 6.ª, de 4 de noviembre de 2013, rec. núm. 251/2011 (pon. Trillo Alonso, F.J. 4.° *in fine*). Ahora bien, estas actuaciones no podrán servir como un *truco* para dejar sin contenido la garantía de la caducidad. El mismo tribunal ha declarado que cuando estas actuaciones se alargan sin razón alguna, el tiempo transcurrido desde su inicio se computará a los efectos de la caducidad: STS, Sala de lo Contencioso, secc. 4.ª, de 6 de noviembre de 2012, rec. núm. 3558/2011 (pon. Menéndez Pérez, F.J. 5.°).

tercer lugar, podrá ampliar el plazo para resolver en virtud de lo dispuesto en el art. 23 de la Ley 39/2015.

2. La suspensión del plazo legal máximo para resolver el procedimiento disciplinario

El art. 22 de la Ley 39/2015 otorga la posibilidad de que se suspenda el cómputo del plazo de caducidad del procedimiento disciplinario sobre los estudiantes. Este artículo destina su párrafo primero a determinar las causas por las que se podrá suspender el cómputo del plazo y el segundo a aquellas causas por las que se suspenderá en todo caso. Dado que la suspensión del plazo para resolver afecta negativamente al estudiante inculpado, las causas descritas en la norma se interpretarán de forma restrictiva y la suspensión tendrá lugar con exquisita formalidad[351].

En el art. 22.1 de la Ley 39/2015 se establecen como causas de suspensión potestativa del cómputo del plazo que podrían resultar de aplicación a la materia que aquí se analiza las siguientes:

1. Cuando deba requerirse al estudiante para subsanar deficiencias o aportar documentación u otros elementos de juicio necesarios. En este caso la suspensión se extenderá desde la notificación del requerimiento hasta que éste sea satisfecho por el estudiante o, en su caso, hasta el término del plazo que se le haya concedido. Un ejemplo de esto podría darse cuando el estudiante actúa por medio de representante, pero esta persona a la hora de presentar su primer escrito dirigido a la universidad en el expediente no aporta documento acreditativo de la representación. En estos casos, se le requerirá para subsanar, suspendiéndose el cómputo del plazo.
2. Cuando deban realizarse pruebas técnicas o análisis contradictorios propuestos por los estudiantes. En este caso se suspenderá el plazo hasta la incorporación de los resultados al expediente. Es importante manifestar al respecto que sólo se suspenderá cuando estas pruebas sean interesadas por el estudiante y no por la universidad.
3. Cuando se inicie un acercamiento entre la universidad y el estudiante en aras de alcanzar la terminación convencional del procedi-

351. Así lo ha considerado tradicionalmente la jurisprudencia: STS, Sala de lo Contencioso, secc. 5.ª, de 29 de septiembre de 2011, rec. núm. 5394/2007 (pon. Calvo Rojas, F.J. 2.º); SSTSJ de Galicia, Sala de lo Contencioso, A Coruña, secc. 2.ª, 717/2010, de 8 de julio (pon. Méndez Barrera, F.J. 2.º); de las Islas Canarias, Sala de lo Contencioso, Las Palmas de Gran Canaria, secc. 2.ª, 19/2005, de 31 de marzo (pon. García Otero, F.J. 2.º); y de Madrid, Sala de lo Contencioso, secc. 9.ª, 424/2004, de 10 de mayo (pon. Huet de Sande, F.J. 3.º). La doctrina también se ha posicionado en ese sentido: GARBERÍ LLOBREGAT, J. y BUITRÓN RAMÍREZ, G., ob. cit. 2016, págs. 1.703 y 1.704.

miento. En este caso la suspensión del plazo se prolongará desde la declaración formal de la Administración del inicio de las negociaciones hasta su conclusión sin efecto, que también se recogerá en una declaración formal esta vez realizada por el estudiante o por la universidad. A este respecto dice la Ley de Convivencia Universitaria en el art. 22.6 que el inicio del procedimiento de mediación supondrá la suspensión del plazo de caducidad del procedimiento y de prescripción de las faltas, suspensión que se prolongará durante todo el tiempo que dure el procedimiento de mediación, finalice con o sin acuerdo.

4. Cuando sea necesario el previo pronunciamiento de un órgano judicial. La suspensión se extenderá desde la petición de este pronunciamiento, hasta que sea notificado a la universidad. En determinados asuntos puede ser necesario incidir de forma directa en los derechos fundamentales del estudiante (sirva como ejemplo la intervención de un equipo informático o el registro de una taquilla). Para ello será necesaria la previa autorización del juzgado de guardia, que normalmente se inhibirá en favor del juzgado de lo contencioso-administrativo cuando no existan razones de urgencia.

En el art. 22.2 de la Ley 39/2015 se establecen las causas por las que se suspenderá el cómputo en todo caso. Destaco las siguientes:

1. Cuando el órgano competente para la resolución decida hacer alguna actuación complementaria de las recogidas en el art. 87 de la Ley 39/2015. La suspensión se prolongará desde el acuerdo que establezca su realización hasta que éstas tengan lugar.
2. Cuando el estudiante promueva la recusación del instructor o del resolutor del expediente disciplinario. Se suspenderá desde que se plantee esta recusación hasta que se resuelva el incidente.

La Ley de Convivencia Universitaria incluye una causa de suspensión del procedimiento a la que ya se ha hecho referencia. Dicen los arts. 4.2 y 8.4 que, en caso de apreciarse indicios de criminalidad en los hechos investigados, se suspenderá el curso del procedimiento y se pondrá esto en conocimiento del Ministerio Fiscal.

Es preciso hacer referencia al art. 25.2 de la Ley 39/2015: «En los supuestos en los que el procedimiento se hubiera paralizado por causa imputable al interesado, se interrumpirá el cómputo del plazo para resolver y notificar la resolución». En cualquier caso, se interrumpirá el cómputo del plazo máximo para la terminación del procedimiento cuando éste haya estado paralizado por causas imputables al estudiante investigado. Lo que pretende este precepto es que el estudiante que de manera artificiosa pretenda prolongar el procedimiento hasta tal punto que se produzca la caducidad del mismo no se vea beneficiado por su reprochable conducta.

Se hace necesario determinar qué conductas del estudiante se considerarían dilatorias y, por tanto, justificarían la suspensión del plazo y cuáles no. Ni la Ley de Convivencia Universitaria ni la Ley 39/2015 dicen nada al respecto. Hay, en cambio, algunas normas disciplinarias sectoriales que sí hacen mención a estas conductas[352]. Será dilatorio el hecho de que resulte imposible la notificación al estudiante de algún acto administrativo necesario para la continuación o finalización del procedimiento. *Sensu contrario*, no podrá considerarse como conducta dilatoria el hecho de que el expedientado agote los plazos dados para la realización de alegaciones o la proposición de prueba[353].

En cualquier caso, la persona responsable de la tramitación del procedimiento disciplinario deberá acordar por escrito la suspensión del plazo, notificándolo al estudiante. Dada la importancia de éste, en pos de la seguridad jurídica y del derecho de defensa, el estudiante deberá conocer en todo momento si el plazo ha sido suspendido, por cuánto tiempo y por qué razones[354].

---

352. Existen normas sectoriales, como el art. 43.4 de la Ley Orgánica 12/2007, de 22 de octubre, del régimen disciplinario de la Guardia Civil, que sí recogen expresamente esta posibilidad: «El cómputo de los plazos se suspenderá por el instructor, mediante acuerdo motivado, por el tiempo imprescindible, cuando, por causa imputable al interesado, no sea posible la práctica dentro de los mismos de alguna diligencia precisa para la resolución de los procedimientos o la notificación de cualquier trámite». Y sobre este precepto se encuentran ejemplos en la jurisprudencia: STS, Sala de lo Militar, secc. 1.ª, 43/2019, de 27 de marzo (pon. Pignatelli Meca, F.J. 4.º).
En la STSJ de Madrid, Sala de lo Contencioso, secc. 3.ª, 122/2011, de 21 de febrero (pon. Maldonado Muñoz) se entiende que el procedimiento no caducó cuando a pesar de haber intentado la notificación, por causa imputable al interesado no fue posible efectuarla: «la falta de notificación en plazo es exclusivamente imputable al recurrente, al señalar un domicilio inexacto en su hoja de datos personales obrante en la Jefatura Superior de Policía en Ceuta y, una vez verificado su domicilio real a través del padrón municipal de habitantes y ante su ausencia en las 2 ocasiones en que se intentó llevar a cabo la notificación y requiriéndole para que se personara en las dependencias policiales para notificarle hizo caso omiso al citado requerimiento» (F.J. 3.º).

353. Así lo estableció la STSJ de Andalucía, Sala de lo Contencioso, Sevilla, secc. 2.ª, de 18 de enero de 2002, rec. núm. 1049/1998 (pon. Salas Gallego): «sin que modo alguno los plazos para alegaciones o práctica de pruebas puedan entenderse como de interrupción del plazo de caducidad, pues interpretándose así se estaría negando el derecho de defensa y la obligación de trámites de audiencia, consagrados en los arts. 24.2 y 105.c) de la Constitución» (F.J. 5.º).

354. Como considera la STS, Sala de lo Contencioso, secc. 3.ª, de 19 de febrero de 2016, rec. núm. 3371/2013 (pon. Bandrés Sánchez-Cruzat): «Finalmente hay que considerar que la suspensión es una excepción al plazo máximo para resolver; aspecto éste que tiene su sentido en tanto que garantía del interesado. Por lo tanto, considerando la cuestión desde la perspectiva subjetiva del interesado, el principio de seguridad jurídica impone una decisión específica sobre la suspensión del plazo y las circunstancias de esta, así como la comunicación de esta situación al afectado a efectos de mantenerlo informado en lo que le afecta. Dicho en otras palabras, si la Administración está formalmente obligada a comunicar inicialmente al afectado el plazo máximo de duración del procedimiento —artículo 42.4 de la Ley 30/1992—, también lo está cuando modifique tal plazo» (F.J. 1.º).

3. La ampliación del plazo máximo para resolver el procedimiento disciplinario

La Ley 39/2015 contiene dos artículos que *a priori*, pues ciertamente sólo es uno, podrían ampliar el plazo máximo para resolver el procedimiento y notificar su resolución:

1. El primero de ellos es el art. 23. Este artículo permite a la universidad aumentar el plazo hasta por el mismo tiempo establecido para su tramitación. Es decir, que, si con carácter general el plazo de caducidad es de tres meses, este podrá ser ampliado por otros tres meses hasta un total de seis. Para ello el órgano resolutor, a propuesta del órgano instructor, acordará motivadamente la ampliación de este plazo. La razón en que puede fundamentar su decisión es que se hayan agotado los medios personales y materiales disponibles. La decisión de este órgano no es impugnable. Debe tenerse en cuenta que la norma no habla de ampliar el plazo cuando no se dispone de los medios necesarios —lo que podría ocurrir, por ejemplo, cuando lo universidad tuviera que servirse de un técnico externo que realizara averiguaciones oportunas tras el *hackeo* del campus virtual—; sino cuando disponiendo de estos medios, éstos se hayan agotado.
2. El segundo de ellos es el art. 32 de la Ley 39/2015. Este artículo contempla la posibilidad de que la universidad, bien de oficio, bien a instancia del interesado, amplíe el plazo conferido para la evacuación de cualquier trámite. Esta ampliación nunca será mayor de la mitad del plazo conferido para dicho acto, y deberá solicitarse antes de que éste haya vencido. En caso de que el solicitante sea el estudiante, la universidad se pronunciará antes de término del plazo. Para que tenga lugar esta ampliación del plazo deberán darse circunstancias que así lo aconsejen y en ningún caso podrá perjudicar a los intereses de los terceros interesados. La facultad conferida en este artículo no supone que se amplíe el plazo máximo para resolver el procedimiento, sino únicamente del plazo que exista para la realización de un trámite.

CAPÍTULO XII

LA INCOACIÓN DEL PROCEDIMIENTO DISCIPLINARIO SOBRE LOS ESTUDIANTES

I. El órgano competente para incoar el procedimiento

El art. 54 de la Ley 39/2015 establece que los procedimientos podrán iniciarse de oficio o a solicitud de algún interesado. Al restringir derechos de los estudiantes, la iniciación del procedimiento sancionador sólo podrá venir dada de oficio y exclusivamente por el acuerdo del órgano competente. El art. 63.1 de la Ley 39/2015 así lo confirma, y en el mismo sentido el art. 19.a) de la Ley de Convivencia Universitaria. En este precepto de la norma sectorial se identifica a la persona competente para iniciar el procedimiento disciplinario: el titular del Rectorado.

Esta afirmación entra en conflicto con lo que dispone el art. 46.6 de la Ley Orgánica del Sistema Universitario, que instituye a la inspección de servicios como al órgano encargado de incoar los procedimientos disciplinarios que afecten a la comunidad universitaria.

El conflicto normativo debe resolverse optando por considerar a la inspección de servicios como el órgano competente para la incoación de los expedientes disciplinarios, y ello por estar así regulado en una norma posterior *(lex posterior derogat priori)*.

II. Las formas de iniciación del procedimiento

El dictado del acuerdo de iniciación del procedimiento disciplinario podrá venir motivado de tres formas:

1. Los miembros de la inspección de servicios podrán tomar la decisión de iniciar el procedimiento disciplinario por su propia iniciativa. Puede ocurrir que en el ejercicio de sus funciones ordinarias tengan conocimiento de la existencia de una posible infracción disciplinaria; o incluso

pueden tener este conocimiento de manera indirecta —por el comentario de un tercero o por la lectura del periódico, por ejemplo—.

2. También podrá hacerlo por petición razonada de otros órganos que, a diferencia de la inspección de servicios, no tengan competencia para iniciar el procedimiento. La petición, según dispone el art. 61 de la Ley 39/2015, deberá ser razonada. Esto significa que, en la medida de lo posible, estos órganos deberán indicar en su petición las personas presuntamente responsables, los hechos potencialmente sancionables y su posible tipificación, así como las circunstancias que los rodean, como el lugar y fecha o período de comisión. Recibida la solicitud, la inspección de servicios tomará la decisión que crea oportuna, debiendo comunicar al órgano solicitante las razones que, en su caso, le lleven a no iniciar el procedimiento disciplinario.
3. Finalmente, y en virtud del derecho conferido en el art. 62 de la Ley 39/2015, cualquier persona está facultada para poner en conocimiento del órgano administrativo la existencia de un hecho que pudiera ser calificado como infracción, esto es, a formular denuncia. En palabras de GALLARDO CASTILLO[355], la denuncia es un «vehículo» que permite que estos hechos lleguen al conocimiento de la Administración. En el ámbito que nos ocupa éste es el supuesto más común.

Del tenor literal de la norma se entiende que la denuncia podrá ser escrita o verbal. Además, deberá contar con un contenido mínimo: la identidad de la persona o personas que la interponen —rechazándose las denuncias anónimas[356]— y el relato de hechos, especificándose la fecha de comisión de la infracción y, si fuera posible, la identidad del presunto o presuntos responsables. No es necesario que la denuncia contenga calificación o fundamentación jurídica de ningún tipo, limitando su contenido al relacionado anteriormente[357].

En caso de que la denuncia recibida no contenga los datos de la persona denunciante, el órgano no tendrá por qué rechazarla de plano, sino que podrá tomar nota de la *notitia criminis* que se le ha puesto a su disposición e indagar en la realidad de los hechos denunciados o bien derivarlo al órgano competente para investigar. Sin embargo, en este caso no se estará frente a un supuesto de iniciación por denuncia, sino que será a iniciativa del órgano competente para iniciar o a petición razonada de otro órgano, según el caso.

---

355. GALLARDO CASTILLO, M.J.: «El procedimiento sancionador tras la reforma de 2015: reflexiones y propuestas para un debate» en *Revista Española de Derecho Administrativo*, núm. 179, 2016.

356. Si bien, a tenor de lo dispuesto en el art. 4.4.b) de la Ley de Convivencia Universitaria se intentará garantizar la discreción.

357. Como razona PARADA VÁZQUEZ, J.R.: *Régimen Jurídico de las Administraciones públicas y del Procedimiento Administrativo Común*. Marcial Pons, 1993, pág. 278.

La denuncia podrá formularse ante cualquier órgano administrativo, no sólo de la universidad. En virtud del principio de cooperación interadministrativa del art. 3.1.k) de la Ley 40/2015, el órgano administrativo ante quien se formule la denuncia la pondrá a disposición del órgano competente para iniciar.

Recibida la denuncia por la inspección de servicios, dictará el acuerdo de inicio si aprecia indicios suficientes de la existencia de la infracción. También podrá requerir el desarrollo determinadas actuaciones previas que permitan dilucidar si efectivamente exista una infracción susceptible de ser perseguida. Como es natural, en caso de entender que no es preciso dar curso a la denuncia, no iniciará el procedimiento. En este caso, no tendrá que notificar al denunciante su decisión. A esta regla hay que añadir la siguiente excepción, según el párrafo tercero del art. 62 de la Ley 39/2015, cuando la denuncia invocara un perjuicio en el patrimonio de la Administración, entonces el órgano deberá motivar y notificar al denunciante la no incoación del procedimiento.

Aunque el art. 62.5 de la Ley 39/2015 rechaza el carácter de interesado del denunciante, podrá considerarse como tal cuando se encuentre en alguno de los presupuestos del art. 4.1 de la Ley 39/2015: que se trate de una persona que pueda ver afectados sus derechos de tipo personal por la resolución que se adopte[358]. De esta forma, se rechaza el mero interés en el respeto de la legalidad o un interés moral en que se sancione una conducta[359].

En el ámbito de la universidad existen supuestos evidentes en los que la resolución podrá de una manera directa afectar a la esfera jurídica del denunciante, como pudiera ser el del alumno que en una prueba de concurso a una beca se sirve de medios fraudulentos para obtener un mayor resultado que el de los otros estudiantes. En ese supuesto, existe un interés legítimo en el resto del estudiantado, pues la imposición de la sanción producirá un efecto en la esfera jurídica de éstos.

358. Tradicionalmente el criterio judicial ha sido tener por interesada a la persona que ostente un interés que sea directo, personal y legítimo. Específicamente en los procedimientos sancionadores, la jurisprudencia, por todas, la STS, Sala de lo Contencioso, secc. 5.ª, 155/2018, de 5 de febrero, rec. núm. 2029/2016, (pon. Fernández Valverde) ha establecido que ostentará un interés legítimo aquel al que «la imposición de una sanción puede producir un efecto positivo en la esfera jurídica del denunciante o puede eliminar una carga o gravamen en esa esfera» (F.J. 2.º).

359. Hay autores que el concepto de interesado debe ampliarse. Por ejemplo, Cobo Olvera, T., ob. cit. 2007, pág. 153, considera que «detrás de cada denuncia de un particular existe un derecho o interés protegible», por lo que cualquier denunciante tendría la consideración de interesado. El mismo autor llega a afirmar que podrá resultar interesado aquel particular que únicamente tenga un interés moral en la persecución del ilícito.

Cabe plantearse si el profesor que denuncia el fraude en los exámenes que está realizando tendría la condición de interesado. Naturalmente entre la función del profesorado está formar a los estudiantes y que dicha función se ve afectada si alguno de ellos comete fraude en la realización en los exámenes. Bajo mi punto de vista, dicha posibilidad debe rechazarse, pues la esfera personal del profesor estaría intacta.

III. El acuerdo de incoación del procedimiento

La voluntad de iniciar de la inspección de servicios se verá plasmada en el acuerdo de incoación del procedimiento disciplinario. Una vez que se tengan los elementos de juicio necesarios, bien porque se hayan practicado actuaciones previas; bien porque la denuncia o la petición razonada haya sido concluyente, la unidad dictará el acuerdo de incoación.

Este acto resulta fundamental, pues con el acuerdo de iniciación queda cumplido el presupuesto básico del ejercicio de la potestad sancionadora de la universidad: que la imposición de la sanción vaya precedida por la tramitación del procedimiento disciplinario. Con él nacen para el estudiante investigado todas las garantías inherentes al mismo, como son el derecho de acceder al expediente, de ser notificado de todos los actos que tengan lugar en el mismo, de formular alegaciones, de proponer todos los medios de prueba de que intente valerse, el inicio del cómputo del plazo máximo para resolver[360], etc.

El acuerdo de incoación deberá ser comunicado al instructor del procedimiento, se notificará al inculpado y, en su caso, a los terceros interesados, tal y como establece el art. 64.1 de la Ley 39/2015. Por su parte, el art. 19.1.a) de la Ley de Convivencia Universitaria sólo menciona que se notificará a los interesados.

---

360. Como reconoce la STS, Sala de lo Contencioso, secc. 5.ª, de 3 de febrero de 2010, rec. núm. 4709/2005 (pon. Fernández Valverde): «Respecto de la fecha de inicio del expediente, debemos indicar que no es acertada la tesis de sentencia, según la cual el *dies a quo* se inicia desde la fecha de la notificación del acuerdo de iniciación, ni la de la parte recurrente, según la cual se inicia a la fecha de la última denuncia, sino que la fecha de inicio es la del acuerdo de iniciación del procedimiento» (F.J. 9.º). El cómputo del plazo máximo para resolver el procedimiento vendrá dado por la fecha del acuerdo de iniciación, de tal forma que este plazo no se supeditará a la notificación del acuerdo a los interesados. De lo contrario, y sirviendo de ejemplo, no podrían desplegar sus efectos las medidas provisionales que se adoptasen en el acuerdo hasta que el mismo fuera notificado, lo que las desvirtuaría.
En este mismo sentido se ha pronunciado la doctrina, por todos, Gómez Tomillo, M. y Sanz Rubiales, Í., ob. cit. 2017, pág. 784 al entender que será el acuerdo de iniciación no sólo con el que se entiende incoado el expediente disciplinario, sino que además con él surgen determinados derechos que permitirán la defensa al inculpado, entre otros, la formulación de alegaciones, la recusación, la declaración de incompetencia, etc.

El art. 19.a) de la Ley de Convivencia Universitaria señala cuál será el contenido del acuerdo de incoación:

1. La identificación del estudiante o estudiantes presuntamente responsables.
2. Los hechos que motivan la iniciación del procedimiento sucintamente expuestos, su posible calificación y las sanciones que pudieran corresponder. Como se vio en el capítulo correspondiente a los derechos a conocer todos los extremos de la imputación, esta calificación inicial tiene lugar sin perjuicio de la que posteriormente se realice, primero, por el instructor, y luego, por el resolutor.
3. La identificación del instructor, indicando el régimen de abstención y recusación.
4. El órgano encargado de resolver y la norma que le atribuya tal competencia.
5. Las medidas provisionales que, en su caso, se hayan acordado en este momento.
6. La indicación del derecho a formular alegaciones que tiene el interesado, así como a la audiencia en el procedimiento y los plazos para su ejercicio. Aunque la Ley de Convivencia Universitaria no diga nada, el acuerdo de incoación podrá expresar que, si el estudiante no formula alegaciones al mismo, se podrá tener como propuesta de resolución cuando identifique con claridad la responsabilidad de este estudiante. Para que opere esto último será necesario que se comunique esta posibilidad, de tal forma que no podrá tenerse el acuerdo como propuesta de resolución cuando el estudiante no tenga conocimiento de esta consecuencia de no formular alegaciones[361]
7. La posibilidad de que el estudiante o los estudiantes presuntamente responsables se acojan al procedimiento de mediación, si fuera posible en los términos que se indicarán en el epígrafe correspondiente.

El acuerdo de incoación tiene carácter de acto de trámite, lo que implica su no impugnabilidad de forma autónoma. Esto opera sin perjuicio de la posibilidad que tiene el estudiante de realizar cuantas alegaciones quiera sobre el mismo y de plantear el recurso que proceda contra la resolución en el que los principales motivos de impugnación tengan su razón en el acuerdo de incoación. En cambio, sí podrá ser recurrido cuando contenga medidas

361. En caso de que el acuerdo no advierta de esta posibilidad, la jurisprudencia ha determinado que la sanción será nula cuando efectivamente no se hayan formulado alegaciones, de tal forma que, si el estudiante realiza alegaciones, no podrá *a posteriori* alegar que se ha vulnerado su derecho al no constar esta advertencia. Así se pronuncia la SAN, Sala de lo Contencioso, secc. 8.ª, de 28 de junio de 2002, rec. núm. 1759/2001 (pon. Martín Valero, F.J. 3.º *in fine*).

provisionales que sean recurridas, según dispone el art. 21.1 de la Ley de Convivencia Universitaria. En este caso no se trata de una reclamación autónoma, sino que depende de la existencia de estas medidas, cuya eliminación o alteración se pretende.

IV. Las medidas provisionales que pueden dictarse en el acuerdo de incoación

En ocasiones puede ser necesario que previamente a la resolución del procedimiento o incluso antes de su inicio, como se vio, se adopten medidas que, por un lado, aseguren la ejecutoriedad de la posible sanción que se imponga[362] y, por otro lado, impidan que los efectos de la conducta sancionable se prolonguen o que surjan otras conductas contrarias a la disciplina académica[363]. Estas medidas se encuentran reguladas en el art. 56 de la Ley 39/2015 y en el art. 21 de la Ley de Convivencia Universitaria.

Del mismo modo que ocurría con las medidas provisionalísimas, ambas normas exigen que las provisionales sean adoptadas con las debidas garantías para el estudiante, y de acuerdo con los principios de proporcionalidad, efectividad y menor onerosidad posible. El art. 56.4 de la Ley 39/2015 establece que estas medidas no podrán causar perjuicios de difícil o imposible reparación, ni podrán implicar la violación de los derechos del estudiante investigado.

1. En cuanto al primer límite de las medidas provisionales, que no provoquen perjuicios o daños de difícil o imposible reparación, los tribunales han venido exigiendo que sea el investigado el que pruebe

362. Esta es la razón primera de las medidas provisionales, como consideran la mayoría de los autores, por ejemplo, Marina Jalvo, B., ob, cit. 2006, pág. 288. Si bien, estos mismos entienden que este fin de aseguramiento de la sanción potencial no es el único que se desprende de las medidas provisionales, sino que podrán tener también un carácter preventivo: Marina Jalvo, B. ob cit. 2006, págs. 288 y 289; y Rebollo Puig, M: «Medidas provisionales en el procedimiento administrativo» en AA.VV.: *La protección jurídica del ciudadano. Estudios en homenaje al profesor Jesús González Pérez, tomo I*. Civitas, 1993, pág. 690.

363. Estos fines preventivos son los que caracterizan a las medidas provisionales, tal y como explica Pons Cánovas, F.: *Las medidas provisionales en el procedimiento administrativo sancionador*. Marcial Pons, 2001, pág. 11, en que el autor facilita una definición muy clara de las medidas cautelares. En un sentido parecido, Rodríguez Pontón, F.J.: *Pluralidad de intereses en la tutela cautelar del proceso contencioso-administrativo*. Cedecs ed., 1999, pág. 42, desarrolla el carácter preventivo o asegurador que debe desprenderse de estas medidas. La jurisprudencia también ha tenido ocasión de pronunciarse; por todas, la STS, Sala de lo Contencioso, secc. 7.ª, de 3 de febrero de 1997, rec. núm. 136/1994 (pon. Trillo Torres, F.J. 2.º) declarando que la actividad cautelar de la Administración en los expedientes sancionadores pretende únicamente evitar que el ilícito se produzca o que, producido, éste prolongue sus efectos.

y justifique este perjuicio[364]. No obstante, no basta con que el estudiante demuestre los perjuicios que pudiera sufrir, sino que éstos se compararán con los perjuicios para los intereses públicos derivados de la no ejecución. Así, es posible que aun provocando la medida unos daños de difícil o imposible reparación para el estudiante, se adopte. Se trata de supuestos restringidos[365] en los que a pesar de causarse un perjuicio de difícil reparación —alumno que ha impedido de forma reiterada el correcto desarrollo de las clases mediante agresiones que atentan gravemente contra la dignidad de sus compañeros—, los intereses públicos en juego son objeto de mayor protección —el correcto desarrollo de las clases—. Si bien la Ley de Convivencia Universitaria no establece

2. En lo que respecta al segundo límite, la violación de derechos amparados por las leyes habrá de estarse al caso concreto. Es evidente que cualquier medida cautelar que se adopte afectará de una manera u otra a los derechos del estudiante —en especial, el derecho a la educación—[366]; por ello, es preciso entender este límite en un sentido amplio, pues de lo contrario, nunca cabría la adopción de estas medidas[367]. Nuevamente, será necesario hacer una ponderación entre el derecho a limitar, y sus consecuencias —los perjuicios de imposible o difícil reparación—, con los intereses públicos afectados.

El catálogo de medidas que podrán decretarse es el desarrollado en el párrafo tercero del art. 56 de la Ley 39/2015 por lo que, en definitiva, las universidades tendrán una amplia discrecionalidad a la hora de adoptar estas

---

364. En la STS, Sala de lo Contencioso, secc. 2.ª, de 14 de diciembre de 2015, rec. núm. 614/2015 (pon. Fernández Montalvo, F.J. 3.º) el tribunal rechazó la ilegalidad de la medida provisional adoptada al entender que el sancionado no probó los perjuicios que la misma podía causarle. Sirva también la cita de la STS, Sala de lo Contencioso, secc. 6.ª, de 9 de octubre de 1999, rec. núm. 4798/1995 (pon. Peces Morate, F.J. 4.º).

365. Como, por ejemplo, los relacionados con la salud y la protección de los consumidores, tal y como razona PONS CÁNOVAS, F., ob. cit. 2001, pág. 176.

366. NARBÓN LAINEZ, E.J.: «Las medidas cautelares en el procedimiento administrativo. Especial referencia a la suspensión en vía administrativa» en *Valoración de la Ley 30/1992 tras cinco años de vigencia*. Consejo General del Poder Judicial, 1997, pág. 215 considera que cualquier medida cautelar que se adopte afectará a los derechos de quien debe padecerla. Otros, como MARINA JALVO, B. ob. cit. 2006, pág 294 entienden que las medidas provisionales podrán suspender, limitar o condicionar el ejercicio de determinados derechos, y que únicamente se rechazará la «lesión efectiva» de estos derechos.
PONS CÁNOVAS, F, ob. cit. 2001, pág. 177, relaciona en su obra una serie de derechos susceptibles de ser vulnerados por las medidas provisionales, entre ellos, el derecho a la educación.

367. Así lo han razonado los Tribunales STS, Sala de lo Contencioso, secc. 4.ª, de 18 de mayo, rec. núm. 2404/2003 (pon. Pico Lorenzo, F.J. 5.º); STS, Sala de lo Contencioso, secc. 1.ª, de 31 de diciembre (pon. Barrio Iglesias, F.J. 1.º); y STSJ Valencia, Sala de lo Contencioso, secc. 3.ª, 392/2006, de 10 de marzo (pon. Narbón Lainez, F.J. 4.º), entre otras muchas.

medidas. Esto puede provocar que se den circunstancias cuya constitucionalidad pueda ser puesta en duda (pues, con carácter general, la constricción de los derechos fundamentales le corresponde exclusivamente a la jurisdicción), como el caso ocurrido en la Universidad del País Vasco, que como medida cautelar prohibió a un estudiante acercarse a las inmediaciones del campus universitario, lo que contravendría lo establecido en el art. 56.4 de la Ley 39/2015 al vulnerarse un derecho amparado constitucionalmente como es la libertad deambulatoria.

Por lo general, la más habitual será la prohibición de acudir a unas determinadas clases, la cancelación de la matrícula total o parcialmente o la imposibilidad de examinarse de una asignatura con un determinado profesor, o en una determinada convocatoria. Universidades como la Universidad Nacional de Educación a Distancia han adoptado como medida provisional la suspensión de la concesión del título o la necesidad de autorización expresa por el Vicerrectorado de Estudiantes para disponer cualquier tipo de cuantía económica.

Ha sido frecuente también, como medida cautelar, la prohibición del traslado de expediente a otra universidad mientras dure el procedimiento, lo que se aprecia en la STSJ de Madrid de 10 de enero de 2019[368]. A una alumna del grado de Medicina en la Universidad Autónoma de Madrid le fue aperturado expediente disciplinario por ser presunta responsable de la falsificación de sus notas. En el acuerdo de iniciación se adoptó como medida cautelar la imposibilidad de trasladar el expediente de la universidad, lo que fue recurrido por la estudiante. Al resolver el caso, los magistrados consideraron que la alumna no acreditó, si quiera como probables, los perjuicios que podría sufrir de mantenerse la medida recurrida. Tampoco justificó por qué el eventual recurso contra la sanción perdería su finalidad. Lo más interesante, a mi juicio, es que la sentencia consideró los intereses públicos en juego como de «gran intensidad» (F.J. 4.º), a los que no pueden contraponerse los particulares de la estudiante expedientada.

Sin embargo, esta medida provisional, de evidente utilidad, ya no es posible tras la aprobación de la Ley de Convivencia Universitaria. De adoptarse no respondería a ningún fin y debería ser dejada sin efecto, y ello en tanto que esta norma sólo contempla como sanción la expulsión de la universidad en que se haya cometido la falta, por lo que, si impuesta esta, nada impide al estudiante cambiarse de universidad, mucho menos podría hacerlo una medida provisional.

La adopción de estas medidas, como ocurre en el Derecho penal con la adopción de la prisión provisional, debe ser tenida en cuenta a la hora de la ejecución de la sanción. Por ejemplo, si la medida consistiese en la expul-

368. STSJ de Madrid, Sala de lo Contencioso, secc. 10.ª, 18/2019, de 10 de enero (pon. de Flores Rosas Carrión).

sión del estudiante de la universidad —algo *a priori* desproporcionado, pero posible, como se observa en la STSJ de Madrid de 18 de julio de 2011[369]—, el tiempo que provisionalmente se encuentre fuera deberá descontarse de la sanción que eventualmente se imponga. Así se aprecia en el ámbito de la disciplina académica sobre los estudiantes universitarios en la STS de 18 de octubre de 2005[370] y en la SAN de 9 de marzo de 2004[371].

V. La potestad disciplinaria académica sobre los estudiantes universitarios, ¿ejercicio obligatorio o facultativo? El principio de oportunidad

Alertaba NIETO GARCÍA, y es una realidad seguramente conocida por todos, que en España se da «una casi total ausencia del ejercicio de la disciplina académica real»[372]. El profesor señalaba que esta dejación se debía a la falta de un instrumento jurídico de utilidad, a lo que yo añadiría la falta de medios humanos y materiales que permitan el buen fin del expediente disciplinario, lo que hace que los posibles denunciantes —en su mayoría profesores—, opten por no actuar.

Aunque existen pronunciamientos jurisprudenciales contrarios a aceptar el carácter discrecional de la decisión de ejercer la potestad sancionadora, lo cierto es que la mayoría de la jurisprudencia, así como la doctrina[373], aceptan

369. STSJ de Madrid, Sala de lo Contencioso, secc. 8.ª, 632/2011, de 18 de julio (pon. Rodríguez Rodrigo).

370. STS, Sala de lo Contencioso, secc. 6.ª, de 18 de octubre de 2005, rec. núm. 41/2004 (pon. Robles Fernández, F.J. 1.º).

371. SAN, Sala de lo Contencioso, secc. 3.ª, de 9 de marzo de 2004, rec. núm. 118/2003 (pon. Terrero Chacón, A.H. 1.º 2.º).

372. NIETO GARCÍA, A., ob. cit. 1999, pág. 531, donde bromeaba el profesor con que dado el número de sanciones que terminaban imponiéndose, cabría inferir que los universitarios son auténticos modelos de comportamiento, pues «jamás perturban las clases ni las reuniones, son atentos con sus compañeros y respetuosos con sus profesores, no hacen trampas en los exámenes, no falsifican documento oficial alguno ni, en fin, maltratan las instalaciones y el mobiliario». Esta misma crítica, aunque con carácter general, y que a día de hoy no ha perdido ni un ápice de vigencia, ya la realizaba el mismo autor en NIETO GARCÍA, A., ob. cit. 1993, págs. 25 y ss.

373. Es preciso citar como voces que han analizado esta cuestión a GONZÁLEZ PÉREZ, J. y GONZÁLEZ NAVARRO, F., ob. cit. 2007, pág. 2.757 a 2.761 y NIETO GARCÍA, A., ob. cit. 1993, págs. 142 a 147. En el mismo sentido se pronuncian GÓMEZ TOMILLO, M. y SANZ RUBIALES, Í., ob. cit. 2017, pág. 706, aunque estos últimos pese a aceptar su vigencia afirman que este principio resulta contrario a la igualdad y que, en cierta medida, favorece la arbitrariedad de los poderes públicos. Proponen una ley que lo regule con carácter general. Para ello consideran que las infracciones de carácter muy grave o grave podrían ser de persecución obligada, mientras que a aquellas leves o de bagatela, por el gran número que se cometen, sí les podría resultar de aplicación el principio de oportunidad: págs. 719 y 720.

que la decisión sea facultativa cuando no se establezca normativamente el deber de perseguir las conductas infractoras. Lo anterior, sin embargo, no impide que en determinados sectores se haya establecido legalmente que dicha decisión obligatoria[374].

En este sentido, reconocidos autores como son García de Enterría y Fernández Rodríguez niegan que el ejercicio de la potestad sancionadora de la Administración pueda ser facultativa[375]. También Gamero Casado, alertando acerca del carácter irrenunciable de la potestad[376]. Puede citarse también la STSJ de Galicia de 8 de enero de 2015[377] en que el tribunal condenó a la Confederación Hidrográfica del Miño-Sil a incoar procedimiento sancionador tras la denuncia presentada por una asociación de defensa del medio ambiente. El tribunal fue tajante al indicar que en cualquier caso el ejercicio de esta potestad era imperativo, máxime cuando se han visto afectados bienes de dominio público.

Debe entonces analizarse si la potestad disciplinaria universitaria es una potestad de ejercicio obligatorio o facultativo. Hasta ahora, desde luego, su naturaleza facultativa es evidente, pero es preciso cuestionar si este *laissez faire* por parte de las autoridades académicas tiene o no amparo legal. De la Ley de Convivencia Universitaria no se desprende obligación alguna de ejercer la potestad disciplinaria, por lo que considero que su carácter será facultativo. El art. 19.a) establece que:

> «El procedimiento se iniciará siempre de oficio por la persona titular del Rectorado, bien por propia iniciativa, a petición razonada de otro órgano, o por denuncia. Será la persona titular del Rectorado la encargada de incoar el procedimiento mediante la correspondiente resolución, en la que nombrará al instructor o instructora».

Parece que no existe una obligación de la persona encargada de iniciar el expediente disciplinario académico. No obstante, Tardío Pato afirma con rotundidad su carácter reglado y, por tanto, de ejercicio obligatorio[378].

---

374. Como ocurre en materia de tráfico. El art. 4.1 del Real Decreto 320/1994, de 25 de febrero, por el que se aprueba el Reglamento de procedimiento sancionador en materia de tráfico, circulación de vehículos a motor y seguridad vial, que establece que «Los agentes de la autoridad encargados del servicio de vigilancia del tráfico *deberán* denunciar las infracciones que observen cuando ejerzan funciones de vigilancia y control de la circulación vial».

375. García de Enterría, E. y Fernández Rodríguez, T-R., ob. cit. 2013, pág. 186.

376. Gamero Casado, E.: «Delimitación conceptual de la potestad» en AA. VV.: *La potestad administrativa. Concepto y alcance práctico de un criterio clave para la aplicación del Derecho administrativo*. Tirant lo Blanch, 2021, pág. 93.

377. STSJ de Galicia, Sala de lo contencioso, A Coruña, secc. 2.ª, 2/2015, de 8 de enero (pon. García Pérez).

378. Tardío Pato, J.A., ob. cit. 2018, pág. 55.

En caso de que la conducta ilícita haya sido puesta en conocimiento del competente para incoar el procedimiento por denuncia, cabe plantearse qué derecho ampara al denunciante de exigir la persecución de la infracción, si la universidad decide no dar curso a la denuncia. Ello dependerá de si el denunciante tiene o no interés legítimo. En atención a lo dispuesto en el art. 62.3 de la Ley 39/2015, si se denuncia un perjuicio patrimonial a la universidad, la decisión de no iniciar el procedimiento habrá de ser motivada; si no, no será necesario. Dicho esto, ninguna consecuencia existirá si pese a denunciarse un perjuicio en el patrimonio, el competente no le da curso. Ahora bien, el denunciante que vea archivada su denuncia y que tenga un interés legítimo en la persecución de la infracción podrá acudir a la jurisdicción civil con la pretensión de resarcimiento que corresponda frente al presunto responsable.

Diferente será aquel supuesto en que la universidad aprecie la posible existencia de un hecho delictivo en la conducta de alguno de los alumnos. En ese caso no podrá dejar de actuar amparándose en el principio de oportunidad, sino que primará la legalidad, quedando obligada a ponerlo en conocimiento del Ministerio Fiscal[379]. Si bien ni la Ley 39/2015 ni la Ley 40/2015 hacen referencia a dicha obligación, sí que lo hace la Ley de Convivencia Universitaria, que en su art. 8.4 establece: «Cuando de la instrucción de un procedimiento disciplinario se considerase que el hecho podría ser constitutivo de delito, se suspenderá su tramitación poniéndolo en conocimiento del Ministerio Fiscal».

379. Así lo ha afirmado el Tribunal Supremo en la STS, Sala de lo Contencioso, secc. 2.ª, 1246/2019, de 25 de septiembre (pon. Cudero Blas, F.J. 10.º). No puede dejarse de lado la obligación que establece el art. 259 del Real Decreto de 14 de septiembre de 1882 por el que se aprueba la Ley de Enjuiciamiento Criminal: «El que presenciare la perpetración de cualquier delito público está obligado a ponerlo inmediatamente en conocimiento del Juez de instrucción, de paz, comarcal o municipal, o funcionario fiscal más próximo al sitio en que se hallare», y que en determinados casos refuerza el art. 262: «Los que por razón de sus cargos, profesiones u oficios tuvieren noticia de algún delito público, estarán obligados a denunciarlo inmediatamente al Ministerio fiscal, al Tribunal competente, al Juez de instrucción y, en su defecto, al municipal o al funcionario de policía más próximo al sitio si se tratare de un delito flagrante», con la particularidad del párrafo tercero en lo referido a los profesores de medicina: «Si la omisión en dar parte fuere de un Profesor en Medicina, Cirugía o Farmacia y tuviese relación con el ejercicio de sus actividades profesionales, la multa no podrá ser inferior a 125 pesetas ni superior a 250».

CAPÍTULO XIII

LA INSTRUCCIÓN DEL PROCEDIMIENTO

La instrucción del procedimiento es la fase intermedia entre el acuerdo de incoación y la terminación que tiene como fin determinar todos los extremos de la conducta presuntamente ilícita cometida por el estudiante. En ella tendrán lugar el trámite de alegaciones del estudiante inculpado, la proposición y la práctica de la prueba y la formulación del pliego de cargos y la propuesta de resolución por parte del órgano instructor.

La instrucción del procedimiento se regula en el art. 19.b), c), d) y e) de la Ley de Convivencia Universitaria. Si bien, algunas carencias deben ser suplidas con la Ley 39/2015 en sus arts. 75 a 83.

I. El órgano competente para instruir el procedimiento. Mención especial a los servicios de inspección

La instrucción del expediente sancionador le corresponderá, según dispone el art. 43.6 de la Ley Orgánica del Sistema Universitario, a los servicios de inspección. Esta previsión normativa es una novedad. Así, el art. 8 de la Ley de Convivencia Universitaria establece que instruirá el expediente disciplinario la persona que el rector designe, lo que responde al hecho de que en dicha norma se atribuyese la competencia para incoar el expediente a este órgano unipersonal. Igualmente, el derogado Reglamento de Disciplina Académica establecía en sus arts. 14 y 15 que el «juez instructor» de los procedimientos disciplinarios sería un catedrático o profesor del centro. Estas previsiones pueden servir de punto de partida para considerar qué personas, miembros de la inspección de servicios, son las adecuadas para asumir esta responsabilidad.

Se presume que los docentes conocen los principios de la disciplina académica, qué está bien y qué está mal. Puede que también tengan conocimiento acerca de las infracciones habituales de sus alumnos y de las circunstancias que suelen rodearlas: el modo de comisión. Si estos profesores, además, tienen conocimiento en Derecho administrativo, gozarán de una mayor facilidad para instruir correctamente el expediente disciplinario en beneficio de la universidad y del estudiante investigado.

Por ello, porque esa habrá sido la práctica durante años y porque según lo dicho, parece lo más razonable, lo habitual será que el instructor sea un profesor. Sin embargo, la aprobación de la Ley Orgánica del Servicio Universitario hubiera sido una buena oportunidad de establecer con claridad quiénes son las personas adecuadas para instruir estos expedientes disciplinarios. De lo contrario, permitir que cualquier miembro de la inspección de servicios pueda ser instructor, por ejemplo, una persona lega en Derecho sólo provoca inseguridad, tanto para la propia universidad (que podría verse afectada si el expediente caducase, por ejemplo), como para el expedientado (que podría ver vulneradas las garantías procedimentales que deben asistirle). De la misma forma, la formación que esta persona pudiera tener en cuanto a medios informáticos incidiría, por ejemplo, en la instrucción de una infracción consistente en la suplantación hecha en la sede electrónica de la universidad. Esto último no significa que el instructor deba ser una persona técnica (como luego se verá, puede valerse en su labor de peritos sobre la materia concreta), pero no puede negarse que facilitaría el desarrollo de la instrucción.

Los servicios de inspección están formados por miembros de la comunidad universitaria: docentes, investigadores y miembros de la administración y servicios nombrados por el rector para el ejercicio de sus funciones. Para su nombramiento el rector valorará la trayectoria profesional y la experiencia en el ámbito universitario de la persona a designar. Algunas universidades establecen algunos requisitos para poder ser nombrados. A título de ejemplo, el Reglamento del Servicio de Inspección de la Universidad de León, en su art. 10.2, rechaza incorporar al servicio de inspección a personas que previamente hayan sido sometidas a expediente disciplinario con sanción firme; también el Reglamento del Servicio de Inspección de la Universidad Nacional de Educación a Distancia, que establece en su art. 9.1 que los vocales de la inspección deberán ser funcionarios; o el art. 14 del Reglamento de la Inspección de Servicios de la Universidad de Granada establece que los inspectores deberán ser funcionarios de la escala A1.

En este punto es preciso tratar la necesaria consideración de funcionarios de los instructores —y secretarios— es preciso pronunciarse. Establece el art. 9.2 del Real Decreto Legislativo 5/2015, de 30 de octubre, por el que se aprueba el texto refundido de la Ley del Estatuto Básico del Empleado Público que «el ejercicio de las funciones que impliquen la participación directa o indirecta en el ejercicio de las potestades públicas o en la salvaguardia de los intereses generales del Estado y de las Administraciones Públicas corresponden exclusivamente a los funcionarios públicos». No podrá, por lo tanto, instruir expedientes y hacer de secretarios el personal laboral[380].

380. Es interesante a este respecto la lectura de Gamero Casado, E.: «El ejercicio de potestades administrativas en el empleo público» en AA. VV.: *La potestad administrativa. Concepto y*

Habitualmente, estos servicios se configuran con una estructura jerárquica. A la cabeza se sitúa el inspector jefe o director, quien asume unas labores de coordinación, dirección y supervisión del servicio, formulará al rector propuestas de mejora y de nuevos nombramientos, se hará cargo de las inspecciones extraordinarias y establecerá los criterios de actuación del servicio. A continuación, se encuentran los vocales, inspectores de servicios o jefes de negociado, que son el personal principal del servicio. Sus labores son las ordinarias, entre ellas, instruir los expedientes disciplinarios de la universidad. Para facilitar su labor, los inspectores podrán valerse de personal de apoyo o colaboradores. Por ejemplo, el Reglamento del Servicio de Inspección de la Universidad Nacional de Educación a Distancia dispone en su art. 17 que el servicio de inspección podrá solicitar a la gerencia de la universidad el apoyo jurídico, administrativo y técnico que necesite.

La pertenencia a este órgano supone en algunos casos una indemnización económica o complemento salarial por los servicios prestados. El Reglamento del Servicio de Inspección de la Universidad de León, así lo contempla en su art. 10.2 o el Reglamento del Servicio de Inspección de la Universidad Nacional de Educación a Distancia, que lo dispone en el art. 11.2. Otras universidades, en cambio, lo que hacen es prever una dispensa total o parcial en las labores que hasta el momento hubiera estado desarrollando. En este sentido, el Reglamento de la Inspección de Servicios de la Universidad de Granada en sus arts. 15.2 y 18.2.

Como norma general, ocupar un puesto en la Inspección de Servicios resulta incompatible con el desempeño de cualquier cargo unipersonal o la pertenencia a cualquier órgano colegiado o a los órganos de representación del personal. Así lo establecen el Reglamento de la Inspección de servicios de la Universidad de La Laguna en su art. 8; el Reglamento de la Inspección de Servicios de la Universidad de Granada en sus arts. 15.1 y 18.1; y el Reglamento del Servicio de Inspección de la Universidad de León en su art. 11.1.

Se trata entonces de un personal escogido por su perfil concreto, con especialización constante en la materia y con posibilidad de dispensa para dedicarse con total exclusividad a este servicio. Además, podrá contar con

alcance práctico de un criterio clave para la aplicación del Derecho administrativo. Tirant lo Blanch, 2021, págs. 478 y ss. Muy ilustrativa al respecto es la STS, Sala de lo Contencioso, secc. 5.ª, 1160/2020, de 14 de septiembre (pon. Olea Godoy). En esta sentencia el tribunal anula las sanciones impuestas por la Confederación Hidrográfica del Guadiana al haber sido instruidos y resueltos los procedimientos sancionadores por trabajadores de la mercantil estatal Tecnologías y Servicios Agrarios, S.L., con quién la confederación tenía una encomienda de gestión. La Sala de lo Contencioso es tajante cuando afirma que: «con tan atípica tramitación tan siquiera es admisible poder acreditar la existencia o no de esa necesaria indefensión porque no hay contraste de cómo debieran haberse tramitado los procedimientos, el concreto procedimiento de autos, de haber tenido intervención en el mismo el personal llamado a hacerlo. Es decir, a la postre, todas las actuaciones llevadas a cabo por personal ajeno a la Administración, al Organismo de Cuenca, es nulo de pleno derecho y, por derivación, lo son las resoluciones que se dictan» (F.J. 4.° *in fine*).

el apoyo material y humano que le sea necesario. Así lo disponen, a título ilustrativo, el art. 6 del Reglamento de Inspección de Servicios de la Universidad Rey Juan Carlos y el art. 17 del Reglamento del Servicio de Inspección de la Universidad Nacional de Educación a Distancia, como se ha visto. Y en este mismo sentido, la mayor parte de las universidades declaran expresamente en los reglamentos de sus servicios de inspección la existencia de un deber de colaboración por parte de todos los miembros de la comunidad universitaria con este organismo. Es el caso del Reglamento de la Inspección de servicios de la Universidad de La Laguna en su art. 6.1, del Reglamento del Servicio de Inspección de la Universidad de León en su art. 5, del Reglamento del Servicio de Inspección de la Universidad Nacional de Educación a Distancia en su art. 14.a) y del Reglamento de la Inspección de Servicios de la Universidad de Granada en su art. 8, entre otros.

En definitiva, el hecho de que exista un órgano con funciones específicas para la instrucción de los expedientes disciplinarios facilita el buen fin de los mismos, lo que beneficia de manera directa a la universidad, que se asegurará el correcto desarrollo del procedimiento, y al estudiante expedientado, que podrá comprobar que el instructor es sabedor de lo que está haciendo, y, en consecuencia, dará un mayor cumplimiento a las garantías propias del procedimiento disciplinario.

II. Las fases de la instrucción del procedimiento

La Ley de Convivencia Universitaria ha venido a suplir en este aspecto un importante vacío. El Reglamento de Disciplina Académica hacía una regulación escasísima de la instrucción del procedimiento disciplinario, por lo que se hacía obligatorio acudir a la Ley 39/2015. La instrucción se contiene en el art. 19.b), c), d) y e) y aunque presenta una corta redacción, considero que regula esta fase del procedimiento disciplinario con bastante acierto y amplias garantías. Ahora bien, considero que la ley no diferencia con claridad las distintas fases de la instrucción e incluso puede resultar confusa, por lo que los apartados siguientes se han distribuido a criterio del doctorando que escribe estas líneas.

1. Primera fase: el esclarecimiento de lo ocurrido

El art. 19.b) de la Ley de Convivencia Universitaria establece que lo primero que hará el instructor será ordenar la práctica de todas las diligencias necesarias para el esclarecimiento de lo ocurrido: «El instructor o instructora ordenará la práctica de cuantas diligencias sean adecuadas para la determinación y comprobación de los hechos y en particular de cuantas pruebas puedan conducir a su esclarecimiento y a la determinación de las responsabilidades susceptibles de sanción».

El párrafo siguiente, con carácter imperativo —«el instructor procederá»—, dicta que se tomará declaración a los presuntos responsables. Aunque nada dice la ley, creo oportuno hacer algunas indicaciones al respecto de esta toma de declaración. En ella el estudiante tendrá derecho a no declarar o incluso podrá mentir, aunque esto último con matices[381]. Dicho de otro modo, no tendrá obligación alguna de decir la verdad. Podrá acudir a la misma asistido por letrado, y podrá decidir responder sólo a las preguntas que realice este profesional. La declaración tendrá lugar en la sede de la universidad y en la medida de lo posible deberá respetar las obligaciones profesionales o laborales del estudiante investigado, según dispone el art. 75.3 de la Ley 39/2015, a las que yo añadiría, las académicas.

En base a la comunicación o denuncia que haya sido puesta a disposición del instructor y que haya motivado el inicio del expediente disciplinario, el instructor acordará todas las diligencias que crea oportunas, además de la obligada toma de declaración.

2. Segunda fase: la presentación de alegaciones y la proposición de prueba

El siguiente párrafo del art 19.b) establece que «las partes» dispondrán de un plazo de diez días para formular alegaciones, aportar documentos o las informaciones que crean oportunas. Además, podrán proponer prueba, para lo que deberán indicar los medios de los que quisieran valerse. Llama la atención que la norma hable de partes. Parece que dicho concepto engloba no sólo al estudiante investigado, sino también a otros interesados en el expediente disciplinario.

Hubiera sido interesante que la Ley de Convivencia Universitaria especificara cuándo comienza a contar este plazo de diez días. Parece que no es tras la notificación del acuerdo de incoación, sino tras la práctica de la declaración y de las diligencias ordenadas por el instructor. Se hace entonces necesario que el instructor dicte un acto de trámite en que dé por finalizada la primera fase de la instrucción y lo traslade a los interesados para esta fase de alegaciones.

Las alegaciones tendrán lugar por escrito e irán acompañadas de todos los documentos que el estudiante crea oportunos para su defensa. Este será el primer momento para la proposición de la prueba. Los medios de prueba de que podrán valerse los estudiantes serán todos aquellos admisibles en Dere-

381. Sirve la cita a este respecto de la SAN, Sala de lo Contencioso, secc. 3.ª, de 5 de diciembre de 2024, rec. núm. 735/2023 (pon. Sangüesa Cabezudo) que analiza cómo este derecho a mentir no es un derecho absoluto; y en el mismo sentido pueden resultar de interés las SSTEDH de 25 de febrero de 1993 (caso Funke), de 8 de febrero de 1996 (caso John Murray) y de 17 de diciembre de 1996 (caso Saunders).

cho, en el sentido expresado por la Ley 1/2000, de 7 de enero, de Enjuiciamiento Civil, tal y como establece el art. 77 de la Ley 39/2015. Estos medios de prueba tendrán un carácter muy heterogéneo. A título enunciativo, declaraciones testificales, informes periciales, petición de oficios a otros servicios universitarios, exhibición de material, etc.

El instructor podrá rechazar únicamente la prueba por considerarla improcedente o innecesaria. En ambos casos deberá hacerlo mediante resolución motivada, según lo dispuesto en el art. 77.3 de la Ley 39/2015. Esta decisión podrá contenerse en el mismo acuerdo en que decrete la apertura del período de prueba, o bien puede tener lugar en una resolución *ad hoc*.

El art. 53.1.e) de la Ley 39/2015 recoge con carácter general el derecho que tiene el inculpado a formular alegaciones. Este derecho es declarado abiertamente por la Constitución Española, que en el art. 105.c) ya prevé la necesidad de que previamente a la emisión del acto administrativo, cuando sea el caso, se dará audiencia al interesado.

Siendo el derecho a formular alegaciones una manifestación elemental del derecho de defensa, como ha reconocido frecuentemente la jurisprudencia[382], quedará también cobijado por la protección que otorga el art. 24.2 del texto constitucional. De lo anterior se desprende que el derecho a formular alegaciones tiene el carácter de fundamental, con todo lo que ello conlleva en cuanto a las garantías (defensa a través de un procedimiento preferente y sumario, etc.) y cuya vulneración implicaría la nulidad del procedimiento *ex* art. 47.1.a) y e) de la Ley 39/2015.

Según afirman Garberí Llobregat y Buitrón Ramírez, el derecho a formular alegaciones tiene una vertiente activa: la acción de formular alegaciones a las imputaciones que tengan lugar; y una pasiva: guardar silencio y rechazar la realización de aquéllas[383].

La vertiente activa del derecho se aprecia en varias ocasiones a lo largo de la redacción de la Ley de Convivencia Universitaria, como veremos en los epígrafes que siguen. En todos estos momentos podrá el estudiante inculpado realizar cuantas alegaciones considere, dirigiendo todas ellas a desvirtuar las imputaciones que le hayan realizado. En este sentido, podrá hacer alegaciones en cuanto a la forma del procedimiento, alertando sobre la incompetencia de la autoridad administrativa, sobre la caducidad del expediente o sobre la falta de imparcialidad del órgano; podrá también de manera cumulativa o no realizar alegaciones con respecto al fondo del asunto. Sobre estas últimas, y tal y como expresan Garberí Llobregat y Buitrón Ramírez[384], existen dos hechos tendentes a excluir la responsabilidad del estudiante: los hechos extintivos, que son aquellos que extinguen la posibilidad de que la infracción sea casti-

382. Por todas, la STC, Sala Segunda, 23/1995, de 30 de enero (pon. Díaz Emil, F.J. 2.º).

383. Garberí Llobregat, J. y Buitrón Ramírez, G., ob. cit. 2016, pág. 1.035.

384. Garberí Llobregat, J. y Buitrón Ramírez, G., ob. cit. 2016, pág. 1.039.

gada (por ejemplo, por causa de la aplicación del principio *non bis in idem*), y los hechos excluyentes, que son los que excluyen el ejercicio de la potestad sancionadora (por ejemplo, alegándose la prescripción de la infracción).

Aunque la Ley de Convivencia Universitaria y la Ley 39/2015 únicamente hacen referencia al ejercicio activo del derecho a formular alegaciones, doctrina y jurisprudencia[385] han venido declarando también la existencia de una vertiente pasiva de este derecho. Esto es, el derecho a guardar silencio, o lo que en el ámbito penal se conoce como derecho a no confesarse culpable ni declarar contra sí mismo. Así, se encuentran resoluciones como la STC 197/1995, de 21 de diciembre[386] en la que se afirma que el derecho de la jurisdicción criminal ha de entenderse extendido al procedimiento administrativo sancionador: «El derecho a no declarar contra sí mismo, en cuanto garantía instrumental del derecho de defensa al que presta cobertura en su manifestación pasiva, rige y ha de ser respetado, en principio, en la imposición de sanciones administrativas».

La jurisprudencia ha establecido que este derecho operará desde el primer momento en que comienza a ponerse en marcha la actividad sancionadora de la universidad, incluso en los extramuros del procedimiento disciplinario, como se afirma en la STS de 10 de febrero de 2022:

> «[L]as declaraciones que deba prestar en el seno de la información la persona que [...] pueda resultar luego encartada [...] ha de estar precedida de la instrucción de sus derechos esenciales a no declarar en ningún caso y a no declarar contra sí mismo» (F.J. 2.° *in fine*)[387].

Esta corriente mayoritaria se ve reforzada por pronunciamientos, como el anterior, que exigen que al inculpado le sea comunicado expresamente su derecho a guardar silencio en los mismos términos que su derecho a formular alegaciones. En este sentido, hay autores como Garberí Llobregat y Buitrón Ramírez que consideran que, aunque la Ley 39/2015 no lo recoja

385. Es el caso de Gómez Tomillo, M. y Sanz Rubiales, Í.: ob. cit. 2017, pág. 796; de Garberí Llobregat, J. y Buitrón Ramírez, G. ob. cit. 2016, págs. 1.039 y ss.; y de Izquierdo Carrasco, M., ob. cit. 2010, págs. 595 y ss., quienes hacen un magnífico recorrido jurisprudencial de este derecho y de su traslación al derecho administrativo sancionador.
El Tribunal Supremo ha manifestado en la STS, Sala de lo Militar, secc. 1.ª, 35/2019, de 14 de marzo (pon. Juliani Hernán) que: «No cabe duda que, según la jurisprudencia de esta Sala —recogida entre otras en las recientes sentencias 54/2016, de 10 de mayo, 61/2016, de 24 de mayo, y 147/2016, de 29 de noviembre, y las que en éstas se citan— los derechos instrumentales a guardar silencio, a no declarar contra sí mismo y a no reconocerse culpable, como derechos instrumentales del derecho de defensa, rigen en los procedimientos sancionadores (STC. 18/1981, de 8 de junio y 161/2016, de 3 de octubre, y de esta Sala de 20 de octubre de 2009; 26 de mayo de 2010; 26 de octubre de 2011; 21 de mayo de 2013; y 9 de marzo de 2015, entre otras muchas» (F.J. 2.°).

386. STC, Pleno, 197/1995, de 21 de diciembre (pon. Ruiz Vadillo, F.J. 7.°).

387. STS, Sala de lo Militar, secc. 1.ª, 16/2022, de 10 de febrero (pon. Pignatelli Meca).

expresamente, es posible hacer una interpretación extensiva del art. 64.2.f) —que indica que el acuerdo de iniciación deberá mencionar el derecho del inculpado de formular alegaciones— de la que se extraiga esta obligación[388].

Ya sea previamente a la incoación del expediente, ya sea iniciado éste, al estudiante inculpado o a aquél que pudiera serlo, deberá instruírsele de la posibilidad de acogerse a su derecho a no declarar. En caso de no ser así, la declaración deberá tenerse por nula[389].

Ha sido una cuestión de interesante debate doctrinal el hecho de que el silencio pueda provocar en el administrado cierta apariencia de culpabilidad. Aunque la mayoría de los autores consideran que de ninguna manera podría verse afectado el inculpado que se niega a formular alegaciones, cierto sector sí que ha admitido esta posibilidad[390]. El propio Tribunal Constitucional se ha mantenido vacilante a este respecto, optando por el criterio doctrinal minoritario al considerar que en determinados supuestos el silencio puede generar indicios de culpabilidad[391]. El Tribunal Supremo, en cambio, ha venido considerando que este derecho tiene un carácter absoluto, sin que de ninguna manera pueda interpretarse que tras el silencio se enmascara la culpabilidad del expedientado[392]. A mi juicio, ha de negarse cualquier posibilidad de que

---

388. Garberí Llobregat, J. y Buitrón Ramírez, G. ob. cit. 2016, pág. 1.044. No obstante, es preciso indicar que existen voces minoritarias discrepantes. Es el caso de Alarcón Sotomayor, ob. cit. 2007, págs. 206 y ss., que defiende la no operabilidad de este derecho previamente al inicio del procedimiento sancionador.

389 Así lo ha confirmado el Tribunal Supremo en la STS, Sala de lo Militar, secc. 1.ª, 79/2017, de 24 de julio (pon. Pignatelli Meca, F.J. 3.º).

390. Entre los autores que rechazan la posibilidad de que quien guarda silencio salga perjudicado se encuentran Garberí Llobregat, J. y Buitrón Ramírez, G. ob. cit. 2016, págs. 1.051 y ss., Alarcón Sotomayor, ob. cit. 2007, págs. 198 y ss.; por el contrario, existen autores que sí consideran que la autoridad podrá, en virtud del silencio, extraer las conclusiones que estime oportunas. Es el caso de Díaz Fraile, F., ob. cit. 2016, págs. 271 y 272 y Banacloche Palau, J.: «El derecho a ser informado de la acusación, a no declarar contra sí mismo y a no declararse culpable» en *Cuadernos de Derecho Público*, núm. 10, 2000, pág. 199.

391. Por todas, las SSTC, Sala Primera, 142/2009, de 17 de junio (pon. Casas Baamonde): «Y también forma parte de nuestra jurisprudencia que las declaraciones que deba prestar en el seno de la información la persona que, en ponderada valoración , pueda resultar luego encartada o bien cuando las preguntas que se le formulen se dirijan a obtener contestaciones que puedan incriminarle, ha de estar precedida de la instrucción de sus derechos esenciales a no declarar en ningún caso y a no declarar contra sí mismo, de manera que sus manifestaciones eventualmente incriminatorias tengan carácter de voluntarias, bajo sanción de nulidad de lo declarado» (F.J. 6.º); y Sala Segunda, 202/2000, de 24 de julio (pon. Conde Martín de Hijas, F.J. 5.º).

392. Como ha manifestado en las SSTS, Sala de lo Contencioso, de 30 de noviembre de 2010, rec. núm. 418/2007 (pon. Fernández Valverde, F.J. 7.º); y Sala de lo Militar, de 3 de diciembre de 2001, rec. núm. 17/2001 (pon. Calvo Cabello, F.J. 4.º). En la primera de las sentencias se recurrió una sanción impuesta a una cantera por realizar obras, extraer áridos y hacer derivaciones de aguas ilegales. El Tribunal hizo un breve recorrido sobre la aplicación de los derechos fundamentales del procedimiento penal al administrativo, y es

el ejercicio de este derecho fundamental pueda provocar cualquier perjuicio en el estudiante, como resulta del criterio del Alto Tribunal.

3. Tercera fase: continúa la labor inspectora del instructor

Llegados a este punto, el siguiente párrafo del art. 19.b) de la Ley de Convivencia Universitaria expresa que el instructor a la vista de las alegaciones formuladas y de los medios de prueba propuestos, realizará todas las actuaciones que crea necesarias para determinar todos los elementos que rodean a la presunta infracción. Aunque la ley no lo especifica, se sobreentiende que en este momento tendrá lugar una primera práctica de la prueba.

4. Cuarta fase: el archivo del expediente o la formulación del pliego de cargos

Hecho lo anterior, el instructor tomará la siguiente decisión, bien propone el archivo del procedimiento disciplinario al órgano competente para resolver porque no existan indicios de la comisión de la infracción o porque el presunto responsable no pueda ser identificado; bien formula el pliego de cargos.

En caso de que formule el pliego de cargos, según dispone el art. 19.d) de la Ley de Convivencia Universitaria, éste deberá contener todos los hechos imputados, indicando cuál es la infracción presuntamente cometida y la sanción que pudiera corresponder. En este momento el instructor decidirá también si mantiene o no las medidas provisionales que se hubieran acordado previamente.

5. Quinta fase: la contestación al pliego de cargos

Una vez se haya notificado al estudiante inculpado el pliego de cargos, éste dispondrá de un plazo de diez días hábiles para realizar alegaciones y aportar todos los documentos que considere adecuados para su defensa. Nuevamente podrá proponer medios de prueba para su práctica.

ahí cuando refiriéndose a la facultad de no declarar contra sí mismo, afirmó que ejercer este derecho no podrá perjudicar de ninguna forma al inculpado. Las alegaciones de la empresa referidas a la falta de actividad probatoria de cargo fueron desestimadas por el órgano jurisdiccional. En cuanto a la segunda, un guardia civil fue sancionado por haber cometido una falta leve. Recurrió aduciendo que en la imposición de la sanción se habían vulnerado sus derechos fundamentales. Sin embargo, a la vista del expediente, resultó probado que en ningún momento se produjo esta vulneración, por lo que el Supremo confirmó la sanción, no sin antes afirmar que de haber guardado silencio —cosa que no hizo—, este no podría haberle perjudicado.

6. Sexta fase: la práctica de la prueba y la audiencia al interesado

Tras la contestación al pliego de cargos —o la preclusión del plazo—, el instructor practicará la prueba que, en su caso, se haya propuesto y dará audiencia al interesado por un plazo de diez días hábiles. En este caso, el traslado para este trámite no sólo se realizará al estudiante inculpado, sino a todos los interesados en el expediente disciplinario. Estos podrán formular las alegaciones y aportar todos los documentos que consideren oportunos.

La audiencia al estudiante tiene lugar en el momento previo a la propuesta de resolución. García de Enterría y Fernández Rodríguez[393] consideran que este trámite responde al principio *nemo damnari inaudita parte* —nadie puede ser condenado sin ser oído—. Se trata de una garantía esencial del procedimiento administrativo y, de manera especial, en el de naturaleza sancionadora. Ello implica que la ausencia del mismo podría derivar en la nulidad de la resolución que se impusiese. No obstante, para que sea declarada esta nulidad, deberá haberse producido indefensión, por lo que no toda ausencia de este trámite comportará necesariamente la nulidad de la sanción[394]. Al tratarse del ejercicio de la potestad sancionadora, llamada a satisfacer el derecho fundamental del art. 24 de la Constitución Española, su vulneración provocaría, según dispone el art. 47.1.a) de la Ley 39/2015, la nulidad de la sanción.

El inculpado tendrá derecho a valerse de todos los medios de prueba admitidos en Derecho. Esto no es más que la traslación a la norma del procedimiento del derecho fundamental a la prueba del art. 24.2 de la Constitución Española. Aunque referido al Derecho penal, los tribunales se han encargado de establecer su operatividad también en el procedimiento administrativo sancionador[395].

Además de la manifestación que se realiza en el art. 53 de la Ley 39/2015, también los referentes a la prueba, arts. 77 y 78 de la misma norma, fundamentalmente, hacen referencia a este derecho instrumental del de defensa, dado que el fin de este derecho no es otro que dar la posibilidad al estudiante de exonerarse de su responsabilidad. Del tenor literal de estos artículos se extrae su contenido esencial: que el estudiante no sólo pueda propo-

---

393. García de Enterría, E. y Fernández Rodríguez, T-R., ob. cit. 2013, pág. 512.

394. Como han establecido la SAN, Sala de lo Contencioso, secc. 6.ª, de 19 de julio de 2017, rec. núm. 100/2014 (pon. Guerrero Zaplana, F.J. 4.ª); y la STS, Sala de lo Contencioso, secc. 3.ª, 923/2017, de 25 de mayo (pon. Arozamena Laso, F.J. 7.º); y han venido declarando diversos autores: García de Enterría, E. y Fernández Rodríguez, T-R., ob. cit. 2013, pág. 513 y Cobo Olvera, T., ob. cit. 2007, pág. 194.

395. Es el caso de las SSTC, Sala Segunda, 9/2018, de 5 de febrero (pon. Valdés del-Ré, F.J. 2.º) y 117/2016, de 20 de junio (pon. González Rivas, F.J. 8.º).

ner la prueba, sino que ésta podrá consistir en todos aquellos medios que considere oportunos y que sean válidos en Derecho, que éstos se admitan y que se practiquen con todas las garantías[396].

En cuanto al derecho a proponer la prueba, debe decirse que éste deberá ejercerse en los plazos y de la forma prevista en la ley. Esto se debe a su naturaleza de derecho de configuración legal, como afirma la STC 104/2003, de 2 de junio[397]. En lo que respecta a qué medios de prueba podrán ser propuestos, el art. 77.1 de la Ley 39/2015 afirma que podrá valerse en inculpado de cualquier medio de prueba admisible en Derecho.

El estudiante tendrá derecho a que la prueba propuesta sea admitida, siempre que ésta sea objetivamente idónea para acreditar lo que con ella se pretende. Esto supone que el derecho a la prueba únicamente se tendrá con respecto de aquella prueba pertinente y necesaria, como ha venido reconociendo el Tribunal Constitucional[398]. La determinación de qué prueba resulta pertinente y necesaria no siempre es fácil. Con cita de abundante jurisprudencia constitucional, la STS de 30 de diciembre de 2014[399] declara que «puede ser prueba pertinente tanto la que pretenda negar la existencia de los hechos imputados o la participación del interesado en los mismos como la propuesta con el propósito de desvirtuar la credibilidad de las pruebas de cargo» (F.J. 5.º). En cuanto a la prueba necesaria, la jurisprudencia ha mantenido que es aquella apta para variar el resultado, por todas, la STS de 20 de junio de 2017[400].

---

396. Contenido específico que ha venido siendo determinado por el Tribunal Constitucional. Puede citarse al respecto la STC, Sala Segunda, 10/2009, de 12 de enero (pon. Conde Martín de Hijas): «que el recurrente haya solicitado su práctica en la forma y momento legalmente establecidos, pues, al tratarse de un derecho de configuración legal, su ejercicio ha de acomodarse a las exigencias y condicionantes impuestos por la normativa procesal, de tal modo que es condición inexcusable para apreciar su pretendida lesión [a)] que la prueba se haya solicitado en la forma y momento legalmente establecidos; b) que la prueba propuesta sea objetivamente idónea para la acreditación de hechos relevantes, y c) que la misma sea decisiva en términos de defensa, es decir que tenga relevancia o virtualidad exculpatoria, lo que ha de ser justificado por el recurrente o resultar de los hechos y peticiones de la demanda (STC 169/1996, de 29 de octubre, FJ 8, por todas). Si la proposición de prueba reúne los anteriores requisitos resulta vulnerado el derecho fundamental, tanto cuando no hay respuesta alguna a la solicitud (supuesto que aquí se denuncia), como cuando la misma se rechaza sin motivación o la que se ofrezca pueda tacharse de manifiestamente arbitraria o irrazonable» (F.J. 5.º); y en el mismo sentido la STC, Sala Segunda, 104/2003, de 2 de junio (pon. Vives Antón, F.J. 2.º).

397. STC, Sala Segunda, 104/2003, de 2 de junio (pon. Vives Antón, F.J. 2.º)

398. Por todas, la STC, Sala Segunda, 4/2005, de 17 de enero (pon. Pérez Vera, F.J. 3.º), y la STS, Sala de lo Militar, secc.1.ª, 108/2016, de 22 de septiembre (pon. Pignatelli Meca, F.J. 3.º).

399. STS, Sala 3.ª, secc. 3.ª, de 30 de diciembre de 2014, rec. núm. 6389/2011 (pon. Espín Templado, F.J. 5.º).

400. STS, Sala 5.ª, secc. 1.ª, 70/2017, de 20 de junio (pon. Menchén Herreros, F.J. 1.º).

En caso de que la prueba propuesta no sea admitida, deberá ser rechazada a través de un acto en que se motive su impertinencia. El art. 77.3 de la Ley 39/2015 es claro. Sólo podrán rechazarse las pruebas cuando sean manifiestamente improcedentes e innecesarias y siempre mediante resolución motivada. De lo contrario, se estaría ante un rechazo arbitrario, que podría llevar a la vulneración del derecho fundamental[401].

Admitidas las pruebas propuestas y las que de oficio considere el instructor, éstas deberán ser practicadas con todas las garantías. En función del medio de prueba de que se trate, se practicará de una manera u otra. La prueba documental se practicará mediante un estudio por parte del instructor de la misma, estudio que deberá hacer con total objetividad y tan sólo guiado en sus conclusiones por las reglas de la sana crítica. Por su propia naturaleza, no existirá un momento específico para su práctica. El estudiante incorporará los documentos de que quiera valerse al expediente y será el instructor quien, una vez los admita, estudie y valore su capacidad exculpatoria.

El interrogatorio del inculpado es también un medio de prueba admitido. A través de las preguntas que le realice el instructor podrá determinarse si sus respuestas son suficientes para desvirtuar o no su inocencia. A este interrogatorio podrá acudir un asesor del estudiante que de la misma manera le formule preguntas tendentes a la exoneración de responsabilidad. Sobre este respecto es preciso manifestar que el estudiante no estará obligado a prestar declaración, pudiendo guardar silencio, hecho que de ninguna manera podrá afectarle, como ocurría con el derecho a no formular alegaciones.

En el caso de que se trate de prueba testifical, la misma deberá practicarse garantizando que los testigos declarantes no tienen ningún tipo de interés en el procedimiento. De éstos se exigirá que para que su declaración sea tenida como prueba bastante, ésta deba ser coherente y no presentar visos de falsedad. Pese al silencio de las normas aplicables, considero que el estudiante, solo o con asesor, podrá estar presente e intervenir en la toma de declaración de los testigos. Esto responde al principio de contradicción, cuya conculcación podría determinar la nulidad del expediente[402]

En cuanto a la prueba consistente en periciales, el instructor deberá tener en cuenta los conocimientos del perito y lo expresado en el informe, sin dejar de darle validez inmotivadamente, salvo informe pericial en contrario. La práctica consistirá en el análisis por parte del instructor de los informes periciales y, en su caso, del interrogatorio del perito, momento al que puede ser llamado el inculpado para que también pueda interrogarle.

---

401. Como ha declarado la STC, Pleno, 48/2008, de 11 de marzo (pon. Casas Baamonde, F.J. 3.º).

402 Así lo ha ido reflejando la jurisprudencia: STSJ de Cataluña, Barcelona, secc. 4.ª, 467/2015, de 27 de enero (pon. Abelleira Rodríguez, F.J. 4.º), en que se declaró que se había vulnerado este principio, y con él, el derecho de defensa de un policía nacional expedientado por infracción leve al que no le habían comunicado el acuerdo de prueba testifical de once funcionarios policiales ni la posibilidad de intervenir en la práctica de las declaraciones.

7. Séptima fase: la propuesta de resolución

Dice el art. 19.e) de la Ley de Convivencia Universitaria que dentro de los diez días hábiles siguientes —se entiende que desde que finaliza el plazo del trámite de audiencia—, el instructor formulará la propuesta de resolución. En este acto se determinarán de manera motivada los hechos que hayan tenido lugar, señalándose aquéllos que se consideren probados, las personas responsables, la calificación jurídica y la sanción que se propone. En caso de que se hayan adoptado medidas provisionales, en este momento se pronunciará el instructor acerca de su mantenimiento o levantamiento. No obstante, si el instructor considerase que no existe infracción o responsabilidad, podrá proponer que se archive el expediente.

8. Octava fase: alegaciones a la propuesta de resolución

Una vez que sea notificada la propuesta de resolución, el estudiante inculpado dispondrá de diez días hábiles para volver a formular alegaciones y aportar todos los documentos que considere oportunos y que no haya podido o querido aportar con anterioridad.

9. Novena fase: el traslado de su propuesta al órgano competente para resolver

Tras la formulación de las alegaciones o del transcurso del plazo sin que se hayan realizado, el instructor remitirá su propuesta al órgano competente para resolver. Aunque la Ley de Convivencia Universitaria no hace referencia a ello, se entiende que deberá darle traslado de la totalidad del expediente, incluidas las alegaciones eventualmente formuladas a la propuesta de resolución.

Conjugando lo dispuesto en la Ley de Convivencia Universitaria y en la Ley 39/2015, el órgano competente para resolver podrá realizar una de estas tres cosas: podrá resolver el procedimiento sin más trámite; podrá devolver el expediente al instructor para que practique otras diligencias que a su juicio sean imprescindibles; o podrá, para el caso que crea que la infracción o la sanción son más graves que las que se contienen en la propuesta, notificar al estudiante inculpado para que el plazo de quince días hábiles formule alegaciones.

En virtud de lo dispuesto en el art. 87 de la Ley 39/2015, antes de resolver el expediente y de manera excepcional, el órgano competente para resolver podrá acordar de forma motivada la práctica de actuaciones complementarias que considere indispensables para la resolución. El acuerdo que se dicte se notificará al estudiante y, practicadas las actuaciones, que no se prolongarán más de quince días, éste podrá hacer alegaciones durante el plazo de siete días. El plazo máximo para resolver el procedimiento quedará en suspenso hasta que las actuaciones no terminen. De la redacción de la norma, quizá algo confusa, se desprende que el estudiante no podrá oponerse a su realización, sino que podrá manifestar lo que desee tras su práctica.

Estas actuaciones deberán ir encaminadas a aclarar, matizar o ampliar la información obrante en el expediente, de tal forma que el órgano resolutor se garantice adoptar la resolución más acorde a la infracción cometida. Las nuevas apreciaciones que resulten de las actuaciones complementarias podrán ser tales que con ellas se modifique la valoración jurídica de lo instruido. En el caso de resultar en una calificación de mayor gravedad, el estudiante realizará las alegaciones que estime oportunas en el plazo de quince días *ex.* art. 90.2 de la Ley 39/2015[403].

III. El procedimiento disciplinario simplificado

Prevé el art. 19.g) de la Ley de Convivencia Universitaria que en caso de que el instructor considere que existen elementos suficientes para creer que la infracción presuntamente cometida es de carácter leve, podrá tramitar un procedimiento simplificado en el sentido dispuesto en el art. 96 de la Ley 39/2015. Entre las particularidades de estos procedimientos se encuentra que deben ser tramitados en un plazo máximo de treinta días desde que se notifica al inculpado el acuerdo en que se transforma la tramitación ordinaria en simplificada, so pena de caducidad del procedimiento. Tampoco podrá el estudiante impugnar la decisión del instructor de transformar la tramitación, sin perjuicio de que pueda ponerlo de manifiesto en el recurso que formalice contra la resolución. Sólo podrá acordarse en caso de que el tiempo que reste para finalizar la tramitación ordinaria sea superior a los treinta días antes señalados.

403. De manera aparente este hecho podría generar indefensión en el estudiante. Así, estas situaciones han sido tratadas por la jurisprudencia; por todas, la STS, Sala de lo Militar, secc. 1.ª, 105/2018, de 10 de enero (pon. Calderón Cerezo, F.J. 1.º 2), con cita de la STS, Sala de lo Militar, secc. 1.ª, 132/2017, 19 de diciembre (pon. Juliana Hernán).

CAPÍTULO XIV

LA TERMINACIÓN DEL PROCEDIMIENTO

El art. 19.f) de la Ley de Convivencia Universitaria establece que el procedimiento disciplinario podrá terminar por resolución sancionadora, archivo, reconocimiento voluntario de la responsabilidad por parte del estudiante inculpado, declaración de caducidad, desistimiento de la universidad o por el nacimiento de causas sobrevenidas que imposibiliten su terminación.

Con objeto de tratar la terminación del procedimiento de manera organizada, lo haré separadamente. Por un lado, el supuesto habitual de terminación, que es la resolución; y, por otro lado, los supuestos de terminación menos habitual —llamados comúnmente de terminación anormal o de terminación anticipada—.

I. El órgano competente para resolver el procedimiento

Es común a ambas modalidades de terminación el órgano que decide sobre las mismas. La Ley de Convivencia Universitaria establece en su art. 8.2 que la persona encargada del ejercicio de la potestad disciplinaria es el rector, sin perjuicio de que pueda delegar esta función según lo dispuesto en el art. 9 de la Ley 40/2015.

El rector podrá delegar el ejercicio de su competencia —de la que no dejará de ser titular— en algún otro órgano que forme parte de la misma universidad. Esta delegación deberá ser publicada en el diario o boletín oficial de la universidad (art. 9.3) y deberá ser expresada en cada resolución que dicte el órgano delegado. En cualquier caso y a todos los efectos —en especial, al de los recursos administrativos—, la resolución se tendrá como dictada por el órgano delegante (art. 9.4). La delegación podrá ser revocada en cualquier momento y a la sola voluntad del rector (art. 9.6).

II. El supuesto de terminación normal del procedimiento: la resolución

La resolución es la forma habitual de terminación de estos procedimientos, tanto es así que el 93 % de los procedimientos finalizados en los últimos años en las universidades consultadas han terminado de esta manera. La resolución disciplinaria tiene como finalidad poner fin al conflicto social existente. En ella se contendrá la existencia o no unos hechos posiblemente sancionables, la concurrencia o no de culpabilidad de su autor; en virtud de lo anterior, la calificación jurídica de estos hechos y la consecuencia punitiva de los mismos.

La importancia de este acto administrativo le exige el cumplimiento de estrictos requisitos en cuanto a forma y fondo. Sobre los primeros ha de decirse que las exigencias de la Ley 39/2015 hacen necesario que la resolución tenga carácter electrónico, según lo dispuesto en el art. 88.4, garantizándose la identidad del órgano competente, así como la autenticidad e integridad del documento. También se hace preciso que la resolución guarde una estructura que favorezca su comprensión. Sobre esta estructura, nada dicen ni la Ley 39/2015 ni la Ley de Convivencia Universitaria. Como regla general, las resoluciones disciplinarias suelen asimilarse formalmente a las sentencias penales, que contienen *antecedentes de hecho*, *fundamentos jurídicos* y *fallo*[404], pero aunando en los *fundamentos jurídicos* los *hechos probados* y, en lugar de aludir al *fallo*, lo hacen al *resuelve* o *resuelvo*. No obstante, la casuística aquí es infinita, y será posible hallar todo tipo de estructuras y denominaciones.

Esta falta de regulación, sin embargo, no debe dar pie a que la resolución no siga una estructura hasta el punto de que genere algún tipo de indefensión en el estudiante. Al fin y al cabo, en ella han de aparecer debidamente separados cuáles son los hechos que han sido declarados probados y los fundamentos jurídicos que sobre los mismos motivan la sanción a imponer o, en su caso, la absolución del estudiante hasta entonces inculpado. Por ello, parece que no sería lógico admitir que este acto careciese de un orden sistematizado o que, aun teniéndolo, generase confusión en su lector. A esta razón, la Sala de lo Penal del Tribunal Supremo se ha pronunciado en varias ocasiones con respecto a la necesidad de que las sentencias penales no confundan hechos probados con fundamentos jurídicos y viceversa. Puede leerse en la STS de 5 de diciembre de 2002[405]:

---

404. Tal y como dispone el art. 248.3 de la Ley Orgánica 6/1985, de 1 de julio, del Poder Judicial: «Las sentencias se formularán expresando, tras un encabezamiento, en párrafos separados y numerados, los antecedentes de hecho, hechos probados, en su caso, los fundamentos de derecho y, por último, el fallo».

405. STS, Sala de lo Penal, secc. 1.ª, 2073/2002, de 5 de diciembre (pon. Ramos Gancedo). Este pronunciamiento ha sido avalado por las Audiencias Provinciales de manera reiterada. Así, pueden leerse las SSAP de Murcia, secc. 2.ª, 409/2021, de 17 de diciembre (pon. Morales

«Es necesario hacer hincapié en la ineludible obligación del órgano jurisdiccional de respetar la estructura establecida por la Ley y por la doctrina jurisprudencial en lo que a las sentencias se refiere, toda la cual se edifica sobre la declaración de Hechos Probados que constituye la piedra angular de la resolución, pues es sobre el relato histórico —preciso, claro, explícito y terminante— en el que se asienta la fundamentación jurídica de la sentencia» (F.J. 2.° *in fine*).

Considero, en la misma línea que GÓMEZ TOMILLO[406], que es preciso exigir de esta claridad y orden en las resoluciones sancionadoras, y ello por las razones que ha otorgado la jurisprudencia. En cuanto al requisito de fondo, las normas exigen que la resolución esté motivada. A este respecto pueden leerse los arts. 15 y 19.e) *in fine* de la Ley de Convivencia Universitaria.

A continuación, describiré las diferentes partes de la resolución disciplinaria, haciendo especial hincapié en el deber de motivación que ha tener este acto en cuanto a su fundamentación jurídica.

1. El relato de los hechos

En primer lugar, la resolución expresará el relato de los hechos. Contendrá la descripción de los hechos históricos que han motivado la incoación del procedimiento disciplinario y los que han tenido lugar una vez iniciado éste; también se incluirá una breve descripción de todos los trámites que se han llevado a cabo. En este momento, obviamente, no podrán incluirse hechos nuevos más allá de los que consten en el procedimiento, como establece el art. 90.2 de la Ley 39/2015.

2. La calificación jurídica de los hechos probados. La motivación de la resolución disciplinaria

En segundo lugar, la resolución contendrá la calificación jurídica de los hechos probados. Esto consiste en subsumir los hechos cometidos en el tipo infractor y, en su caso, hacer las consideraciones oportunas sobre la responsabilidad o no del estudiante. Será entonces en este punto en el que el órgano valore la prueba practicada, especialmente aquellas pruebas que sirvan de motivación a la decisión del órgano[407]. La calificación de los hechos

---

Limia, F.J. 4.°); de Barcelona, secc. 9.ª, 401/2019, de 16 de julio (pon. Roig Tejedor, F.J. 1.°); Madrid, secc. 30.ª, 135/2019, de 5 de marzo (pon. Quintana San Martín, F.J. 1.°); y Cádiz, secc. 1.ª, 191/2017, de 1 de septiembre, pon. Gracia Sanz, F.J. 2.°).

406. GÓMEZ TOMILLO, M., ob. cit. 2008, págs. 646 y ss.

407. Como afirma ALMECIJA CASANOVA, A.B.: «Procedimiento Administrativo. Especialidades de los procedimientos de naturaleza sancionadora en la Ley 39/2015, de 1 de octubre» en *La Administración práctica*, núm. 2, 2017, pág. 89 y ss.

probados es el apartado de mayor relevancia pues aquí el órgano muestra su *ratio decidendi*. Es ahora cuando se enmarca el fondo, los fundamentos jurídicos, que motivan la imposición o no de la sanción.

La resolución, por tanto, habrá de ser motivada, hasta tal punto que la falta de motivación podría suponer la nulidad de la misma al vulnerarse el derecho de defensa del sancionado *ex.* art. 47.1.a) de la Ley 39/2015, y es que la motivación es una exigencia no sólo legal según disponen los arts. 35.1.h), 88.3 y 90.1 de la norma[408], sino también constitucional. Así, la STC 7/1998, de 13 de enero[409] dice:

> «En línea con la anterior doctrina, debe afirmarse la relevancia constitucional del deber de motivar las resoluciones administrativas sancionadoras. Frente a la regla general, conforme a la cual el deber de motivación de los actos administrativos es un mandato derivado de normas que se mueven en el ámbito de lo que venimos denominando legalidad ordinaria, en determinados supuestos excepcionales, tal deber alcanza una dimensión constitucional que lo hace fiscalizable a través del recurso de amparo constitucional. Así ocurre cuando se trate de actos que limiten o restrinjan el ejercicio de derechos fundamentales (SSTC 36/1982, 66/1995 o 128/1997, entre otras). También en relación con actos administrativos que impongan sanciones» (F.J. 6.º)[410].

La Ley de Convivencia Universitaria se encarga también de recordar la importancia que tiene la motivación de la resolución. Así lo dispone en su Exposición de Motivos, caracterizándola como principio fundamental del procedimiento disciplinario; y en el art. 19.e) afirma que la resolución que se dicte será motivada.

La motivación, instituto de suma importancia en el ejercicio de la potestad disciplinaria, responde al derecho de defensa, a los principios de legalidad y tipicidad y al de proporcionalidad[411]:

1. Motivación y derecho de defensa. No puede obviarse que la motivación es una exigencia que se deriva del art. 24.1 de la Constitución

---

408. Sobre la previsión legal de la motivación de la resolución sancionadora conviene la cita de Navarro González, R.: *La Motivación de los Actos Administrativos*. Aranzadi, 2017, pág. 351; e igualmente Llopis Reyna, E.: «Artículo 35» en AA. VV.: *Comentarios al procedimiento administrativo*. Tirant lo Blanch, 2021, págs. 253 y 254.

409. STC, Sala Primera, 7/1998, de 13 de enero (pon. Cruz Villalón).

410. Este pronunciamiento constitucional, que es el más paradigmático, ha motivado que otros tribunales se pronuncien en el mismo sentido: SSTS, Sala de lo Contencioso, secc. 2.ª, 210/2017, de 8 de febrero (pon. Navarro Sanchís, F.J. 5.º); y 144/2017, de 31 de enero (pon. Montero Fernández, F.J. 5.º).

411. Como ha defendido la doctrina, por todos, Izquierdo Carrasco, M., ob. cit. 2010, págs. 767 y ss.; y en este mismo sentido, Navarro González, R., ob. cit. 2017, págs. 122, quien añade diversos principios «jurídico-administrativos», tales como los de buena administración y procedimiento administrativo «adecuado», simplificación administrativa y transparencia.

Española. Según ha manifestado el Tribunal Supremo[412], el deber de motivar tiene dos finalidades: por un lado, que el sancionado tenga un conocimiento pleno de lo que ha acontecido, conociendo así cuáles son los motivos que le llevan a ver limitados el ejercicio de sus derechos; y, por otro lado, que con ella se facilite el control judicial posterior de la resolución. Un estudiante sancionado sin conocer el razonamiento del órgano que le lleva a la decisión estará cegado y sin posibilidad de impugnar eficazmente la resolución. De la misma manera, el órgano jurisdiccional que no pueda conocer las razones que llevan a tal castigo no podrá ejercer su potestad con total conocimiento. La motivación, en palabras del Tribunal Supremo, en la STS de 29 de julio de 2019[413] actúa «para permitir el más completo ejercicio del derecho de defensa por parte de los justiciables» (F.J. 3.º).

2. Motivación y principio de legalidad. En cuanto al principio de legalidad, es necesario que el estudiante conozca qué precepto legal ha vulnerado, incluso cuando su conducta esté tipificada en una norma reglamentaria, en cuyo caso deberá especificarse la cobertura legal del reglamento. A este respecto, la jurisprudencia se ha mostrado bastante flexible, avalando resoluciones de las que, aun no conteniendo expresamente el precepto normativo infringido, se desprende de forma implícita su fundamento legal. Será entonces necesario hacer un juicio de razonabilidad según el cual el sancionado pueda extraer del razonamiento de la resolución cuál es la norma infringida. No hacerlo supondría una vulneración tal del art. 25.1 de la CE que podría tener efectos invalidantes de la sanción[414].

---

412. En la STS, Sala de lo Contencioso, secc. 4.ª, de 19 de noviembre de 2011, rec. núm. 6690/2000 (pon. Fernández Montalvo, F.J. 5.º).

413. STS, Sala de lo Militar, secc. 1.ª, 97/2019, de 29 de julio (pon. Martínez de Careaga García).

414. El Tribunal Constitucional en STC, Sala Segunda, 199/2014, de 15 de diciembre (pon. González Rivas) afirmó a este respecto que: «Es doctrina de este Tribunal que el derecho fundamental a la legalidad sancionadora (art. 25.1 CE), en relación con el principio de seguridad jurídica también garantizado constitucionalmente (art. 9.3 CE), exige que cuando la Administración ejerce la potestad sancionadora sea la propia resolución administrativa que pone fin al procedimiento la que, como parte de su motivación identifique expresamente o, al menos, de forma implícita el fundamento legal de la sanción» (F.J. 5.º). En el mismo sentido la STC, Sala Primera, 161/2003, de 15 de septiembre (pon. Delgado Barrio, F.J. 3.º).
En la primera de las sentencias citadas el Constitucional consideró que no superó este juicio de exigencia la resolución que imponía una sanción de tráfico por infringir «el art. 6 ORD.», sin ninguna mención más, siquiera a la ordenanza del Ayuntamiento de Madrid, el Decreto de fecha 3 de noviembre de 2005, dictado por el concejal del Área de Gobierno de Seguridad y Servicios a la Comunidad del Ayuntamiento de Madrid, por el que se aprobaba el cuadro de claves de infracciones a la normativa de circulación vial ni a la Ley de Tráfico.

3. Motivación y principio de tipicidad. La anterior exigencia se conecta directamente con el principio de tipicidad de tal forma que la jurisprudencia ha venido exigiendo no sólo que quede delimitado el fundamento normativo del castigo, sino que el órgano resolutor exponga con claridad el razonamiento que le lleva a determinar que la actuación cometida encaja en el tipo infractor de que se trate[415].
4. Motivación y principio de proporcionalidad. En virtud del principio de proporcionalidad se partirá de la premisa de que la sanción a imponer siempre será la mínima de las establecidas en la norma, de tal forma que para imponer una distinta la universidad deberá de razonar los motivos que llevan a adoptar tal decisión. Como afirma la STS de 24 de septiembre de 2015[416], este principio buscará «la adecuada individualización al caso de la respuesta o reacción disciplinaria, en consideración a la gravedad del hecho y a la culpabilidad del autor» (F.J. 13.º). No parece que existan dudas cuando la sanción por la que opta la Administración es la más reducida, en cuyo caso no deberá motivar la extensión de la sanción. Sin embargo, apartarse de la pena más reducida de la norma le obligará a justificar el porqué. No hacerlo podría implicar que el estudiante sufriese una manifiesta indefensión, pues no sabría la razón por la que se ha optado por un castigo mayor al mínimo posible[417].

Mayor motivación deberá incluso procurar el órgano resolutor en determinados supuestos. Puede ocurrir que el decisor decida separarse del precedente administrativo. Es decir, que decida modificar el criterio seguido hasta entonces a la hora de sancionar. Este deber de motivar tiene su amparo legal en el art. 35.1.c) de la Ley 39/2015. No hacerlo puede suponer

415. Son abundantes los pronunciamientos en este sentido: STSJ de Canarias, Sala de lo Contencioso, secc. 1.ª, 57/2019, de 29 de enero (pon. Gómez de Lorenzo-Cáceres): «Por otra parte, es doctrina constitucional reiterada la que incluye dentro del deber de motivación de las resoluciones sancionadoras los razonamientos que exija el imperio del principio de tipicidad, exigiendo que en ellas se explique con la suficiente amplitud porqué la acción u omisión de que se trate es subsumible en el tipo escogido» (F.J. 3.º).

416. STS, Sala de lo Militar, secc. 1.ª, de 24 de septiembre de 2015, rec. núm. 11/2015 (pon. Pignatelli Meca).

417. En este sentido se ha pronunciado los Tribunales Superiores de Justicia en múltiples ocasiones. Con enorme claridad lo hace el vasco cuando afirma en la STSJ de País Vasco, Bilbao, Sala de lo Contencioso, secc. 1.ª, 951/2011, de 23 de diciembre (pon. Murgoitio Estefanía): «no puede sin embargo proceder el órgano sancionador de modo arbitrario, sino ateniéndose, bien a la ponderación de criterios de graduación expresos, o bien, y en todo caso, a los limites generales de la potestad administrativa discrecional, como lo son la atención a los hechos determinantes, la proscripción de los fines desviados, y los principios generales del derecho sancionador, representados en el caso por el de proporcionalidad, y con empleo de la motivación precisa para que el acto pueda ser revisado en punto a la determinación selectiva de la sanción impuesta» (F.J. 3.º). Sobre esta cuestión, interesa la cita de Navarro González, R., ob. cit. 2017, pág. 351.

que la resolución sea dejada sin efecto, como ocurrió en la STS de 11 de diciembre de 1998[418]. El tribunal anuló el acuerdo del Pleno del Consejo General del Poder Judicial que sancionaba con la separación del servicio a un juez por padecer el juzgado del que era titular retrasos injustificados en numerosos asuntos. El motivo principal que los llevó a esta decisión fue el hecho de que en supuestos análogos el Consejo había optado por la suspensión de empleo y sueldo, por lo que resultaba esta una decisión «absolutamente insólita» y que, por lo tanto, estaba necesitada de «una justificación más aquilatada y convincente» (F.J. 5.º).

Considero que esta obligación de prestar una motivación extra debe operar en un doble sentido: tanto si la resolución opta por calificaciones más gravosas que las que en supuestos análogos realizaba, como si suaviza el castigo administrativo. No hay que pasar por alto la relación que las resoluciones guardan con la seguridad jurídica no sólo del principal interesado, sino de toda la comunidad universitaria que pudiera verse en un futuro inmersa en un procedimiento disciplinario.

Será también preciso que el órgano desarrolle una mayor motivación cuando se aparte del contenido de la propuesta de resolución y es que, aunque la decisión última dependa del competente para resolver, no ha de obviarse la importancia que tiene la opinión del instructor.

También ha de estudiarse esto en sentido contrario, cuando el acto resolutor se remite en lo que la motivación respecta a la propuesta de resolución. Esto es lo que se conoce como fundamentación *in aliunde* o por remisión, generalmente a informes del expediente, que ha sido aceptada por los tribunales[419]. Aceptar esta técnica se fundamenta, según han ido manifestando los juzgadores, en el principio de eficacia, de tal forma que se hace necesario conjugar la garantía de la motivación con las técnicas de racionalización y simplificación del trabajo de la Administración pública[420]. Bajo mi punto de vista, no puede afirmarse que la motivación

418. STS, Sala de lo Contencioso, secc. 7.ª, de 11 de diciembre de 1998, rec. núm. 898/1991 (pon. Conde Martín de Hijas).

419. Por todas podría citarse a la ya referida STC, Sala Primera, 7/1998, de 13 de enero (pon. Cruz Villalón). En el supuesto de autos la resolución únicamente reproducía la parte dispositiva de la propuesta de resolución, haciendo constar que en la sesión del Pleno del Ayuntamiento tras la que se acordó la resolución se leyó el dictamen de la Comisión de Personal, que informaba favorablemente de la propuesta. El Tribunal Constitucional tomó por buena la resolución con estas palabras: «En conclusión, aun sin desconocer que el Acuerdo sancionador bien pudo haber contenido una remisión literal y expresa a la motivación contenida en la propuesta de resolución formulada por el Instructor, tal como se declara en la Sentencia directamente impugnada, puede entenderse que dicho Acuerdo se remitió a la motivación contenida en aquélla» (F.J. 8.º *in fine*).

420. Así lo ha manifestado el Tribunal Superior de Justicia de Andalucía en la STSJ de Andalucía, Málaga, Sala de lo Contencioso, secc. 2.ª, 928/2019, de 27 de marzo (pon. Macho Macho): «A mayor abundamiento, como tiene dicho ya este Tribunal en numerosas

por remisión sea suficiente para cumplir con la exigencia de este importante derecho. Ello no significa que cualquier resolución que opte por esta técnica esté viciada de nulidad, pero sí que habrá de estudiarse con mayor detenimiento si realmente con ello no se está provocando en el sancionado una auténtica indefensión material, en cuyo caso sí podría procurarse la nulidad del acto[421].

Se exigirá también una motivación más intensa cuando el inculpado alegue haber obrado bajo una interpretación errónea pero razonable de la norma infringida. En el ámbito universitario puede ocurrir que el profesor examinador de una materia permita verbalmente el uso de equipos informáticos a la hora de hacer un examen, y que un alumno decida utilizar para tal fin su teléfono móvil, bajo la creencia de que no existe ningún inconveniente en hacerlo. El profesor podría considerar que el estudiante está vulnerando el reglamento de evaluación de la universidad que prohíbe el uso de teléfonos durante el proceso de examen. Este supuesto de hecho podría ocurrir en la Universidad de Cádiz, que en su Reglamento por el que se regula el régimen de evaluación de los alumnos, aprobado por Acuerdo del Consejo de Gobierno adoptado en su sesión de 13 de julio de 2006, art. 11.2, prohíbe al alumno usar el teléfono móvil durante el examen, salvo que el profesor lo autorice en el programa docente o en el campus virtual al inicio del curso. Si el alumno lo utiliza, podría ocurrir que se considerase que está cometiendo la falta tipificada en el art. 12.d) de la Ley de Convivencia Universitaria, pero bien podría defenderse que interpretó flexiblemente la norma.

Finalmente, ha de requerirse mayor profundidad en la motivación cuando la sanción limita el ejercicio de derechos fundamentales. Esto parece razonable, pues no es lo mismo el sancionado pecuniariamente, que el estudiante al que se le va a privar de estudiar temporalmente en la universidad. Lo mismo ocurre cuando el tipo infractor en que se subsume la conducta contiene un concepto jurídico indeterminado. El Tribunal Constitucional ha

---

ocasiones, la técnica de racionalización y simplificación del trabajo administrativo que aplica el art. 55.2 de la Ley 30/1992, trata de dar solución al problema que plantea la necesidad de conjugar la garantía con la eficacia, que, como bien es sabido, constituye la clave de bóveda que sustenta el magno edificio de ese sector del Ordenamiento Jurídico que es el derecho administrativo, y justifica las motivaciones tanto las motivaciones implícitas como las realizadas por remisión o *in aliunde* al expediente, donde constan a disposición del interesado todos los datos tenidos en cuenta por la administración para resolver» (F.J. 6.º).

421. Con respecto a este último se han pronunciado los Tribunales en multitud de ocasiones. Sirva citar la STS, Sala de lo Contencioso, secc. 2.ª, de 30 de enero de 2014, rec. núm. 590/2009 (pon. Fernández Montalvo): «Hemos de recordar, que este Tribunal tiene reiterado que la defectuosa motivación de los actos administrativos ha de calificarse, en el caso de concurrir, de defecto formal, por lo que solamente podrá conllevar la nulidad del acto en la medida en que con ello se haya ocasionado indefensión al interesado» (F.J. 6.º).

tenido ocasión de pronunciarse en este respecto en la STC 151/1997, de 29 de septiembre[422].

En estos casos, el órgano que decida habrá de motivar la resolución haciendo especial hincapié en la culpabilidad del sujeto infractor. Así lo ha defendido el Tribunal Constitucional en la STC 164/2005, de 20 de junio[423]. No puede sancionarse por la sola comisión de la acción típica, sino que es labor de la universidad justificar la razonabilidad de la imposición del castigo teniendo en cuenta la voluntad del sujeto infractor.

---

422. STC, Sala Segunda, 151/1997, de 29 de septiembre (pon. Viver Pi-Sunyer, F.J. 5.º). En el supuesto de autos un capitán de artillería fue sancionado con la expulsión del servicio por obrar contrariamente al honor y a la dignidad que como tal se le presuponía, y ello por dos razones: por consentir que su esposa mantuviese relaciones afectivas con un teniente —extremo conocido por toda la unidad— y por haber sustraído una cantidad de dinero de fondos públicos que tenía a su disposición. El Constitucional llegó a la conclusión de que no es bastante la motivación de la sanción por dos motivos: en primer lugar, porque es insuficiente para la constricción de derechos que está en juego, que es nada más y nada menos que la separación del servicio; y en segundo lugar, porque la infracción se contenía en un tipo abierto que, si bien cumple con el principio de taxatividad, exige que la labor de exégesis que haya realizado el órgano se exprese en la resolución con mayor profundidad: «Esta exigencia de motivación para poder controlar la razonabilidad y la proporcionalidad de las medidas limitadoras del ejercicio de un derecho fundamental es especialmente relevante en supuestos como el presente en el que ese límite lleva aparejadas consecuencias tan graves como la pérdida definitiva de la propia profesión y ello se produce mediante la aplicación de conceptos tan indeterminados y tan necesitados de una explícita interpretación y aplicación adaptada a los nuevos valores y preceptos constitucionales como es el tradicional concepto de honor militar, máxime cuando opera como límite de conductas relacionadas con comportamientos sexuales desarrollados fuera de las instalaciones militares. En estos casos, en los que está implicado el alcance de un derecho fundamental, no puede afirmarse que la interpretación y aplicación del precepto sancionador sea una cuestión de mera legalidad ordinaria, ni que nuestro control pueda limitarse a comprobar la razonabilidad o la simple existencia de motivación de las resoluciones impugnadas» (F.J. 5.º).

423. STC, Sala Segunda, 164/2005, de 20 de junio (pon. Gay Montalvo, F.J. 6.º). Y también el Tribunal Supremo en el mismo sentido, por todas, la STS, Sala de lo Contencioso, secc. 2.ª, 2047/2017, de 20 de diciembre (pon. Díaz Delgado, F.J. 2.º). Esta línea tiene especial importancia en el Derecho tributario sancionador, donde la interpretación de las normas no siempre es fácil y deriva en una enorme litigiosidad. Sin embargo, como afirmó el Tribunal Superior de Justicia de Castilla y León en la STSJ de Castilla y León, Valladolid, Sala de lo Contencioso, secc. 3.ª, 231/2007, de 9 de febrero (pon. Picón Palacio), esta idea también es predicable en el resto de ámbitos del Derecho sancionador: «en nuestro derecho no se acepta la existencia de infracciones formales, de tal manera que el mero cumplimiento de unos hechos previstos en la ley, dé, necesariamente lugar a la apreciación de una infracción administrativa. En una doctrina desarrollada, esencialmente, entorno a las infracciones tributarias, pero que, por su propia naturaleza es ampliable, *mutatis mutandis*, a todo tipo de infracciones administrativas, dado su origen común» (F.J. 4.º).
Rodríguez Pontón, F.J.: «El principio de objetividad en el ejercicio de la potestad administrativa sancionadora» en *Documentación Administrativa*, núm. 289, 2011, págs. 211 a 231 realiza un magnífico estudio de las implicaciones que el principio de objetividad que ha de regir la actuación de la Administración pública ex. art. 103 de la Constitución Española y que se flexibiliza en el ejercicio de la potestad sancionadora.

3. La parte dispositiva

Por último, la resolución incluirá la parte dispositiva, en la que el órgano expondrá su decisión, si existe o no y en qué medida responsabilidad disciplinaria y, en virtud de lo anterior, impondrá una determinada sanción.

4. El pie de recursos

Según los arts. 88.3 *in fine* de la Ley 39/2015 y 19.h) de la Ley de Convivencia Universitaria, en la resolución se contendrá también el denominado pie de recurso, donde el órgano indicará al estudiante qué opciones impugnatorias tiene ante la resolución. Se hará referencia a que el acto agota la vía administrativa, por lo que cabe recurso potestativo de reposición ante el rector o alternativamente recurso contencioso-administrativo, identificando el órgano judicial ante el que hubiera de presentarse (juzgados o juzgados centrales de lo contencioso-administrativo), así como el plazo para interponerlos.

III. Los supuestos de terminación menos habitual, anormal o anticipada del procedimiento

Es posible que el procedimiento finalice anticipadamente por alguno de los siguientes motivos: por archivo, reconocimiento voluntario de la responsabilidad por parte del estudiante inculpado, declaración de caducidad, desistimiento de la universidad o por el surgimiento de causas sobrevenidas que imposibiliten su terminación, todo ello según dispone el art. 19.f) de la Ley de Convivencia Universitaria.

1. El archivo del procedimiento

Puede ocurrir que a lo largo de la instrucción del expediente disciplinario el instructor llegue a la conclusión de que no existe responsabilidad disciplinaria del estudiante inculpado, bien porque los hechos cometidos no son susceptibles de ser considerados como falta o bien porque no puede identificarse al responsable. En aquellos supuestos el instructor podrá proponer al órgano resolutor el archivo del expediente. Así lo disponen los arts. 19.b) y 19.e) de la Ley de Convivencia Universitaria.

2. El reconocimiento voluntario de la responsabilidad por parte del estudiante inculpado

Aunque la Ley de Convivencia Universitaria no regula expresamente esta forma de terminación anticipada, es posible que el estudiante inculpado reconozca su responsabilidad y que dicha actuación determine el fin del procedimiento disciplinario. En dicho caso, el instructor formulará su propuesta de resolución al resolutor, que tomará la decisión que proceda. Así lo dispone el art. 85.1 de la Ley 39/2015.

El estudiante que se halle siendo investigado en un procedimiento disciplinario podrá en cualquier momento —después de la incoación y antes del dictado de la resolución—, reconocer su responsabilidad. El reconocimiento de la responsabilidad, que deberá plasmarse por escrito, deberá ser realizado libre y voluntariamente para desplegar sus efectos. Recuérdese, con todo, que por sí mismo el reconocimiento no opera como una forma de terminación, sino que es fundamental que los órganos encargados así lo acepten.

En el caso de que en el marco de un procedimiento disciplinario se esté investigando la responsabilidad de otros estudiantes y el reconocimiento de uno no perjudicará ni beneficiará al resto. El procedimiento se seguirá por todos cauces, aunque la resolución sancionadora en lo referido al estudiante que haya reconocido su responsabilidad se limitará a poner su reconocimiento de manifiesto.

En cuanto al sentido del reconocimiento de responsabilidad, debe estarse a lo dispuesto en el art. 20 de la Ley de Convivencia Universitaria. En este artículo se establece que se podrán imponer medidas sustitutivas de la sanción. Uno de los requisitos para que pueda optarse por estas medidas —*a priori*, de menor gravedad que las sanciones— es que el estudiante haya reconocido su responsabilidad.

Esta forma de terminación no puede ser confundida con el criterio de graduación del art. 15.d) de la Ley de Convivencia Universitaria, el reconocimiento de los hechos, que sólo se prevé para el caso de que aún no haya sido incoado el expediente.

3. La declaración de caducidad

El transcurso del plazo que se inicia con la firma electrónica del acuerdo de incoación puede tocar su final cuando transcurre el plazo de caducidad. Esto lleva indefectiblemente a la terminación anticipada del procedimiento. A diferencia del resto de supuestos de terminación anormal, la caducidad no es una expresión de voluntad del sujeto —del estudiante que se reconoce responsable o de la universidad en el resto de formas—, sino que es un hecho: la llegada de un término tras el transcurso de un plazo. Así lo afirma el Tribunal Supremo en la STS de 29 de enero de 1994[424]:

424. STS, Sala de lo Contencioso, secc. 1.ª, de 29 de enero de 1994, rec. núm. 2341/1992 (pon. Rouanet Moscardo).

> «A diferencia de la renuncia del desistimiento, del allanamiento o de la transacción, que son verdaderos actos jurídicos, unilaterales o plurilaterales, de derecho material o formal, la causa de caducidad del procedimiento no es un acto de ninguna clase (al menos, positivo), sino un hecho (o, como mucho, un acto omisivo): el transcurso del tiempo sin la realización de actos procedimentales, dentro de un expediente pendiente o paralizado» (F.J. 4.º A).

La caducidad, constituida como una garantía en pos de la seguridad jurídica del estudiante inculpado, opera de manera automática.

En ese caso, y sin perjuicio de la posibilidad de que la universidad inicie un nuevo procedimiento —tal y como establece el art. 95.3 de la Ley 39/2015—, se deberá emitir una resolución que declare el archivo del expediente declarando su caducidad, según disponen los arts. 21.1 y 25.1.b) de la Ley 39/2015.

A modo anecdótico la Ley de Convivencia Universitaria sólo hace dos referencias a la caducidad[425]. La primera en la Exposición de Motivos a modo de crítica al Reglamento de Disciplina Académica, «que no contiene un régimen de prescripción de faltas o de plazos de caducidad». La segunda cuando en el art. 19.f) menciona todas las formas de finalización del procedimiento disciplinario, donde incluye la caducidad, pero sin estipular plazo alguno, precisamente lo que su Exposición de Motivos critica al reglamento derogado.

4. El desistimiento de la universidad

El desistimiento de la universidad se prevé como una causa de finalización anticipada del procedimiento. El desistimiento implica que la universidad pueda terminar el procedimiento sin necesidad de tramitar completamente el expediente, de forma que no se gasten recursos públicos en la tramitación de un expediente sancionador del que no se derivaría eficacia alguna, a la par que se evita que los estudiantes inculpados sufran la denominada *pena de banquillo*.

La falta regulación que del mismo hace la Ley de Convivencia Universitaria obliga a acudir a la Ley 39/2015 para analizar esta figura. A este respecto dicen los art. 35.1.g) y 93 que la Administración podrá desistirse de manera motivada; y añade el art. 93 que sólo podrá tener lugar en los supuestos previstos por las normas de aplicación y según los requisitos que en estas normas se expresen.

Sobre esto último, hay diferentes opiniones en la doctrina. GARBERÍ LLOBREGAT y BUITRÓN RAMÍREZ consideran que la Administración sólo podrá

425. También la menciona en el art. 22.6, donde establece que el inicio del procedimiento de mediación implicará la suspensión del plazo de caducidad, aunque esta afirmación no tiene aquí importancia.

desistirse cuando la norma sectorial contemple esta posibilidad[426]. Sin duda, la Ley de Convivencia Universitaria la contempla, pero ni siquiera regula en qué supuestos y de qué forma podrá hacerlo, como exige el art. 93 de la Ley 39/2015. Otros autores, como Gómez Tomillo y Sanz Rubiales afirman que la habilitación que realiza el art. 89.1 de la Ley 39/2015 es suficiente para incluso ante el silencio de la norma sectorial la Administración puede desistirse[427].

Bajo mi punto de vista, dado que el desistimiento supone el rechazo a perseguir unos hechos ilícitos que afectan al interés general —al menos en la apariencia, pues no hay que dejar de lado que su existencia incluso motivó la incoación del procedimiento disciplinario—, los supuestos en que la universidad podrá optar por desistimiento tendrían que estar regulados sectorialmente. Considero que se debería establecer que, en virtud del principio de insignificancia, la persecución de determinadas conductas no susceptibles de perjudicar la disciplina académica pero formalmente sí subsumibles en los tipos de la Ley de Convivencia Universitaria, podría quedar al albur de la propia universidad, que desistiría de su investigación.

La voluntad de desistimiento de la universidad, en cualquier caso, deberá plasmarse por escrito en una resolución que será notificada a todos los interesados, según dispone el art. 21.1 de la Ley 39/2015.

5. Las causas sobrevenidas

Ni la Ley de Convivencia Universitaria ni la Ley 39/2015 otorgan una definición acerca de las causas sobrevenidas que pueden determinar la terminación anticipada del procedimiento disciplinario académico. Considero entonces que por ellas deben entenderse todos los hechos que surjan o se conozcan una vez iniciado el expediente y que impidan de alguna manera que la resolución que se adopte despliegue eficazmente sus efectos[428].

En el ámbito del Derecho disciplinario se me ocurren dos supuestos. El primero de ellos es la muerte del estudiante inculpado. No debe obviarse que el procedimiento administrativo sancionador tiene un carácter personalísimo, por lo que con el fallecimiento del protagonista de la presunta infracción deberá rechazarse la posibilidad de que nazca responsabilidad alguna. Dice

426. Garberí Llobregat, J. y Buitrón Ramírez, G., ob. cit. 2016, pág. 1.714.

427. Gómez Tomillo, M. y Sanz Rubiales, Í., ob. cit. 2017, pág. 856.

428. Un ejemplo característico de la terminación del expediente sancionador por causa sobrevenida se da en el ámbito del Derecho sancionador tributario, cuando son anuladas liquidaciones de las que había derivado un procedimiento sancionador. En ese sentido, sólo puede la Administración tributaria actuante terminar el expediente sancionador, pues la liquidación sobre la que versaba ha dejado de existir. Por todas, la STSJ de Madrid, Sala de lo Contencioso, secc. 5.ª, 527/2018, de 31 de octubre (pon. de la Peña Elías, F.J. 6.º *in fine*).

el Tribunal Supremo en la STS de 9 de marzo de 2007[429] que: «Es sabido que los procedimientos sancionadores tienen carácter *intuitu personae*, pues al ser la sanción personal e intransferible, sólo pueden entenderse con aquella persona que pudiera ser sancionada» (F.J. 1.º)[430]. En este caso, por tanto, esta circunstancia supone indubitadamente una causa sobrevenida tal que obliga a la terminación del procedimiento —al menos, en lo que respecta a este estudiante—. Así lo dispone el art. 17.1.d) de la Ley de Convivencia Universitaria, que menciona el fallecimiento del estudiante responsable como causa de extinción de la responsabilidad.

El segundo ejemplo está referido al estudiante incurso en un procedimiento disciplinario que decide no renovar la matrícula en la universidad. El límite punitivo que presenta la Ley de Convivencia Universitaria podría impedir que la resolución sancionadora que se dicte afecte de alguna manera al estudiante que ha abandonado sus estudios universitarios en la universidad que está tramitando el expediente. La sanción más grave que prevé la norma sectorial consiste en la expulsión de hasta tres años «de la universidad en la que se hubiera cometido la infracción». Por tanto, nada impedirá a este estudiante abandonar esta universidad no renovando la matrícula y retomar sus estudios en otra. ¿Qué sentido tendría entonces continuar con la tramitación del expediente si el eventual castigo que se imponga en nada va a afectar al estudiante? Personalmente no considero que este hecho obligue a la universidad a declarar la terminación del expediente. Deben realizarse dos matizaciones que invitarían a continuar la tramitación, aunque el estudiante abandone la universidad:

1. La terminación anticipada por esta causa permitiría al estudiante volver a la universidad en cuanto el expediente se hubiera archivado aprovechando, por ejemplo, algún período de matrícula extraordinario. Por ello, sería importante que se estuviese ejecutando aún la sanción —aun estando fuera de la universidad—. La norma, no obstante, podría haber salvado esta situación de dos formas: o bien declarando que estas sanciones deben tener efecto en todas las universidades públicas, o bien estableciendo que la imposibilidad de cumplir la sanción (cuando esta no consistiese en expulsión) derivaría en la suspensión de la misma, en tanto que el estudiante no regrese a la universidad[431].

429. STS, Sala de lo Contencioso, secc. 3.ª, de 9 de marzo de 2007, rec. núm. 4851/2004 (pon. Espín Templado).

430. Sin embargo, esta sentencia contiene un pronunciamiento interesante con respecto a la posibilidad de que se continúe el expediente sancionador aún fallecido el presunto responsable. El tribunal admite esta posibilidad cuando de no seguirse con el expediente se pudieran afectar los derechos económicos de los interesados. Aceptan esta tesis Gómez Tomillo, M. y Sanz Rubiales, Í., ob. cit. 2017, págs. 857 y 858.

431. Buen ejemplo de ambas propuestas es el Real Decreto 135/2021, de 2 de marzo, por el que se aprueba el Estatuto General de la Abogacía Española. El art. 11.c) declara

2. Es posible que, aun habiendo abandonado la universidad, la resolución tenga interés en cuanto a la protección del interés general. En este sentido, el art. 16.1 de la Ley de Convivencia Universitaria establece la posibilidad de que la resolución declare la obligación del estudiante de restituir o reponer los bienes dañados a su estado anterior; así como a indemnizar por los perjuicios que haya causado. En la misma línea, el art. 19.i) declara que, si de la resolución se desprende que el estudiante obtuvo un título oficial de manera fraudulenta, se declarará de oficio la nulidad de dicho título.

No obstante, mis anteriores razonamientos se ven interrumpidos por el tenor literal de la Ley de Convivencia Universitaria. El legislador, con un criterio inexplicable a mi juicio, ha optado por establecer que la pérdida de la vinculación del estudiante responsable con la universidad extingue la responsabilidad disciplinaria. El art. 17.1.c), del que solo se puede esperar que sea eliminado en una eventual reforma de la norma, es una llamada a la más absoluta impunidad. No tiene entonces sentido alguno tramitar un expediente disciplinario si luego el responsable tiene la facultad de no matricularse para ver su expediente nuevamente inmaculado; pero nada le impediría —una vez declarada la extinción de su responsabilidad— volver a matricularse en la misma universidad.

En el caso en que medie una causa sobrevenida que imposibilite la continuación del procedimiento, deberá la universidad emitir resolución motivada con la que se dé por finalizado el expediente, tal y como establecen los arts. 21.1, 35.1.g) y 84.2 de la Ley 39/2015.

6. La terminación convencional: la mediación como mecanismo de resolución alternativa de conflictos

El auge de los sistemas alternativos de resolución de conflictos no escapa al Derecho administrativo sancionador. La terminación convencional se regula en términos generales en el art. 86 de la Ley 39/2015 y consiste en la posibilidad de que la Administración celebre un acuerdo con la persona inculpada que ponga fin al procedimiento. Para ello la norma exige, primero, que el acuerdo que se alcance no sea contrario al Ordenamiento Jurídico; segundo, que no tenga como objeto materias no susceptibles de transacción; y tercero, que esté encaminado a satisfacer el interés público. La mediación, en palabras de Belando Garín, se configura como

que la sanción consistente en la suspensión del ejercicio o la expulsión del colegio tendrá eficacia en todo el territorio nacional. Asimismo, en su art. 135.2 establece que en caso de que el castigo de suspensión del ejercicio no pueda ser cumplido (porque el letrado cause baja del colegio, por ejemplo), se suspenderá hasta que esté nuevamente de alta.

un mecanismo de protección alternativo de los bienes jurídicos protegidos por la potestad disciplinaria[432].

La Ley de Convivencia Universitaria trae consigo una importante novedad en el ámbito del Derecho disciplinario académico y es el reconocimiento de la posibilidad de que el procedimiento termine por convenio. La Exposición de Motivos de la norma hace varias referencias al mecanismo de la mediación como alternativa a la resolución de los conflictos y su articulado establece las bases —sobre las que construirán las universidades en ejercicio de su autonomía— de esta forma de terminación anticipada.

El art. 5 de la Ley de Convivencia Universitaria lleva como título «Medios alternativos de solución de los conflictos de convivencia». En este precepto se establece que las universidades desarrollarán en sus normas de convivencia la figura de la mediación como instrumento de terminación de los procedimientos disciplinarios. Dice de ésta que podrá llevarse a cabo antes del inicio de este procedimiento sancionador —precisamente para evitar su incoación— y durante la tramitación del mismo. Enuncia además los principios que deberán acogerse durante la mediación: «voluntariedad, confidencialidad, equidad, imparcialidad, buena fe y respeto mutuo, prevención y prohibición de represalias, flexibilidad, claridad y transparencia».

El procedimiento de mediación se llevará a cabo ante la comisión de convivencia, de la que habla el art. 6 de la Ley de Convivencia Universitaria. Este órgano estará integrado por representantes de los estudiantes, del personal docente e investigador y del personal de administración y servicios. Sobre su funcionamiento y organización, la norma remite al desarrollo posterior que realicen las universidades.

Se hace necesario determinar el ámbito de aplicación del procedimiento de mediación. Es decir, si es aplicable a cualquier falta disciplinaria o si está limitada a unas en concreto. Cuando la Ley de Convivencia Universitaria habla del procedimiento de mediación se refiere siempre a las partes involucradas. Puede citarse al respecto la manifestación que se contiene en la Exposición de Motivos de la ley: «como la mediación, que pueden resultar más eficaces para afrontar determinadas conductas y conflictos entre miembros de la comunidad universitaria pertenecientes al mismo o diferente sector». Personalmente considero que sólo cabe una interpretación, y es que la norma se refiere a aquellos supuestos en los que existe un estudiante presuntamente responsable y otro miembro de la comunidad universitaria presuntamente víctima de la conducta del primero. Rechazo así que este procedimiento de mediación pueda ser desarrollado en aquellos supuestos en los que la naturaleza de la falta no haya afectado a ninguna persona en concreto, más allá del interés público que la norma ha de proteger. Mi razonamiento se fundamenta

432. En Belando Garín, B.: «La mediación en el régimen disciplinario: la mediación escolar y la penitenciaria» en *Revista de Administración Pública*, núm. 189, 2012, pág. 440.

en el concepto de parte. Tomo para ello la definición que otorga la Real Academia de la Lengua Española, que identifica este concepto en las acepciones que interesan como «las personas que contienden, discuten o dialogan» (9.f.) o «la persona o entidad que litiga en un pleito» (12.f.). Descarto la segunda acepción porque propiamente el procedimiento disciplinario no es un pleito y debo atender sólo a la primera, «personas». Por tanto, queda fuera de este concepto la Administración. La universidad, en definitiva, no es parte en el procedimiento disciplinario y la conclusión que alcanzo es la desarrollada al principio de este párrafo. El procedimiento de mediación en el ámbito del régimen disciplinario sobre los estudiantes sólo se aplica cuando existe un conflicto entre varios estudiantes.

En la Ley de Convivencia Universitaria se podría haber establecido un catálogo de supuestos que podrían ser susceptibles de ser resueltos *alternativamente*. Por ello, y según lo indicado, considero que este medio alternativo tendrá escaso protagonismo pese a los intentos de la norma de anteponerlo al ejercicio de la potestad disciplinaria.

Para acogerse a este procedimiento de mediación bastará con que una de estas partes manifieste su deseo. Precisamente esta posibilidad deberá recogerse en el acuerdo de incoación del expediente disciplinario, tal y como dispone el art. 19.a) de la Ley de Convivencia Universitaria. Será antes de la formulación del pliego de cargos cuando podrán manifestar este deseo. En ese caso, y siguiendo lo dispuesto en los arts. 19.c) y 22 de la norma, el instructor del expediente lo remitirá a la comisión de convivencia. Este órgano decidirá si resulta procedente o no tramitar el procedimiento por esta vía. No se establecen lamentablemente cuáles son los presupuestos habilitantes o no. En caso de que lo acepte, lo pondrá en conocimiento de las partes y se suspenderá el expediente disciplinario, que se archivaría al alcanzarse un acuerdo posterior. En este supuesto, tal y como dispone el art. 22.6 de la Ley de Convivencia Universitaria, se suspenderá el cómputo del plazo de caducidad del procedimiento y el de prescripción de la falta —en caso de que aún no se hubiera iniciado el expediente disciplinario—. Si fuera al revés y se considerara por la comisión de convivencia que la mediación no es procedente, se continuará la tramitación del expediente disciplinario.

El art. 22.3 de la Ley de Convivencia Universitaria establece que, si no hubiera acuerdo o no se resolvieran todas las cuestiones objeto de negociación, la comisión remitirá el expediente al instructor para que continúe la tramitación del expediente disciplinario. La tramitación sólo afectará a aquellos extremos sobre los que no haya existido acuerdo. Sobre esta unión de voluntades dice el art. 22.4 de la norma que será confidencial y que será plasmado por escrito, con la firma de las partes y del que se harán tantas copias auténticas como partes haya, más otra que estará en posesión de la comisión de convivencia. Serán las normas de convivencia de las universidades las que desarrollen el procedimiento de custodia y seguimiento de estos acuerdos.

Aunque la Ley nada dice, parece que las medidas que deberán ser adoptadas en este acuerdo serán las expresadas en el art. 20. En este artículo se establece que las universidades pueden prever —se entiende que en sus normas de convivencia— medidas sustitutivas de la sanción disciplinaria. Aunque el artículo determina que esto sólo se podrá tener en cuenta para las faltas graves, no debe entenderse con ello que la mediación sólo será aplicable cuando se trate de este tipo de faltas. No hay ningún precepto que impida a la universidad tramitar el procedimiento de mediación cuando los hechos cometidos sean constitutivos de faltas muy graves o leves. En dichos casos, se impondrán las sanciones previstas, sin perjuicio de que, dado que se ha alcanzado un acuerdo, se impongan en su grado mínimo, o de que se convenga reducir las responsabilidades derivadas del ilícito. En otras palabras, las medidas sustitutivas de la sanción podrán imponerse en los acuerdos de mediación independientemente de la naturaleza de la falta.

Los únicos presupuestos que establece la Ley de Convivencia Universitaria para que pueda optarse por estas medidas son los siguientes:

1. Que con ello se garanticen los derechos de las víctimas.
2. Que exista su conformidad y la de los responsables.
3. Que la medida sustitutiva esté orientada a la reparación y se garantice su cumplimiento.
4. Que los responsables reconozcan su responsabilidad y las consecuencias de su conducta.
5. Que los responsables muestren buena disposición a restaurar la relación con la víctima.

En el art. 20.2 la Ley señala *numerus apertus* una serie de medidas tales como la participación o colaboración en actividades formativas, culturales, de salud pública, deportivas, etc. En sentido negativo especifica que estas medidas no podrán suponer el desempeño de funciones o tareas asignadas al personal de la universidad.

Como se ha podido observar, la regulación que la Ley de Convivencia Universitaria hace del procedimiento de mediación es escasa. Precisamente el art. 22.2 de esta norma ya establece que serán las universidades las que desarrollarán el procedimiento en las normas de convivencia que vayan aprobando en el marco de su autonomía. La duración será determinada por las universidades en las normas de convivencia.

En cualquier caso, es evidente —al menos para mí— que este sistema resulta positivo para el panorama disciplinario, y ello pese a las deficiencias normativas que presenta. La mediación provoca ventajas comunes para universidad y los estudiantes —victimario y víctima—[433]. Desde el punto de vista

433. En este sentido, dice Belando Garín, B., ob. cit. 2012, pág. 441 que en la mediación confluyen intereses generales (en el caso que ocupa este trabajo, la protección de la disciplina

de la institución académica, supone un mecanismo que reduce los costes y el desgaste de un procedimiento disciplinario. El segundo, por lo general, será más largo y cabe la posibilidad de que el estudiante recurra la decisión administrativa a la jurisdicción-contencioso administrativa. El estudiante, por su parte, verá también en el mecanismo de la mediación un aliado para poner fin de manera anticipada lo que, sin duda, es una situación indeseable, a la par que le evita asumir unos costes tales como los honorarios de un letrado —sin perjuicio de que el profesional pueda asistirle también en el procedimiento de mediación— y asume una consecuencia menos gravosa. También es beneficioso para la víctima, en cuanto que va a ver resarcido su derecho con mayor prontitud que en un expediente disciplinario. Previamente a la entrada en vigor de la Ley de Convivencia Universitaria, el profesor JIMÉNEZ SOTO se mostró partidario de esta forma de terminación en el ámbito del régimen disciplinario sobre los estudiantes universitarios[434].

En la actualidad, las universidades han adoptado la mediación incluyéndola en sus normas de convivencia. Es de especial interés, por la detallada regulación que hacen del procedimiento de mediación, la cita de Normas de convivencia de la Universidad de Cádiz[435], que dedica más de quince artículos a esta figura. También lo hacen, aunque en menor medida, las Normas de convivencia de la Universidad Politécnica de Madrid[436] y el Reglamento de régimen disciplinario de los estudiantes de la Universidad de Sevilla[437].

académica), que en este caso estarían representados por la universidad, e individuales, tanto del investigado (evitar la estigmatización, la sanción u otros costes, económicos o emocionales) como de la víctima (reparación del daño).

434. En JIMÉNEZ SOTO, I., ob. cit. 2015.

435. Aprobadas por Consejo de Gobierno de 25 de julio de 2023.

436. Aprobadas por Consejo de Gobierno de 25 de mayo de 2023.

437. Aprobado por Acuerdo de Claustro Universitario de 11 de noviembre de 2022.

BIBLIOGRAFÍA

ÁLVAREZ FEIJÓO, M.: «Valor probatorio de las actas e informes de la inspección de trabajo en el proceso penal» en *Actualidad Jurídica Uría & Menéndez*, núm. 23, 2009.

ÁLVAREZ FERNANDEZ, M.: «Los menores de edad en el derecho administrativo sancionador» en AA.VV.: *Problemas actuales del derecho administrativo sancionador*. Iustel, 2018.

ALARCÓN SOTOMAYOR, L.: «El derecho fundamental a la asistencia letrada» en AA.VV.: *Derecho administrativo sancionador*. Lex Nova, 2010.

ALARCÓN SOTOMAYOR, L.: «En especial, el derecho fundamental a la presunción de inocencia» en AA.VV.: *Derecho administrativo sancionador*. Lex Nova, 2010.

ALARCÓN SOTOMAYOR, L.: *El procedimiento sancionador y los derechos fundamentales*. Thomson Civitas, Navarra, 2007.

ALEGRE ÁVILA, J.M.: «De la universidad y sobre el derecho de las universidades», en *Revista Española de Derecho Administrativo*, núm. 193, 2018.

ALEGRE ÁVILA, J.M.: «Una pincelada al hilo de una noticia periodística sobre la potestad sancionadora de las Universidades en relación a los estudiantes universitarios», en *Publicaciones de la Asociación Española de Profesores de Derecho Administrativo*, 2013.

ALMECIJA CASANOVA, A.B.: «Procedimiento Administrativo. Especialidades de los procedimientos de naturaleza sancionadora en la Ley 39/2015, de 1 de octubre» en *La Administración práctica*, núm. 2, 2017.

BANACLOCHE PALAU, J.: «El derecho a ser informado de la acusación, a no declarar contra sí mismo y a no declararse culpable» en *Cuadernos de Derecho Público*, núm. 10, 2000.

BELANDO GARÍN, B.: «La mediación en el régimen disciplinario: la mediación escolar y la penitenciaria» en *Revista de Administración Pública*, núm. 189, 2012.

BERNING PRIETO, A.D.: *Validez e invalidez de los actos administrativos en soporte electrónico*. Cizur Menor, Aranzadi, 2019.

Bueno Armijo, A.M.: «*Carácter procedimental del "non bis in idem" en la Unión Europea*» en Revista de Administración Pública, núm. 218, 2022.

Bueno Armijo, A.M.: «El principio de legalidad sancionadora (II): el principio de tipicidad» en AA.VV.: *Derecho administrativo sancionador*. Lex Nova, 2010.

Cano Campos, T.: «*Non bis in idem*, prevalencia de la vía penal y teoría de los concursos en el Derecho administrativo sancionador» en *Revista de Administración pública*, núm. 156, 2001.

Cantero Martínez, J.: «Notificación y publicación» en AA.VV.: *El procedimiento administrativo común*. Tirant lo Blanch, 2007.

Casares Marcos, A.B.: «Principio de legalidad y Reglamentos universitarios de Disciplina Académica» en *XIII Congreso de la Asociación Española de Profesores de Derecho Administrativo*, Salamanca, 9-10 de febrero de 2018.

Cerezo Mir, J.: *Curso de derecho penal español: parte general*. Tecnos, 2004.

Cobo Olvera, T.: *El procedimiento administrativo sancionador tipo*. Bosch, 2007.

Cotino Hueso, L.: «La preocupante falta de garantías constitucionales y administrativas en las notificaciones electrónicas» en *Revista General de Derecho Administrativo*, núm. 57, 2021.

Cubero Marcos, J. I.: «Las aporías del principio *non bis in idem* en el derecho administrativo sancionador» en *Revista de Administración pública*, núm. 207, 2018

Díaz Fraile, F.: *Derecho administrativo sancionador: Análisis a la luz de la jurisprudencia del Tribunal Constitucional y del Tribunal Europeo de Derechos Humanos*. Atelier, 2016.

De Asís Roig, R.: *Sobre la accesibilidad universal en el derecho.* Dykinson, 2010.

De Diego Díez, L.A.: *Los infartos de la Administración. Prescripción de infracciones y sanciones*. Colex, 2019.

De Diego Díez, L.A.: *Prescripción y caducidad en el Derecho administrativo sancionador*. Bosch, 2009.

De Diego Díez, L.A.: *Garantías en la práctica de las notificaciones administrativas*. Bosch, 2008.

De Palma Del Teso, A.: *El principio de culpabilidad en el derecho administrativo sancionador*. Tecnos, 1996.

Domingo Vila, A.: «Derecho a la asistencia de letrado en el ejercicio por la Administración de potestades sancionadoras» en *Actualidad Administrativa*, núm. 35, 1991.

Fernández Ramos, S. y Pérez Monguió, J.M.: *El derecho de acceso a la información pública en España*. Aranzadi, 2020.

Fernández Ramos, S.: «Información de carácter auxiliar o de apoyo: ¿vuelta atrás a la exigencia de que la información conste en un expediente administrativo?» en *Revista Española de la Transparencia*, núm. 3, 2016.

Feuerbach, P.J.A.V.: *Lehrbuch des gemeinen in Deutchland gültigen peinlichen Rechts*. Giessen, 1828.

Figueras y Sabater, A.: *Història de la FNEC la Federació Nacional d'Estudiants de Catalunya de 1932 a 1986*. L'Abadia de Montserrat, 2005.

Galicia Mangas, F.J.: «La minoría de edad en Derecho administrativo sancionador» en *Revista Española de Derecho Administrativo*, núm. 217, 2022.

Gallardo Castillo, M.J.: *El régimen disciplinario de los funcionarios públicos*. Aranzadi, 2016.

Gallardo Castillo, MJ.: «El procedimiento sancionador tras la reforma de 2015: reflexiones y propuestas para un debate» en *Revista Española de Derecho Administrativo*, núm. 179, 2016.

Gallardo Castillo, M.J.: *Los principios de la potestad sancionadora: teoría y práctica*. Iustel, 2008.

Gamero Casado, E. y Fernández Ramos, S.: *Manual básico de Derecho administrativo*. Tecnos, 2023.

Gamero Casado, E.: «Delimitación conceptual de la potestad» en AA.VV.: *La potestad administrativa. Concepto y alcance práctico de un criterio clave para la aplicación del Derecho administrativo*. Tirant lo Blanch, 2021.

Gamero Casado, E.: «El ejercicio de potestades administrativas en el empleo público» en AA.VV.: *La potestad administrativa. Concepto y alcance práctico de un criterio clave para la aplicación del Derecho administrativo*. Tirant lo Blanch, 2021.

Garberí Llobregat, J. y **Buitrón Ramírez, G.**: *Procedimiento administrativo sancionador*. Tirant lo Blanch, 2016.

García De Enterría, E. y **Fernández Rodríguez, T-R.**: *Curso de derecho administrativo I*. Civitas, 2013.

Gómez García, M.J.: «La potestad sancionadora de las Universidades» en AA.VV.: *Comentario a la Ley Orgánica de Universidades*. Aranzadi, 2009.

Gómez Tomillo, M. y **Sanz Rubiales, Í.**: *Derecho administrativo sancionador. Parte General*. Aranzadi, 2017.

Gómez Tomillo, M.: *Derecho administrativo sancionador. Parte general*. Thomson Aranzadi, 2008.

González Mariñas, P.: «Reflexiones sobre el derecho disciplinario: delimitación de la llamada falta de probidad» en *Documentación Administrativa*, núm. 150, 1972.

Gonsálbez Pequeño, H.: *Términos y plazos administrativos*. Bosch, 2012.

González Pérez, J.: «El expediente administrativo y el proceso administrativo» en AA.VV.: *Comentarios a la Ley de la Jurisdicción Contencioso-Administrativa*. Aranzadi, 2013.

González Pérez, J. y González Navarro, F.: *Comentarios a la Ley de Régimen Jurídico de las Administraciones públicas y Procedimientos Administrativo Común (Ley 30/1992, de 26 de noviembre)*. Civitas, 2012.

González Pérez, J. y González Navarro, F.: *Comentarios a la Ley de Régimen Jurídico de las Administraciones públicas y Procedimientos Administrativo Común (Ley 30/1992, de 26 de noviembre)*. Civitas, 2007.

Guichot Reina, E. y Barrero Rodríguez, C.: *El derecho de acceso a la información pública*. Tirant lo Blanch, 2023.

Guillamón Fernández, J.R., Baraja Rodríguez, E. y Acale Sánchez, M.: «Derecho disciplinario y seguridad jurídica» en Revista Universidad Ética y Derechos, núm. 1, 2016.

Hita Villaverde, E.: «El Régimen disciplinario de los estudiantes universitarios: La necesidad de una Ley reguladora» en *XIII Encuentro Estatal de Defensores Universitarios*, Barcelona, 27 y 28 de octubre de 2010.

Izquierdo Carrasco, M.: «La culpabilidad y los sujetos responsables» en AA.VV.: *Derecho administrativo sancionador*, 2010.

Izquierdo Carrasco, M.: «La ejecución de las sanciones» en AA.VV.: *Derecho administrativo sancionador*. Lex Nova, 2010.

Jiménez Soto, I.: «El régimen disciplinario de los estudiantes universitarios. Un andamio difícil de sostener con algunas piezas sueltas» en *Revista Española de Derecho Administrativo*, núm. 168, 2015.

López Barja De Quiroga, J.: *El principio non bis in idem*. Dykinson, 2004.

López Benítez, M.: *Naturaleza y presupuestos constitucionales de las relaciones especiales de sujeción*. Civitas, 1994.

López Menudo, F.: *El principio de irretroactividad en las normas jurídico/administrativas*. Instituto García Oviedo, 1982.

Llopis Reyna, E.: «Artículo 35» en AA.VV.: *Comentarios al procedimiento administrativo.* Tirant lo Blanch, 2021.

Marina Jalvo, B.: *El régimen disciplinario de los funcionarios públicos (Fundamentos y regulación sustantiva)*. Lex Nova, 2006.

Marina Jalvo, B.: «*Non bis in idem* e irreprochabilidad penal de los funcionarios de policía (comentario de la STS de 30 de mayo de 2000, ar. 5155)» en *Revista de Administración pública*, núm. 155, 2001.

Martín Delgado, I.: *Las notificaciones electrónicas en el procedimiento administrativo*. Tirant lo Blanch, 2009.

Martínez Fernández, A-C.: «Algunas consideraciones sobre la práctica de la notificación en el procedimiento administrativo» en *Actualidad Administrativa*, núm. 4, 2022.

Martínez Gutiérrez, R.: *El régimen jurídico del nuevo procedimiento administrativo común*. Aranzadi, 2016.

Martín-Retortillo, C.: «Notificación de la resolución administrativa» en *Revista de Estudios de la Vida Local*, núm. 59, 1951.

Mezger, E. en Bettiol, G.: *Diritto penale*. G. Editore, 1945.

Montoya Martín, E.: «Consideraciones sobre las actuaciones previas y su incidencia en el procedimiento administrativo sancionador y en las garantías del administrado» en *Documentación Administrativa*, núm. 280-281, 2008.

Narbón Lainez, E.J.: «Las medidas cautelares en el procedimiento administrativo. Especial referencia a la suspensión en vía administrativa» en *Valoración de la Ley 30/1992 tras cinco años de vigencia*. Consejo General del Poder Judicial, 1997.

Navarro González, R.: *La Motivación de los Actos Administrativos*. Aranzadi, 2017.

Navarro Massip, J.: «La adecuación social y el principio de insignificancia como causas de exclusión de la tipicidad en relación al principio de intervención mínima» en *Revista Aranzadi Doctrinal*, núm. 5, 2011.

Nieto García, A.: «Régimen disciplinario del alumnado universitario: perspectivas para su configuración» en AA.VV.: *Las Universidades Públicas y su Régimen Jurídico*. Lex Nova, 1999.

Nieto García, A.: *Derecho administrativo sancionador*. Tecnos, 1993.

Nuño Jiménez, I. y **Puerta Seguido, F.**: «Derecho administrativo sancionador. Principios de la potestad sancionadora» en *Gabilex*, núm. 5, 2016.

Pallarés Serrano, A.: «Análisis del régimen disciplinario de los estudiantes universitarios. Especial referencia a los comportamientos fraudulentos y al plagio, en particular» en *Revista catalana de dret públic*, núm. 56, 2018.

Parada Vázquez, J.R.: *Régimen Jurídico de las Administraciones públicas y del Procedimiento Administrativo Común*. Marcial Pons, 1993.

Pemán Gavín, J.: «El régimen disciplinario de los estudiantes universitarios: sobre la vigencia y aplicabilidad del Reglamento de Disciplina Académica (Decreto de 8 de septiembre de 1954)» en *Revista de Administración pública*, núm. 135, 1994.

Pons Cánovas, F.: *Las medidas provisionales en el procedimiento administrativo sancionador*. Marcial Pons, 2001.

Rebollo Puig, M.: *Responsables de las infracciones administrativas*. Instituto Clavero Arévalo. Universidad de Sevilla. 2023.

Rebollo Puig, M.: «Actuaciones previas al procedimiento administrativo sancionador» en AA.VV.: *Derecho administrativo sancionador*. Lex Nova, 2010.

Rebollo Puig, M.: «La actividad inspectora» en *VIII Congreso de la Asociación Española de Profesores de Derecho Administrativo*, 2013.

Rebollo Puig, M: «Medidas provisionales en el procedimiento administrativo» en AA.VV.: *La protección jurídica del ciudadano. Estudios en homenaje al profesor Jesús González Pérez, tomo I*. Civitas, 1993.

Recover Balboa, T.: «Acceso a la Justicia: ajustes de procedimiento para las personas con discapacidad» en *Anales de derecho y discapacidad. Revista científica de Derecho de la Discapacidad*, núm. especial, julio 2022.

Rego Blanco, M.D.: «Registros, comunicaciones y notificaciones electrónicas» en AA.VV.: *La ley de administración electrónica: comentario sistemático a la Ley 11-2007, de 22 de junio, de acceso electrónico de los ciudadanos a los servicios públicos*. Thomson Reuters, Aranzadi, 2010.

Rivero Ortega, R. y **Fernández Nieto, A.**: «La Administración sin papel: registro, expediente, archivo electrónico, ¿estamos preparados?» en *Revista Vasca de Administración pública*, núm. 105, 2016.

Rivero Ortega, R.: «La administración electrónica en las leyes 39 y 40/2016» en *Cuadernos de Derecho Local*, núm. 41, 2016.

Rodríguez Pontón, F.J.: «El principio de objetividad en el ejercicio de la potestad administrativa sancionadora» en *Documentación Administrativa*, núm. 289, 2011.

Rodríguez Pontón, F.J.: *Pluralidad de intereses en la tutela cautelar del proceso contencioso-administrativo*. Cedecs ed., 1999.

Sanz Gandásegui, F.: *La potestad sancionadora de la Administración: la Constitución española y el Tribunal Constitucional*. Editoriales de Derecho Reunidas, 1985.

Santamaría Pastor, J.A.: «Caducidad del procedimiento (art. 44.2 LRJAP)» en *Revista de Administración pública*, núm. 168, 2005.

Sendín García, M.Á.: «Derecho disciplinario» en AA.VV.: *Curso de Derecho Administrativo Iberoamericano*. Instituto Nacional de Administración pública, 2015.

Souvirón Morenilla, J.M. y **Palencia Perejón, F.**: *La nueva regulación de las Universidades. Comentarios y análisis sistemáticos de la Ley Orgánica 6/2001, de 21 de diciembre, de Universidades*. Comares, 2002.

Tardío Pato, J.A.: «La potestad disciplinaria sobre el alumnado de las universidades públicas» en AA.VV.: *Anuario de Derecho administrativo sancionador*. Civitas, 2021.

Tardío Pato, J.A.: *Las sanciones disciplinarias a los alumnos universitarios y no universitarios, en centros públicos y privados*. Ministerio de Educación y Formación Profesional, 2020.

Tardío Pato, J.A.: «La problemática actual de la potestad disciplinaria sobre el alumnado de las Universidades públicas» en *Rued@: Universidad, Ética y Derechos*, núm. 5, 2020.

Tardío Pato, J.A.: «La potestad disciplinaria sobre el alumnado de las universidades públicas» en AA.VV.: *Organización de la Universidad y la Ciencia*. Instituto Nacional de Administración pública, 2018.

Tardío Pato, J.A.: «La problemática actual de la potestad disciplinaria sobre el alumnado de las Universidades públicas» en *XIII Congreso de la Asociación Española de Profesores de Derecho Administrativo*, Salamanca, 9 y 10 de febrero de 2018.

Tolosa Tribiño, C.: «El valor probatorio del expediente administrativo» en *Revista Jurídica de Castilla y León*, núm. 23, 2011.

Made in the USA
Monee, IL
12 November 2026

68350758R00138